John Stott

Ihre Worte verändern die Welt

Das Neue Testament und seine Verfasser

Überarbeitet und ergänzt von Stephen Motyer

FRANCKE
Verlag der Francke-Buchhandlung GmbH

ISBN 3-86122-301-5
Alle Rechte vorbehalten
Originaltitel: Men with a Message
© 1994 by Angus Hudson Ltd./Three's Company
© Text 1951 by John Stott, 1994 by Stephen Motyer und John Stott
© der deutschsprachigen Ausgabe
1997 by Verlag der Francke-Buchhandlung GmbH
35037 Marburg an der Lahn
Deutsch von Leslie Richford
Satz: Druckerei Schröder, 35083 Wetter/Hessen
Printed in Singapore

Design und Herstellung durch
Three's Company
5 Dryden Street
Covent Garden
London WC2E 9NW

Worldwide co-edition organized an produced by
Angus Hudson Ltd.
Concorde House
Grenville Place
Mill Hill
London NW7 3SA
Tel.: (+44) 181 959 3668
Fax: (+44) 181 959 3678

Francke-Transparent

Inhaltsverzeichnis

Geleitwort von John Stott	7
Vorwort von Stephen Motyer	9
1. Die Botschaft des Markus	12
2. Die Botschaft des Matthäus	29
3. Die Botschaft des Lukas	46
4. Die Botschaft des Johannes	68
5. Die Botschaft des Paulus	86
6. Die Botschaft des Hebräerbriefs	107
7. Die Botschaft des Jakobus	119
8. Die Botschaft des Petrus	128
9. Die Botschaft der Offenbarung	141
Register	157
Bildnachweis	159

Geleitwort von John Stott

Kurz nachdem ich 1950 als Pfarrer der Londoner All Souls-Kirche eingesetzt wurde, bat mich – zu meinem großen Erstaunen – Bischof William Wand, der mich ordiniert und eingesetzt hatte, die 1954er Ausgabe des *Bishop of London's Lent Book* [vom Bischof von London herausgegebenes Brevier für die Fastenzeit] zu verfassen. Das Ergebnis war *Men with a Message*, so der Originaltitel. Es handelte sich um mein erstes Buch überhaupt, denn es erschien zwei Jahre früher als *Fundamentalism and Evangelism* und sogar vier Jahre vor *Basic Christianity* und *What Christ Thinks of the Church*.

Anfang der fünfziger Jahre befaßte ich mich besonders intensiv mit der Inspiration der Bibel sowie mit der Beziehung zwischen ihrem göttlichen Urheber und ihren menschlichen Verfassern. In dieser Zeit drängte sich mir die Erkenntnis auf, daß der besondere Stil der einzelnen Verfasser keineswegs durch den einzigartigen Prozeß der Inspiration unterdrückt wurde. Im Gegenteil! Deshalb schrieb ich in der Einleitung zur 1954er Originalausgabe: „Der Heilige Geist hat zunächst über die Erziehung, die Erfahrung, das Temperament und die Persönlichkeit eines jeden Verfassers gewacht, um sich ihrer später zu bedienen und durch jeden einzelnen einen unverwechselbaren Aspekt der Wahrheit mitzuteilen." Dies war und ist das eigentliche Thema von *Ihre Worte verändern die Welt.*

Vierzig Jahre danach bin ich dankbar, daß das Buch gleichsam eine Auferstehung erleben darf. Hierfür möchte ich mich ganz besonders bei Stephen Motyer bedanken, der meine Einladung zur Neubearbeitung großmütig annahm. In der Neuausgabe werden wir gemeinsam als Mitverfasser aufgeführt, doch verdankt das Buch mittlerweile Stephen Motyers schriftstellerischen Fähigkeiten mehr als den meinen. Ich schätze sehr seine Bereitschaft, das Thema der Erstausgabe sowie einige Textpassagen unverändert zu übernehmen. Es stand ihm völlig frei, den Text beliebig umzugestalten, aufzulockern, zu ergänzen und auf den neuesten Stand zu bringen. Dieser Aufgabe ist er sorgfältig, gewissenhaft und mit bewundernswertem Geschick nachgekommen.

Das Buch ist aufgrund der Neubearbeitung und der neuen Aufmachung wesentlich lesbarer als die doch recht schwerfällige und komprimierte Originalausgabe!

Ostern 1994

Vorwort von Stephen Motyer

An der Neubearbeitung von John Stotts Erstlingswerk beteiligt zu sein, war für mich ein großes Vorrecht. Als die Originalausgabe erschien, war John Stott seit kurzem Pfarrer der All Souls-Kirche in Langham Place in der Londoner Innenstadt; ich selbst war noch im Vorschulalter. Es ist bezeichnend für die Qualität der Wortverkündigung der All Souls-Kirche zu jener Zeit, daß das vorliegende Buch aus einer dort gehaltenen Predigtreihe hervorging. Die Erstauflage trug alle Merkmale eines, wie wir Jüngeren sagen würden, „klassischen Stott": umfassende Kenntnis der besprochenen Texte, geistige Schärfe und Genauigkeit, scharfsinnige Analyse sowie eine lebhafte, anspruchsvolle Ausdrucksweise. Das Buch erwies sich sowohl in Großbritannien als auch in den Vereinigten Staaten als Longseller, erlebte im Verlauf von mehreren Jahren zahlreiche Auflagen und versorgte die evangelikale Christenheit mit einer erstklassigen Einleitung ins Neue Testament zu einer Zeit, als wissenschaftliche Beiträge aus evangelikaler Sicht in den Buchhandlungen Mangelware waren. Wie ich höre, behauptet ein anglikanischer Bischof, der hier ungenannt bleiben soll, daß er allein aufgrund der Lektüre von *Men with a Message* die schriftliche Prüfung im Fach Neues Testament an der theologischen Fakultät bestanden habe!

Alle positiven Eigenschaften der Originalausgabe sind, wie ich hoffe, in der Neuausgabe beibehalten worden. Es war Ziel der Neubearbeitung, der jungen Generation den Inhalt der Originalausgabe zugänglich zu machen. Zu diesem Zweck wurde die Ausdrucksweise vereinfacht, die neuere wissenschaftliche Forschung zur Bibel berücksichtigt und das Ganze in das für die Produkte von Three's Company typische „benutzerfreundliche" Format gebracht. John Stott gewährte mir bei der Überarbeitung seines Textes die größtmögliche Freiheit, doch sagten mir seine Schwerpunkte und Analysen von vornherein zu. Im Grunde habe ich die ursprüngliche Struktur der einzelnen Kapitel beibehalten, sie aber mit weiterem Material ergänzt und so umgearbeitet, daß sie möglichst nicht mehr die stilistischen Merkmale der fünfziger Jahre aufweisen.

Außerdem habe ich das Buch um die beiden in der Originalausgabe fehlenden Kapitel über Markus und Matthäus ergänzt und das einleitende Kapitel über Jesus gestrichen, das schon immer ein wenig fehl am Platz wirkte.

Keineswegs soll der Eindruck entstehen, zwischen den einzelnen Verfassern des Neuen Testaments seien keine Unterschiede festzustellen. Es gehört vielmehr zu den Hauptzielen des Buches, die Verschiedenartigkeit eben dieser Verfasser zu beleuchten. Sie waren von ihrem Hintergrund, ihrer Persönlichkeit und ihren Erfahrungen her ganz unterschiedlich, und diese Vielfalt spiegelt sich in ihren Schriften wider. So waren beispielsweise die vier Evangelisten sichtlich bemüht, einander im Licht ihrer je eigenen Ziele und Vorstellungen zu ergänzen. Matthäus hat das Markusevangelium beträchtlich erweitert, Lukas hat unter Verwendung von Material, das er den beiden anderen Synoptikern entnahm, neue Schwerpunkte herausgearbeitet und weiteren Stoff hinzugefügt, und Johannes hat ein Jesusbild entworfen, das im Hinblick sowohl auf seinen Inhalt als auch auf seinen geistlichen Tiefgang über das der anderen drei Evangelisten hinausgeht. Ähnliches gilt für jeden der hier zu besprechenden „Männer". Sie alle wurden von Gott erwählt, durch ihre Erfahrungen geformt und vom Heiligen Geist ermächtigt, zunächst die revolutionäre Gute Nachricht von Jesus zu verstehen und sie anschließend in den verschiedenen Situationen, denen sie sich gegenübersahen, mitzuteilen und anzuwenden.

Zugleich waren sie aber *Männer mit einer Botschaft* (so die Übersetzung von *Men with a Message*) – nicht mit verschiedenen Aufträgen. Bei aller Vielfalt verkündigten sie einmütig die Botschaft von der rettenden Gnade Gottes in Christus Jesus. Das Evangelium läßt sich zwar mit verschiedenen Worten ausdrücken und auf verschiedene Nöte anwenden, doch handelt es sich um eine einheitliche Botschaft, die an alle Frauen und Männer zu allen Zeiten und an allen Orten gerichtet ist. Im vorliegenden Buch wird in erster Linie die Vielfalt des Neuen Testaments unterstrichen, doch ist zu hoffen, daß seine Einheit ebenfalls deutlich wird:

- das einheitliche Bewußtsein der Verfasser für die Not dieser Gott entfremdeten und mit Sünde behafteten Welt;
- der einheitliche Glaube der Verfasser an die Initiative Gottes, der eingegriffen hat, um die Welt von dem Bösen zu erlösen und sie mit sich selbst zu versöhnen;
- der einheitliche Mittelpunkt dieser Initiative: Jesus Christus, der von Gott zum Retter der Welt gesalbt und eingesetzt wurde;
- der einheitliche Glaube der Verfasser an die Betroffenheit Gottes, der nicht nur *durch* Jesus, sondern *in* ihm persönlich tätig wird;
- der einheitliche Glaube der Verfasser an die Erhöhung Jesu Christi, der gestorben und auferweckt worden ist, damit wir am Leben Gottes Anteil haben können.

Diese grundlegenden Bestandteile des Evangeliums sind allesamt, wenn auch unterschiedlich formuliert, in den Schriften der hier zu besprechenden „Männer" vorhanden. In nur *einem* Fall fehlt etwas. In dem recht kurzen Brief des Jakobus ist nirgendwo vom Tod Jesu als dem Mittelpunkt des Erlösungswerkes die Rede. Dennoch ist diese Lehre keineswegs mit der Botschaft des Jakobus „unvereinbar". Hat Jakobus das Kreuz etwa abgelehnt? Ganz gewiß nicht. Wie hätte er dann über einen so langen Zeitraum hinweg die Gemeinde zu Jerusalem leiten können? Der Jakobusbrief ist in seinem Umfang von den unmittelbaren Anliegen seines Verfassers bestimmt – und diese ließen sich ohne Bezugnahme auf das Kreuz besprechen.

Jakobus steht nicht allein da. Auch der Judasbrief enthält keinerlei Hinweis auf den Tod Jesu. Judas ist der einzige neutestamentliche Verfasser, der im vorliegenden Buch nicht berücksichtigt wird. Wir hoffen, daß er uns verzeihen wird! Sein Brief ist aussagekräftig, einzigartig, überzeugend und ebenso faszinierend wie jeder andere Teil des Neuen Testaments, aber auch sehr kurz. Wir meinten, es sei erlaubt, ihm kein ganzes Kapitel einzuräumen in einem Buch, das Paulus und Lukas jeweils nur *ein* Kapitel widmet. Schließlich verdanken wir den beiden Letztgenannten die Hälfte des Neuen Testaments!

John Stott und ich sind uns einig in dem Wunsch und dem Gebet, daß dieses Buch auch in Zukunft den Christen ein tieferes Wissen über die Bibel und eine größere Liebe zu ihr vermitteln möchte. Die Bibel bedeutet uns beiden sehr viel – ihm, der fast sein ganzes Leben damit zugebracht hat, dem Volk Gottes zu dienen und Bücher zu schreiben, und seit jenen ersten Tagen an der All Souls-Kirche eine so weite Strecke zurückgelegt hat, und mir, der ich ein halbes Leben lang bemüht gewesen bin, das Neue Testament mit Scharfsinn und Begeisterung zu erklären und zu erläutern.

Wenigstens im Vorwort wollen wir Judas das letzte Wort überlassen. Wir möchten seiner Aufforderung nachkommen, „für den Glauben zu kämpfen, der ein für allemal den Heiligen überliefert ist" (Vers 3), und mit ihm zusammen singen: „Dem alleinigen Gott, unserm Heiland, sei durch Jesus Christus, unsern Herrn, Ehre und Majestät und Gewalt und Macht vor aller Zeit, jetzt und in alle Ewigkeit! Amen" (25).

Schließlich möchten wir uns noch gemeinsam bei Tim Dowley und Peter Wyatt von Three's Company bedanken für ihre Initiative, ihren Rat, ihr Geschick und ihre Hingabe. Ohne sie wäre dieses Buch niemals zu neuem Leben erweckt worden.

Fest der Bekehrung des Paulus, Januar 1994

Die Botschaft des Markus

Und er rief zu sich das Volk samt seinen Jüngern und sprach zu ihnen: „Wer mir nachfolgen will, der verleugne sich selbst und nehme sein Kreuz auf sich und folge mir nach.“
(Markus 8,34)

Das Evangelium des Markus ist ein Evangelium für Jünger. Markus teilt zwar mit den anderen Evangelisten das Anliegen, seinen Lesern die Person „Jesu Christi, des Sohnes Gottes“ (1,1) nahezubringen, doch geht er über eine bloße Darstellung des Lebens Jesu hinaus. Jesus ist sehr wohl die Hauptfigur in seinem Evangelium, doch stehen ihm die Jünger nur wenig nach.

Es geht Markus im gesamten Verlauf seiner Erzählung um Jüngerschaft – um ihre Vorrechte, Hindernisse, Gefahren, Herausforderungen und Verwicklungen. Dies ist der besondere Schwerpunkt des Markusevangeliums. Markus macht auf sehr menschliche, Mut machende Weise deutlich, wie schwer den frühen Nachfolgern Jesu die ersten Schritte in der Jüngerschaft fielen und wie geduldig Jesus mit ihnen umging, obwohl ihre Auffassungsgabe so gering und ihr Gehorsam so zerbrechlich war. Wie wir noch sehen werden, erwuchs diese Akzentsetzung aller Wahrscheinlichkeit nach aus den Erfahrungen, die Markus selbst in der Christusnachfolge gemacht hatte.

Ein bahnbrechendes Werk

Das Evangelium des Markus wurde vermutlich als erstes der vier Evangelien niedergeschrieben und erwies sich so als wegweisend für die anderen Evangelisten. Die Leistung des Markus ist in der Tat kaum zu überschätzen, denn bis dahin war noch nie etwas Ähnliches geschrieben worden. Der Bericht, den Markus über Jesus vorlegte, unterscheidet sich in einigen Punkten erheblich von anderen in der Antike verfaßten Biographien berühmter Persönlichkeiten:

- Markus kündigt gleich zu Beginn seines Werkes an, daß es sich nicht bloß um einen Menschen handelt, sondern um „den Sohn Gottes“.
- Er stuft sein Werk in eine völlig neue Gattung ein, die er als „Evangelium“ bezeichnet (1,1).
- Er erzählt nichts über Geburt oder Kindheit Jesu.
- Überraschenderweise gibt er die Lehre Jesu nur in kurzen Auszügen wieder, obwohl er dessen Lehrtätigkeit häufig erwähnt (z. B. 1,38 f.; 2,2).
- Er widmet etwa ein Drittel seines Buches einem eingehenden Bericht über den Tod Jesu.

- Sein Werk ist erstaunlich kurz! Wußte er wirklich nicht mehr als diese sechzehn kurzen Kapitel über den „Sohn Gottes" zu berichten?
- Warum lenkt er in einem so kurzen Bericht so häufig die Aufmerksamkeit auf die Jünger, die sich um Jesus sammelten, statt auf Jesus selbst?

Die hier aufgezählten Merkmale in dem Bericht des Markus über Jesus sind im Vergleich mit anderen Biographien der Zeit einzigartig. Die anderen Evangelisten ergänzen allerdings einige Auslassungen des Markus. Sowohl Matthäus als auch Lukas geben in ihren Schriften tatsächlich einen Großteil vom Inhalt des Markusevangeliums wieder, das sie aber mit zusätzlichem Material ergänzen. Insbesondere fügen sie Geburtsgeschichten und längere Berichte über die Lehrtätigkeit Jesu hinzu. Ihre Evangelien sind deshalb wesentlich länger – im Falle des Lukas fast doppelt so lang. Dennoch helfen sie uns kaum, die Frage zu beantworten, wie es dazu kommen konnte, daß Markus ein so außerordentliches, bahnbrechendes Werk verfaßte.

Möglicherweise erklärt sich dies aus der Erfahrung des Markus selbst. Was für ein Mensch war dieser Markus?

Der Mensch Markus

Wie den anderen Evangelisten lag auch Markus wenig daran, im Evangelium seine eigene Identität herauszustellen. Er erwähnt nicht einmal seinen eigenen Namen. Die Überschrift „nach Markus" wurde dem Evangelium allerdings bereits sehr früh an den Anfang gestellt. Hätten viele daran Zweifel angemeldet, wäre dies sicherlich nicht geschehen. Deshalb können wir zuversichtlich davon ausgehen, daß das Buch von einem „Markus" verfaßt wurde. Die Identität dieses Mar-

Der Jordan südlich des Sees Genezareth. Gleich zu Beginn des Markusevangeliums wird erzählt, wie Johannes der Täufer in der Wüste predigte und seine Hörer im Jordan taufte.

Lateinische Wörter im Markusevangelium

Das Markusevangelium zeichnet sich durch die Verwendung verschiedener lateinischer Wörter aus, die dem Leser ohne jede Erklärung zugemutet werden:

- Legion (5,9)
- Centurio (15,39; Luther: „Hauptmann")
- Prätorium (15,16); hier fügt Markus das lateinische Wort als Erklärung des griechischen Begriffs „Palast" ein.
- „Henker" (6,27); hier verwendet Markus den Fachausdruck für einen Militärpolizisten.
- „Pfennig"; die hier erwähnte Münze war nur im westlichen Teil des römischen Kaiserreichs im Umlauf, wo Latein die Volkssprache war.

Markus verfaßte sein Evangelium in griechischer Sprache, verrät jedoch seine Kenntnis des Lateinischen. Damit liefert er einen deutlichen Beweis, daß er für Leser im weströmischen Teil, vielleicht sogar in Rom selbst, geschrieben hat.

kus läßt sich nicht schwer erschließen, und die diesbezüglichen neutestamentlichen Fingerzeige ergeben in der Tat ein faszinierendes Markusbild.

1. Markus und seine Familie waren Gründungsmitglieder der christlichen Kirche

Zweifellos handelt es sich beim Evangelisten Markus um den in Apostelgeschichte 12,12.25 erwähnten „Johannes mit dem Beinamen Markus". Der Doppelname spiegelt seinen zweisprachigen Hintergrund wider und war damals nicht ungewöhnlich. Daß einer der beiden Namen – Markus – lateinischen Ursprungs ist, läßt vermuten, daß seine Familie Beziehungen zu den in Palästina stationierten römischen Streitkräften unterhielt. Auf einen römischen Hintergrund lassen ebenfalls die im Markusevangelium verwendeten lateinischen Wörter schließen (siehe eingerahmtes Feature).

Apostelgeschichte 12 versammelt sich die Gemeinde im Hause der Maria, der Mutter des Markus, um für den inhaftierten Petrus zu beten. Dieses Haus spielte offensichtlich eine wichtige Rolle im Leben der Jerusalemer Urgemeinde, denn Petrus begab sich nach seiner übernatürlichen Befreiung ohne weiteres dorthin; er hielt es offenbar für selbstverständlich, daß die Gemeinde dort versammelt war. Es muß ein recht großes Haus gewesen sein, und die Familie des Markus war wohlhabend genug, um sich mindestens ein Dienstmädchen zu leisten, die leicht erregbare Rhode, die Petrus vor lauter Aufregung das Tor nicht aufmachte. Einige Bibelwissenschaftler haben die Vermutung geäußert, in diesem Haus habe sich das berühmte „große Obergemach" befunden, wo Jesus mit seinen Jüngern das Abendmahl feierte (Markus 14,15) und wo die Urgemeinde sich nach der Himmelfahrt Jesu zusammenfand (Apostelgeschichte 1,13).

2. Markus war Augenzeuge des Todes und der Auferstehung Jesu

Möglicherweise hat Markus Reisen unternommen, um Jesus zu sehen und zu hören; sofern er aber in Jerusalem heimisch war, wird er ein Augenzeuge der Ereignisse gewesen sein, die die irdische Wirksamkeit Jesu beendeten. Selbstverständlich wird diese Erfahrung nicht spurlos an dem jungen Markus vorübergegangen sein. Er dachte intensiv über die Bedeutung des Todes Jesu nach, und seine Gedanken fanden ihren schriftlichen Niederschlag in dem von ihm verfaßten Evangelium, wo die Kreuzigung im Brennpunkt der Geschichte steht, bereits 3,6 ihren Schatten vorauswirft, des öfteren von Jesus vorausgesagt, als Ziel seiner letzten Reise nach Jerusalem angekündigt und 10,45 als stellvertretender Opfertod, als „Lösegeld für viele" gedeutet wird. Auf diesen zentralen Aspekt der Botschaft des Markus werden wir weiter unten zurückkommen.

Palästina zur Zeit
des Neuen Testaments
6 – 70 n. Chr.
Maßstab in km
0 5 10 15 20
Politische Grenzen von 6 bis 34 n. Chr.
Tyrus
Cäsarea Philippi
PROVINZ SYRIEN
PHÖNIZIEN
Semechonitis-See
GAULANITIS
TETRARCHIE
DES PHILIPPUS
Ptolemais
TETRARCHIE GALILÄA
Chorazin
Kapernaum
Bethsaida
Kinnereth
Gergesa
See Genezareth
Tiberias
Hippos
Berg Karmel
Sepphoris
Nazareth
Wadi Jarmuk
Abila
Gadara
Große Ebene
Nain
Dora
Tal Jesreel
Cäsarea
Skythopolis
DEKAPOLIS
Berg Gilboa
Mittelmeer
Pella
Salim
Bach Krith
Ebene Saron
Sebaste
SAMARIEN
Gerasa
Berg Ebal
Neapolis
Sychar
Berg Garizim
Jordan
Jabbok
Alexandreion
Silo
Joppe
Timnath
Lydda
Ephraim
Philadelphia
Bethel
PERÄA
Unteres Beth-Horon
Oberes Beth-Horon
Emmaus
Anathoth
Jericho
Jerusalem
Berg Skopus
Ekron
Bethphage
Bethanien
Azotos
Qumran
Medeba
Bethlehem
Askalon
RÖMISCHE PROVINZ JUDÄA
Herodium
Wüste Judäa
Totes Meer
Machärus
Mamre
Hebron
Gaza
En-Gedi
Arnon
Masada
Beerseba
NABATÄERREICH
IDUMÄA

Wahrscheinlich durchlebte Markus ähnlich wie Petrus (siehe Kapitel 8) eine schmerzliche Entwicklung. Nachdem er sich anfangs wie die meisten seiner Volksgenossen den Messias als siegreichen Militärführer vorgestellt hatte, der die Stellung der Juden als auserwähltes Gottesvolk festigen werde, gelangte er später zu der Erkenntnis, daß es sich beim Messias um einen Leidenden handelte, der für sein Volk sterben mußte, um es von der Sünde zu retten. Dieser Leidende war der „Christus, der Sohn Gottes", dessen Geschichte für alle, die sie zu hören bereit waren, eine „gute Nachricht" war (1,1).

3. Markus selbst hatte als Jünger versagt

Dieser Tatsache ist große Bedeutung beizumessen. Nur so können wir verstehen, wie Markus durch seine Erfahrung in die Lage versetzt wurde, sein Evangelium zu schreiben.

Bei der bereits erwähnten Gebetsversammlung im Hause des Markus, als Petrus aus dem Gefängnis freikam, waren Paulus und Barnabas zugegen. Barnabas war ein Neffe des Markus (Kolosser 4,10). Als er und Paulus nach Antiochien zurückkehrten, nahmen sie Markus mit (Apostelgeschichte 12,25). Kurz darauf gab der Heilige Geist der Gemeinde in Antiochien den Impuls, Paulus und Barnabas zu einem gewagten missionarischen Unternehmen auszusenden (Apostelgeschichte 13,2 f.). Sie nahmen Markus als „Gehilfen" mit (13,5) und predigten das Evangelium in ganz Zypern, ehe sie über das Mittelmeer nach Pamphylien in der römischen Provinz Galatien übersetzten.

An dieser Stelle aber beschloß Markus, die Reise abzubrechen. Er verließ Paulus und Barnabas und „kehrte zurück nach Jerusalem" (Apostelgeschichte 13,13). Damit muß er Paulus sehr enttäuscht haben, denn später weigerte sich der Apostel, Markus noch einmal mitzunehmen, weil dieser „sie in Pamphylien verlassen hatte und nicht mit ihnen ans Werk gegangen war" (Apostelgeschichte 15,38). Hier wird für „verlassen" ein griechisches Wort verwendet, das im Gleichnis vom Säemann mit „abfallen" übersetzt wird: „Die aber auf dem Fels sind die: wenn sie es hören, nehmen sie das Wort mit Freuden an. Doch sie haben keine Wurzel; eine Zeitlang glauben sie, und zu der Zeit der Anfechtung *fallen sie ab*" (Lukas 8,13). Ein solcher Mensch war nun Markus in den Augen des Paulus geworden. In einer Zeit der Bewährung war er „abgefallen" und hatte sich als ein Jünger ohne Wurzeln erwiesen, da er nicht bereit war, dem Ruf des Heiligen Geistes Gehorsam zu leisten.

Wir wissen nicht, warum Markus die Reise abbrach. Pamphylien war ein tiefgelegenes, von Fiebererregern wimmelndes Gebiet; als nächstes stand eine beschwerliche Reise durch die Berge nach Pisidien auf dem Programm. Markus war kurz zuvor Zeuge einer emotional belastenden Konfrontation mit dem Zauberer Elymas geworden (Apostelgeschichte 13,6-12). Vielleicht ahnte er, was ihnen bevorstand. Wäre er mit Paulus und Barnabas weitergereist, hätte er sich in Lystra einer gewalttätigen Verfolgung ausgesetzt, denn dort wäre Paulus um ein Haar zu Tode gesteinigt worden (Apostelgeschichte 14,19). Allem Anschein nach hatte Markus der Streß und die Gefahren überfordert, so daß er die Flucht ergriff und nach Jerusalem zu seiner Familie zurückkehrte. Er war vermutlich ein furchtsamer, häuslicher junger Mann!

Die Geschehen wiederholte sich. Handelte es sich bei dem Markus 14,51 f. beschriebenen jungen Mann um Markus selbst? Das behauptet jedenfalls die Tradition. Wenn sie recht hat, kann man sich unschwer das Gefühl des Versagens vorstellen, das Markus in Pamphylien überkommen haben wird, als er zum zweitenmal der Herausforderung der Jüngerschaft nicht gewachsen war. Doch wir können auch verstehen, wie er durch diese Erfahrung in die Lage versetzt wurde, sein Evangelium zu einer ermutigenden Botschaft zu machen für alle, denen die

War Markus der Jüngling, der „nackt davonfloh"?

Markus wird traditionell mit dem Markus 14,51 f. beschriebenen jungen Mann gleichgesetzt, der Jesus bis nach Gethsemane folgt, nur „mit einem Leinengewand bekleidet auf der bloßen Haut", und der nackt flieht, als die Schergen des Hohen Rates ihn zusammen mit Jesus verhaften wollten. Es sprechen drei Überlegungen für diese Annahme – einen schlüssigen Beweis ergeben sie freilich nicht.

- Es handelt sich hier um eine der wenigen Begebenheiten, die Matthäus und Lukas nicht übernommen haben. Dies läßt vermuten, daß sie den besonderen Grund, weshalb Markus die Geschichte in sein Evangelium aufnahm, gekannt haben.
- Wenn Jesus sein letztes Passahmahl im Hause des Markus eingenommen hat, dann wäre es nicht weiter verwunderlich, wenn Markus sich hinterher Jesus und den Jüngern angeschlossen hätte. Vielleicht lag er schon im Bett, als ihn die überraschende Nachricht erreichte, daß Jesus nicht, wie erwartet, im Hause übernachten wollte. Er wird sich deshalb sehr schnell angezogen haben.
- Der Jüngling, um den es hier geht, war offensichtlich wohlhabend, denn er trug ein „Leinengewand"; derartige Gewänder wurden aus Wolle hergestellt. Die große Furcht des jungen Mannes wird besonders deutlich, daß er nicht nur „nackt davonfloh", sondern auch bereit war, ein so wertvolles Gewand zurückzulassen.

Wir wissen dies nicht mit letzter Gewißheit. Ist aber die Tradition zutreffend, wäre es um so einleuchtender, weshalb Markus so viel Mitleid mit schwachen, unsicheren Jüngern aufbringt.

Nachfolge schwerfällt. Wir werden weiter unten zusammenfassen, was das Markusevangelium über Jüngerschaft lehrt, doch wird es sinnvoll sein, bereits hier zwei typische Merkmale aufzugreifen, weil sie so eindeutig der Erfahrung des Markus entspringen:

A. Markus unterstreicht auf einzigartige Weise die Furcht, die die Jünger in der Nachfolge Jesu empfanden. An drei Stellen, wo Markus diese Furcht erwähnt, schwächen Matthäus und Lukas seine Aussagen ab oder streichen sie ganz.

- Markus 4,40 f. erzählt er uns, daß die Jünger „sich sehr fürchteten" (ein sehr starker Ausdruck), als sie die Stillung des Sturms erlebten. Auf sehr mitfühlende Weise macht Markus deutlich, daß es nicht die Wellen waren, die den Jüngern so viel Furcht einflößten, sondern die Erkenntnis, daß Jesus eine so große Macht hatte.
- In gleicher Weise berichtet er 10,32, daß die Jünger „sich entsetzten" und „sich fürchteten", als sie Jesus auf dem Weg nach Jerusalem folgten, und zwar *bevor* Jesus ihnen noch einmal die Gewißheit seines bevorstehenden Todes vor Augen führte (10,33 f.).
- Bemerkenswert beschließt Markus sein Evangelium mit der Verwirrung und Furcht, mit denen die Frauen auf die Nachricht der Auferstehung reagierten. Sie werden beauftragt, die Botschaft weiterzugeben, daß der Auferstandene sich mit seinen Jüngern in Galiläa treffen möchte. Doch heißt es gleich im Anschluß daran: „Sie gingen hinaus und flohen von dem Grab; denn Zittern und Entsetzen hatte sie ergriffen. Und sie sagten niemandem etwas; denn sie fürchteten sich" (16,8).

Kopisten empfanden dies schon sehr früh als äußerst unpassenden Schluß und fügten eigene Textfassungen hinzu. Es ist durchaus denkbar, daß der ursprüngliche Markusschluß verlorengegangen ist. Jedenfalls machen die griechischen Handschriften des Markusevangeliums hinreichend deutlich, daß der auf uns überkommene Abschnitt 16,9-20 später entstanden ist. Demgegenüber paßt der auffallend abrupte Schluß 16,8 wesentlich besser zur Gesamtdarstellung der menschlichen Schwäche der Jünger in diesem Evangelium.

B. Markus unterstreicht auf einzigartige Weise die Bereitschaft Jesu, sich auf Jünger zu verlassen, die im Glauben noch recht unsicher sind. Markus 6,7-13 schickt

Jesus die Zwölf mit der Vollmacht aus, in seinem Namen zu predigen und zu heilen. Es heißt: „Und sie zogen aus und predigten, man solle Buße tun, und trieben viele böse Geister aus und salbten viele Kranke mit Öl und machten sie gesund" (6,12 f.). Im Anschluß daran heißt es: „Und die Apostel kamen bei Jesus zusammen und verkündeten ihm alles, was sie getan und gelehrt hatten" (6,30). Auf den ersten Blick scheinen diese Jünger geistlich am Ziel zu sein, doch führt uns Markus wenige Verse später ihren wahren Charakter vor Augen: Ihr Herz ist hart geworden (6,52); sie sind „unverständig" (7,18); sie haben ein kurzes Gedächtnis und sind begriffsstutzig (8,2-5; vgl. 6,35-38), so daß Jesus sie am Ende fragen muß: „Versteht ihr noch nicht, und begreift ihr noch nicht? Habt ihr noch ein verhärtetes Herz in euch? Habt Augen und seht nicht, und habt Ohren und hört nicht? Und erinnert euch nicht ...?" (8,17 f.).

Auch als die Jünger endlich zu erkennen beginnen, daß Jesus „der Christus" ist (8,29), ist dies nur der erste Schritt in die richtige Richtung. Sie bekommen darüber hinaus schwierige Lektionen über Gebet (9,28 f.; 11,21-25), Demut (10,13-16), Opferbereitschaft (10,26-31) und ihren Status (9,38 f.; 10,35-45) erteilt. Und Markus deutet kaum irgendwelche Fortschritte an. Petrus, Jakobus und Johannes schlafen in Gethsemane ein, statt zu beten (14,37-42), und bei der Verhaftung Jesu heißt es: „Da verließen ihn alle und flohen" (14,50). Der eine Jünger, der sich eines Besseren besinnt und Jesus folgt, leugnet ihn nur wenig später lautstark (14,71).

In alledem schimmert die Erfahrung des Markus durch. Er hatte selbst die widerstreitenden Gefühle erlebt, die er bei den ersten Jüngern Jesu hervorkehrt. Einerseits fühlen sie sich von Jesus stark angezogen (1,16-20), erfahren seine außerordentlichen Kräfte am eigenen Leib (6,13), erkennen ihn als den „Christus" (8,29), geben alles auf, um ihm nachzufolgen (10,28) und erklären sich bereit, für ihn in den Tod zu gehen (14,31). Andererseits bleibt ihnen Jesus ein Rätsel, das sie ständig in Staunen versetzt – so sehr, daß Markus, wenn er auf ihr Verständnis der Person Jesu zu sprechen kommt, kaum einen Unterschied zwischen ihnen und den Pharisäern zu erkennen vermag (8,11-21). Wie wir gesehen haben, sind die Jünger häufig voller Furcht und fallen schließlich ganz ab.

Auf diese Weise sucht Markus solche Leser zu gewinnen, denen die Schwierigkeiten der Nachfolge allzu deutlich vor Augen stehen. Läßt er aber jede Hoffnung fahren, was die Möglichkeit echter, siegreicher Nachfolge betrifft? Diesbezüglich erweist es sich als unerläßlich, sind mit einem vierten Merkmal des Menschen Markus zu befassen, das ein weiteres bezeichnendes Licht auf sein Evangelium wirft.

4. Markus wurde zum Begleiter des Petrus als auch des Paulus

Für Markus war nach seinem Versagen die Geschichte noch nicht zu Ende. Wir wissen nicht, wie lange er nach seiner Rückkehr in Jerusalem blieb. Nach dem Apostelkonzil (Apostelgeschichte 15) aber finden wir ihn wieder mit Barnabas und Paulus in Antiochien. Paulus weigert sich, Markus zu einem zweiten Besuch der neugegründeten Gemeinden mitzunehmen. Doch verschafft ihm der großmütige Barnabas – auf Kosten seiner Partnerschaft mit Paulus – eine erneute missionarische Tätigkeit, indem er ihn nach Zypern mitnimmt, dem Ort seines Versagens (Apostelgeschichte 15,38 f.).

Markus begegnen wir dann wieder in vier der um einiges später verfaßten neutestamentlichen Briefe. Zur Zeit der Abfassung der Briefe an die Kolosser und an Philemon – es werden etwa zehn bis zwölf Jahre später gewesen sein – befindet er sich bei Paulus, der ihn sogar als „mein Mitarbeiter" bezeichnet (Philemon 24; vgl. Kolosser 4,10). Und dann erhält er im letzten Brief des Paulus, vermutlich kurz vor dessen Tod geschrieben, eine glühende Empfehlung: Paulus weist

Teilansicht des römischen Forums, im Hintergrund das die Skyline dominierende Kolosseum. Markus verbrachte einige Zeit in Rom als Mitarbeiter von Petrus und Paulus, und sein Evangelium wurde eindeutig für eine im weströmischen Teil lebende, möglicherweise sogar für eine römische Leserschaft geschrieben.

Timotheus an: „Markus nimm zu dir und bringe ihn mit dir; denn er ist mir nützlich zum Dienst" (2. Timotheus 4,11). Der Bruch mit dem Apostel ist offenbar überwunden!

Zum letztenmal wird Markus 1. Petrus 5,13 erwähnt, wo Petrus ihn als „mein Sohn" bezeichnet und seine Grüße weitergibt an die Christen in „Pontus, Galatien, Kappadozien, Asien und Bithynien", die Empfänger des Briefes (1. Petrus 1,1).

Wahrscheinlich entstanden diese vier Briefe in Rom, wo Markus offenbar Petrus wie auch Paulus Hilfsdienste leistete und zu ihrem engen Vertrauten wurde. Mittlerweile war er offensichtlich auch in den Gemeinden von Galatien und Kleinasien bekannt, jener Gegend, aus der er geflohen war, als sein Glaube versagte. Die Fürsorge, mit der Barnabas sich um seinen Neffen kümmerte, hatte sich also als gerechtfertigt erwiesen. Markus hatte sich seinen Ängsten gestellt und sie bezwungen und war zu einem überaus nützlichen Diener Jesu Christi geworden.

Es war nicht allein Markus so ergangen. Auch Petrus war nach seinem Versagen zum „Felsen" geworden, auf den die Gemeinde Jesu gebaut wurde. Markus hebt das Versagen des Petrus stärker hervor als das der anderen Jünger. „Und wenn sie alle Ärgernis nehmen, so doch ich nicht! ... Auch wenn ich mit dir sterben müßte, werde ich dich nicht verleugnen!" (14,29.31). Dann erzählt Markus mit erschreckender Bewegung und Ironie die Geschichte der dreifachen, von Jesus vorausgesagten Verleugnung durch Petrus (14,66-72), der jedesmal heftiger wurde, bis er zum Schluß anfängt, „sich zu verfluchen und zu schwören: Ich kenne den Menschen nicht, von dem ihr redet" (14,71).

Vielleicht wurde die Freundschaft zwischen Petrus und Markus durch ihre gemeinsame Erfahrung des Versagens und der Wiederherstellung gefestigt. Es ist durchaus denkbar, daß das Markusevangelium aus dieser gemeinsamen Erfahrung hervorgegangen ist. Die Ansicht, dieses Evangelium basiere auf Aussagen des Petrus, ist bereits sehr früh vertreten worden. Als erster bezeugt sie Papias,

Petrus im Markusevangelium

Petrus wird im Markusevangelium mehr als dreiundzwanzigmal namentlich erwähnt. Dies berechtigt zu der Aussage, Petrus ragt im Markusevangelium besonders heraus. Möglicherweise spiegelt dies wiederum die Predigt des Petrus wider, auf der das Evangelium einer alten Überlieferung zufolge basiert. Befassen wir uns näher mit den dreiundzwanzig Vorkommen des Namens Petrus, so nimmt diese Annahme festere Formen an, denn nicht weniger als dreizehn von ihnen hängen mit vier Begebenheiten zusammen, die alles andere als ein positives Licht auf Petrus werfen!

1. Petrus versucht, Jesus wegen dessen Leidensankündigung zurechtzuweisen, und erhält dafür einen schweren Tadel (8,33).
2. Weil ihn der Anblick von Jesus, Mose und Elia auf dem Berg der Verklärung in Schrecken versetzt, meint Petrus ablenken zu müssen mit seinem Vorschlag, Zelte aufzubauen (9,5 f.).
3. Petrus, Jakobus und Johannes schlafen im Garten Gethsemane dreimal ein, statt mit Jesus zu beten. Nur Markus überliefert ihre Reaktion, als Jesus sie zum zweitenmal weckte: „Und sie wußten nicht, was sie ihm antworten sollten" (14,40). Dennoch schliefen sie noch einmal ein!
4. Petrus leugnet dreimal, Jesus zu kennen, zuletzt sogar mit Flüchen (14,71), obwohl er Jesus noch am selben Abend ewige Treue geschworen hatte.

Auf diese Weise bietet Markus einen bewegenden Einblick in das Zeugnis des Petrus. Und in der Tat: Das Markusevangelium weist auf verblüffende Parallelen der Zusammenfassung der Wirksamkeit Jesu, die Petrus in Apostelgeschichte 10,34-43 während seiner Predigt im Hause des Kornelius entwirft:

- Die Geschichte nimmt ihren Anfang in Galiläa „nach der Taufe, die Johannes predigte", und erzählt, „wie Gott Jesus von Nazareth gesalbt hat mit Heiligem Geist und Kraft; der ist umhergezogen und hat Gutes getan und alle gesund gemacht, die in der Gewalt des Teufels waren, denn Gott war mit ihm" (Apostelgeschichte 10,37 f.).
- Die Geschichte erreicht ihren Höhepunkt „im jüdischen Land und in Jerusalem" mit dem Tod und der Auferstehung Jesu (Apostelgeschichte 10,39 f.).
- Petrus unterstreicht seine eigene Rolle als „Zeuge" (Apostelgeschichte 10,39.41). Dies entspricht der zentralen Stellung, die er in der Handlung des Markusevangeliums einnimmt.
- Petrus legt ebenfalls Wert darauf, daß Jesus die Voraussagen der Propheten erfüllt hat (Apostelgeschichte 10,43). Dieselbe Akzentsetzung liegt im Markusevangelium vor (Markus 1,2 f.; 1,11; 11,9 f.; 12,10 f.; 12,36; 14,27).

Allerdings macht das Evangelium einen weiteren Punkt deutlich, der aus der kurzen Predigt im Hause des Kornelius nicht ersichtlich wird. Petrus wird seinen Hörern beim Predigen sich selbst als warnendes Beispiel vor Augen geführt haben: Macht es nicht so wie ich damals!

der um 130 n. Chr. Bischof von Hierapolis war. Sie wird später im zweiten Jahrhundert von Irenäus (zirka 178 bis 195 n. Chr. Bischof von Lyon) gestützt, der den Gedanken hinzufügt, daß Markus die Aussagen des Petrus nach dessen Tod in Rom aufgezeichnet habe. Klemens von Alexandrien (um 200 n. Chr.) meinte, Markus sei dazu gedrängt worden von Personen, die Petrus hatten predigen hören.

Die genaue zeitliche Reihenfolge der Ereignisse kennen wir nicht. Folgendes kann jedoch als gesichert gelten:

- Markus hat einige Zeit zusammen mit Petrus in Rom als Diener des Evangeliums zugebracht;
- Petrus wird im Markusevangelium herausragend dargestellt;
- das Markusevangelium wurde für eine im westlichen Teil des Römischen Reiches lebende vielleicht sogar für eine römische Leserschaft geschrieben (siehe Textkasten „Lateinische Wörter im Markusevangelium");
- dieses Evangelium war für Christen, die unter Verfolgung litten, besonders geeignet und wird als besonders ermutigend empfunden worden sein.

Diese Beobachtungen haben den amerikanischen Theologen William Lane veranlaßt, die Tradition, das Markusevangelium basiere im wesentlichen auf dem Zeugnis des Petrus, ernst zu nehmen und die These aufzustellen, Markus habe eigens für die Gemeinde in Rom geschrieben, als sie im Jahre 65 n. Chr. durch Nero verfolgt wurde, in dessen Verlauf Petrus möglicherweise den Märtyrertod erlitt.

Basiert das Markusevangelium auf dem Erleben des Petrus, so erklären sich einige seiner überraschenden Merkmale.

- *Seine Kürze:* Markus verwendete das, was er von Petrus gehört hatte. Er stellte – im Gegensatz zu Lukas – keine eigenen Nachforschungen an.
- *Sein Anfang:* Markus verwendete keine Geschichten über die Geburt oder Kindheit Jesu. Als er Kornelius einen Überblick über die Wirksamkeit Jesu verschaffte, sprach er lediglich davon, daß sie „in Galiläa anfing nach der Taufe, die Johannes predigte" (Apostelgeschichte 10,37).
- *Sein Titel:* In der Bezeichnung „Evangelium", die Markus für seine Schrift wählte, spiegelt sich deren Ursprung in der Verkündigung der „guten Nachricht von Jesus Christus", für die Petrus und die anderen Apostel bekannt waren.
- *Sein Brennpunkt:* Hinter dem Nachdruck, den Markus auf den Tod Jesu legt, vernehmen wir die Stimme des Petrus, der die Juden zu überzeugen versuchte, daß Jesus wirklich „der Christus, der Sohn Gottes" ist, obwohl er den Tod eines Verbrechers erlitt. Sein Tod erfüllte die Schrift!

Markus als Schriftsteller

Wir können einiges über die Persönlichkeit des Markus aus seinem Schreibstil ableiten. Auch darin weist er Qualitäten und Vorzüge auf, aus denen deutlich wird, daß er der Aufgabe, der erste Evangelist zu sein, durchaus gewachsen war. Drei Punkte fallen besonders ins Auge.

1. Markus war ein begabter Stilist

Sein Schreibstil ist lebendig und spricht den Leser unmittelbar an. Markus verwendet einundvierzigmal einen seiner Lieblingsbegriffe, das griechische Wörtchen *euthus*. Es wird mit „alsbald", „sofort" oder „sogleich" übersetzt und sorgt dafür, daß dem Leser die Erzählung zügig und spannungsreich vorkommt. Das unterstreicht Markus durch die Verwendung knapper Sätze und eines lebendigen, einprägsamen Vokabulars. Die Geschichte eilt von einer Begebenheit zur nächsten.

Markus hat die Gabe, eine Szene mit Worten so lebendig zu malen, daß man sie regelrecht „sieht". Häufig erwähnt er dabei Einzelheiten, die Matthäus und Lukas übergehen. So berichtet beispielsweise nur Markus, daß Jesus ein Kind „herzte", ehe er sagte: „Wer ein solches Kind in meinem Namen aufnimmt, der nimmt mich auf" (Markus 9,36 f.). Nur Markus erzählt, daß der reiche Jüngling „herbeilief" und „sich vor Jesus niederkniete", ehe er die Frage stellte: „Was muß ich tun, damit ich das ewige Leben ererbe?" (10,17). Und nur Markus beschreibt, wie Jesus „ihn ansah und liebgewann" (10,21) und wie der reiche Jüngling daraufhin „unmutig wurde" (10,22).

Es ließen sich zahlreiche weitere Beispiele anführen. Die Liebe zur anschaulichen Darstellung hat zur Folge, daß die Geschichten, die Markus erzählt, häufig umfangreicher sind als ihre Parallelen bei Matthäus und Lukas. Vergleichen wir zum Beispiel die Wortzahl, die jeder der drei Evangelisten benötigt, um die ineinander verwobenen Geschichten von der Auferweckung der Tochter des Jaïrus und von der Heilung der blutflüssigen Frau zu erzählen:

- Markus benötigt 395 Wörter (5,21-43).
- Lukas verwendet 285 Wörter (8,40-56).
- Matthäus gelingt es, die beiden Geschichten auf 138 Wörter zusammenzustreichen (9,18-26).

Einige Einzelheiten, die wir nur bei Markus finden, verleihen der Geschichte eine besonders menschliche Note:

- Jaïrus bittet Jesus nicht nur mitzukommen, sondern „wiederholt" seine Bitte (Luther: „bat ihn sehr"; wörtlich: „und sagte viele Dinge") (5,23).
- Die Frau „hatte viel erlitten von vielen Ärzten . . . und es hatte ihr nichts geholfen, sondern es war noch schlimmer mit ihr geworden" (5,26).

- Als sie Jesu Gewand berührte, „spürte er sogleich an sich selbst, daß eine Kraft von ihm ausgegangen war"; deshalb „sah er sich [immer wieder] um nach der, die das getan hatte" (5,30.32).
- Als Jesus im Haus des Jaïrus ankam, sah er dort Menschen „laut weinen und klagen" (5,38).
- Jesus aber „nahm mit sich den Vater des Kindes und die Mutter ... und ging hinein, wo das Kind lag" (5,40).
- Dann fügt Markus eine besonders einprägsame Einzelheit hinzu, was er auch bei drei weiteren Gelegenheiten tut: Er gibt den aramäischen Befehl wieder, den Jesus verwendete: *Talita kumi!* – „Mädchen, steh auf!" (5,41).

Der Stilist Markus bedient sich noch einer weiteren Methode, um seine Erzählung lebhafter zu gestalten: Er verwendet das sogenannte „Präsens historicum". Damit ist die unvermittelte Verwendung von Verben in der Gegenwart gemeint in einer Geschichte, die sich in der Vergangenheit ereignete. Dies sehen wir beim Auftreten des Jaïrus: Er *„kommt"* und *„fällt"* beim Anblick Jesu auf die Knie, dann *„bittet"* und *„drängt"* er ihn zu kommen (vgl. Elberfelder Übersetzung). Auf dem Höhepunkt der Geschichte verwendet Markus ebenfalls die Gegenwart: Bei der Ankunft Jesu im Hause des Jairus *„sieht* er das Getümmel", *„spricht"* zu den Trauernden, *„geht"* mit den Eltern hinein und *„spricht"* zu dem Mädchen ...

Insgesamt verfügt Markus über einen kraftvollen Erzählstil.

2. Markus war ein bewegender Geschichtenerzähler

Dies ist das ergänzende Gegenteil zum vorigen Abschnitt. Wie Markus einzelne Begebenheiten mit großer Lebendigkeit und Erzählkraft zu berichten verstand, so geschickt fügte er sein ganzes Evangelium zusammen.

Der frühchristliche Schriftsteller Papias hat sich diesbezüglich sicher geirrt. In dem Abschnitt, in dem er versichert, daß das Markusevangelium auf die Verkündigung des Petrus zurückgehe, behauptet er, Markus habe „mit Sorgfalt alles aufgezeichnet, was ihm von den Worten und Taten des Herrn in Erinnerung geblieben" sei, „jedoch nicht in der richtigen Reihenfolge" (andere übersetzen: „nicht in kunstvoller Gestalt"). Diesen Mangel schreibt er Petrus selbst zu, der „keinen zusammenhängenden Bericht über Leben und Lehre des Herrn" zustande gebracht habe. Markus sei also Petrus gefolgt und habe sich lediglich zum Ziel gesetzt, nichts auszulassen.

Beim Markusevangelium handelt es sich jedoch keineswegs um ein Durcheinander unzusammenhängender Erinnerungen. In den letzten Jahren haben Bibelwissenschaftler die Erzählweise des Markus immer mehr gewürdigt. Das Markusevangelium ist eine kunstvolle Komposition, deren Reichtümer noch erforscht werden müssen. Durch diese sorgfältige Kompositionsweise verlieh Markus der Botschaft Nachdruck, die weiterzugeben sein Anliegen war. Dazu einige Merkmale:

A. Die Gesamtstruktur. Nach der Einleitung 1,1-15 gliedert sich das Evangelium in zwei Teile, wobei 8,27-30 als beide Teile zusammenhaltende „Klammer" fungiert. Das Bekenntnis des Petrus zu Jesus als dem „Christus" ist bis dahin der Höhepunkt der Erzählung. Es leitet jedoch eine dramatische Veränderung ein: „Und er fing an, sie zu lehren: Der Menschensohn muß viel leiden und verworfen werden ... und getötet werden" (8,31). Das kommende Leid wird hier zwar nicht zum erstenmal erwähnt, aber das erste Mal von Jesus selbst angekündigt. Von nun an gewinnt das Kreuz immer größere Bedeutung, wie wir im weiteren noch sehen werden.

Zu beiden Seiten der „Klammer" läßt sich jede Hälfte in je drei Abschnitte gliedern. In der ersten Hälfte beginnt jeder der drei Abschnitte mit einer Geschichte über die Jünger (1,16-20; 3,13-19; 6,6-13) und schließt mit einer kurzen Begebenheit, in der die Botschaft des jeweiligen Abschnitts zusammengefaßt wird:

● 3,7-12: Es werden große Menschenmengen von Jesus angezogen, der sie heilt und belehrt. Die Dämonen wissen, wer Jesus ist (vgl. 1,1).
● 6,1-6: Im Gegensatz zu 3,7-12 wird Jesus von seiner Heimatstadt abgelehnt und kann deshalb keine Heilungswunder dort vollbringen. Diesem ganzen Abschnitt haftet etwas von Kampf und Feindschaft an.
● 8,22-26: Diese sich in zwei Stufen vollziehende Heilung, die nur von Markus überliefert wird, veranschaulicht, was in den Jüngern vorgehen muß. Im Verlauf dieses ganzen Abschnitts haben sie sich bemüht, Jesus zu verstehen. Sie sehen zwar, was er für Taten vollbringt, doch begreifen sie deren Sinn nicht. Insofern ähneln sie dem Mann, der „Menschen sieht, als sähe er Bäume umhergehen" (8,24). Jesus stellt sein Augenlicht völlig wieder her, und unmittelbar darauf folgt das Bekenntnis des Petrus: „Du bist der Christus!" (8,29).

Die zweite Hälfte des Evangeliums läßt sich ebenfalls in drei Abschnitte gliedern: 8,31-10,52 (am Ende dieses Abschnitts steht, wie beim vorigen, die Heilung eines Blinden), 11,1-13,37 (hier stehen, wie im zweiten Abschnitt der ersten Hälfte, Kampf und Feindschaft im Mittelpunkt) und 14,1-16,8 (die Geschichte vom Tode Jesu erreicht ihren Höhepunkt im Bekenntnis des römischen Hauptmanns, das uns wieder an den Anfang zurückführt: 1,1.11).

B. Wiederholung und Rückerinnerung. Im Verlauf der Erzählung treten zahlreiche Wiederholungen auf; diese sind für die Botschaft des Markus entscheidend.
● Man beachte die drei bedeutenden Gelegenheiten, bei denen Jesus im Zusammenhang mit einer Stimme, die unmittelbar vom Himmel her spricht, als „der Sohn Gottes" bezeichnet wird: 1,10 f. bei seiner Taufe; 9,7 bei seiner Verklärung; und 15,39 durch den römischen Hauptmann, nachdem der Tempelvorhang „von oben an bis unten" zerrissen wird (hier wird für „zerreißen" dasselbe Wort verwendet wie 1,10, wo der Himmel „sich auftut"). Auf ein göttliches Zeugnis folgt ein menschliches: Werden die Leser dem Hauptmann beipflichten?
● In kleinerem Maßstab gibt es ein wiederholtes Speisungswunder (6,30-44; 8,1-10), wiederholte Heilungen Blinder (7,31-37; 8,22-26; 10,46-52), die wiederholte Stillung eines Sturmes (4,35-41; 6,47-52) sowie wiederholte Exorzismen (alle sehr verschieden: 1,21-28; 5,1-20; 7,24-30; 9,14-29). Die später erzählten Fälle erinnern stets an die früheren, und die Unterschiede machen entweder verschiedene Aspekte der Wirksamkeit Jesu deutlich, oder sie weisen auf verschiedene Herausforderungen hin, denen sich die Jünger oder die ersten Leser des Evangeliums gegenübersahen.
● In noch kleinerem Maßstab stellt Markus ausgefeilte Zusammenhänge zwischen einzelnen Geschichten her, um gewisse Aspekte seiner Botschaft hervorzuheben. So stellt er beispielsweise einen äußerst überraschenden Vergleich an zwischen dem armen besessenen Jungen aus Kapitel 9 und dem reichen, frommen, gebildeten Jüngling, dem Jesus (Kapitel 10) begegnet. Beide sind „von Kind auf" etwas gewesen – der eine besessen, der andere gehorsam (9,21; 10,20). Dennoch sind beide gleichermaßen gefesselt, der eine vom bösen Geist, der andere durch seinen Reichtum; beide können nur durch unmittelbare Einwirkung der Kraft Gottes befreit werden (9,29; 10,27); in beiden Fällen merken die Jünger, daß sie nichts auszurichten vermögen (9,28; 10,26).

Am Ende wird der eine befreit, der andere nicht. Der Unterschied zwischen ihnen ist der Glaube *und das Gebet* des Vaters: „Ich glaube; hilf mir, meinen Unglauben zu überwinden!" (9,24).

C. Kreatives Nebeneinanderstellen. Der Zusammenhang zwischen den beiden in aufeinanderfolgenden Kapiteln beschriebenen „Jünglingen" ist ein Beispiel für „kreatives Nebeneinanderstellen". Markus verbindet Geschichten miteinander oder erzählt sie nacheinander, ohne sie ausdrücklich zu kommentieren, jedoch so, daß sie zur gegenseitigen Deutung beitragen.

Ein weiteres Beispiel ist der Zusammenhang zwischen der Tempelreinigung und dem Verdorren des Feigenbaums (11,11-25). Markus versteht es, diese Geschichten ineinanderzuweben – eine Methode, deren er sich auch 5,21-43 und 6,7-31 bedient. Jede Geschichte ergänzt die andere und erläutert deren Botschaft. Der „Feigenbaum" gehörte zu den gängigen Bildern für das Volk Israel. Auf die Untersuchung des Tempels 11,11 folgt 11,12-14 die Untersuchung und Verfluchung des unfruchtbaren Feigenbaums. Darauf folgt die Begebenheit, die wir normalerweise als die „Tempelreinigung" bezeichnen, obwohl sich die Geschichte eher wie ein Gottesgericht liest. Der Eine, dem dieses Haus gehört (11,17), hat es untersucht und große Mängel festgestellt.

Am nächsten Tag fällt den Jüngern auf, daß der Baum verdorrt ist. Ein geheimnisvolles Zeichen! Daraufhin erteilt ihnen Jesus eine radikale Lektion über das Gebet, in der der Tempel, das „Bethaus für alle Völker", keine Rolle mehr spielt (11,22-25). Es überrascht nicht, daß Jesus noch am selben Tag die völlige Zerstörung des Tempels voraussagt (13,2).

Die einzelnen Teile dieser ineinander verwobenen Geschichten würden ohne die anderen Teile an Bedeutung verlieren. Es ließen sich aus dem Markusevangelium zahlreiche weitere Beispiele dieser Methodik anführen.

3. Markus war ein überzeugender Wortführer

Die sorgfältige Kompositionsweise des Markus diente einem Zweck: Sie sollte überzeugen. Aber wen? Hier gehen die Meinungen auseinander. Es ist denkbar, daß Markus bei der Abfassung seines Evangeliums sowohl evangelistische als auch seelsorgerliche Ziele verfolgte. Sein Gesamtziel ist jedoch leicht zu definieren: Er wollte seine Leser überzeugen, an „das Evangelium von Jesus Christus, dem Sohn Gottes" (1,1) zu glauben und diesem Jesus nachzufolgen.

So gibt er seiner Schrift den Titel „Anfang des Evangeliums von Jesus Christus" (1,1). Die Meinungen gehen auch über die Bedeutung des Begriffs „Anfang" auseinander. Bezieht er sich lediglich auf die Einleitung (1,1-15) oder auf das ganze Buch? Da es sich um den ersten Satz handelt, dürfen wir vermuten, daß Markus sein ganzes Buch als den „Anfang des Evangeliums" auffaßte. Dabei setzt er voraus, daß seine Leser bereits mit der Verkündigung des Evangeliums wie mit der Gemeinschaft der an das Evangelium Glaubenden vertraut sind. Er möchte ihnen erzählen, wie alles seinen Anfang nahm.

Es gibt noch einige Hinweise dafür, daß Markus sich bewußt ist, nicht die ganze Geschichte des Evangeliums zu erzählen, und daß er bei seinen Lesern eine gewisse Vertrautheit mit der späteren Geschichte voraussetzt:

- Die 1,8 von Johannes dem Täufer ausgesprochene Verheißung, daß Jesus mit dem Heiligen Geist taufen werde, geht im Rahmen dieses Evangeliums nicht in Erfüllung.
- In gleicher Weise wird auch das Versprechen Jesu, seine Jünger zu „Menschenfischern" zu machen, innerhalb des Evangeliums nicht eingelöst.
- Das trifft auch auf die 14,28 überlieferte Zusage Jesu zu, sich nach der Auferstehung mit seinen Jüngern in Galiläa zu treffen. (Dies könnte man allerdings dahingehend deuten, daß die Urschrift des Markus Berichte über Erscheinungen des Auferstandenen enthalten haben muß.)
- Markus legt großen Nachdruck auf die zentrale Stellung des Predigens und Lehrens im Dienst Jesu („denn dazu bin ich gekommen", 1,38), gibt jedoch kaum mehr als zusammenfassende Inhaltsangaben wieder. Daraus kann man ableiten: Sowohl Markus als auch seine Leser haben gewußt, daß Aufzeichnungen über die Lehre Jesu anderweitig verfügbar waren.
- Bei seiner Beschreibung der Jünger unterstreicht Markus so sehr deren Schwäche, mangelnde Einsicht, Furcht und Untreue, daß man den Eindruck gewinnt,

Das Ufer des Sees Genezareth. Nachdem Johannes der Täufer verhaftet worden war, begab sich Jesus nach Galiläa. Ein Großteil seiner Wirksamkeit ereignete sich in der Nähe dieses Sees und in der Stadt Kapernaum.

Markus habe uns sagen wollen: Ist es nicht erstaunlich, was Jesus später, nach der Ausgießung des Heiligen Geistes, aus diesem alles andere als vielversprechenden Material machen konnte? Aus diesen Jüngern, insbesondere Petrus, wurden die großen Leiterpersönlichkeiten der Kirche. Markus hatte selbst mit ihnen zusammengearbeitet und wußte aus eigener Erfahrung, daß „alle Dinge möglich sind bei Gott" (10,27). Das Versagen ist nicht das letzte Wort.

● Dieses Bewußtsein für die Fortsetzung wird zum Schluß der Geschichte besonders deutlich. 16,8 liegt die Betonung auf Furcht und Ungehorsam. Konnte die „gute Nachricht" wirklich so enden? Sowohl Markus als auch seine Leser wissen, daß dem nicht so war. Im Gegenteil!

Es ist die Strategie des Markus, den „Anfang" – die Fundamente – darzustellen, damit seine Leser verstehen, weshalb es sich bei der Botschaft von Jesus Christus um eine „gute Nachricht" handelt und was es im wesentlichen bedeutet, ihm nachzufolgen.

Wenden wir uns zuletzt einer kurzen Zusammenfassung der Botschaft des Markus zu.

Die Botschaft des Markusevangeliums

Die Botschaft ist vielschichtig, doch wir können ihre wichtigsten Aspekte folgendermaßen zusammenfassen:

1. Das Reich Gottes

Markus faßt die Verkündigung Jesu auf als Botschaft über das Reich Gottes: „Nachdem aber Johannes gefangengesetzt war, kam Jesus nach Galiläa und predigte das Evangelium Gottes und sprach: ‚Die Zeit ist erfüllt, und das Reich Gottes ist nahe herbeigekommen. Tut Buße und glaubt an das Evangelium!'" (Markus 1,14 f.). Nach Markus handelt es sich beim Evangelium um die von Jesus verkündigte Botschaft von der zeitlichen Nähe des Reiches Gottes.

Auf die Bedeutung des Ausdrucks „das Reich Gottes“ werden wir im Kapitel über Matthäus näher eingehen, denn bei Matthäus steht dieser Begriff noch mehr im Mittelpunkt als bei Markus. Matthäus erwähnt rund fünfzigmal „das Himmelreich“, Markus hingegen nur fünfzehnmal.

Die Juden warteten eifrig auf das künftige „Reich Gottes“ (vgl. Markus 15,43). Das Eintreffen dieses Reiches sollte nach gängigen Vorstellungen den Untergang der Feinde Gottes und die Rechtfertigung Israels als Gottesvolk einleiten. Vor diesem Hintergrund können wir die Botschaft vom Reich Gottes bei Markus folgendermaßen zusammenfassen:

- Das Reich Gottes ist nahe und wird demnächst eintreffen (1,15)!
- Es ist deshalb nahe, weil Jesus gekommen ist (11,10; vgl. 2,18-22).
- Der Prozeß, der sein endgültiges Eintreffen auslösen wird, ist bereits im Gange (4,26 ff.; 4,30 ff.)
- Entgegen gängigen Erwartungen ist es schwer, ins Reich Gottes zu kommen (10,24). Es geschieht jedenfalls nicht automatisch. Entschiedenes Handeln ist notwendig (9,47). Das Reich Gottes steht nur denen offen, die alles aufgeben und Jesus nachfolgen (10,15.21).

2. Der Tod Jesu

Wie wir bereits angemerkt haben, gehört der Nachdruck, mit dem Markus den Tod Jesu behandelt, zu den auffälligsten Merkmalen seines bahnbrechenden Werkes. Was hat Markus darüber zu sagen?

Gleich zu Anfang des Evangeliums entsteht ein Konflikt. Auf die Auseinandersetzung zwischen Jesus und dem religiösen Establishment wird bereits Markus 1,22 hingewiesen: „Und sie entsetzten sich über seine Lehre; denn er lehrte mit Vollmacht und nicht wie die Schriftgelehrten.“ Es wird schnell deutlich, daß die Pharisäer diese Vollmacht mit Gotteslästerung gleichsetzen (2,6). Und Jesu Behauptung, aus der eigenen Vollmacht heraus mit „Sündern“ Umgang zu pflegen (2,15-17) und die Regeln des Fastens (2,18-22), der Sabbatheiligung (2,23-28) und der Heilung (3,1-5) neu bestimmen zu dürfen, löst sofort schwerwiegende Folgen aus: „Und die Pharisäer gingen hinaus und hielten alsbald Rat über ihn mit den Anhängern des Herodes, wie sie ihn umbrächten“ (3,6). Daß Markus die Kooperation der Pharisäer mit den Anhängern des Herodes erwähnt, mit denen sie sonst in bitterer Feindschaft standen, unterstreicht die Stärke der Gegner Jesu.

Der Konflikt wird durch die 3,20-30 überlieferte Begebenheit weiter vertieft. Hier werfen „die Schriftgelehrten“ Jesus vor, besessen zu sein, worauf er sie beschuldigt, dem Heiligen Geist zu lästern. Schließlich bezichtigen sie ihn, ein falscher Prophet zu sein, was bei Todesstrafe verboten war (5. Mose 13,2-6). Dagegen wirft er ihnen vor, wie die Söhne Elis vermessen gegen den Herrn zu rebellieren, ein Verbrechen, für das es keine Sühne gab (1. Samuel 2,25; 3,13 f.). Wie lange wird sich eine entscheidende Kraftprobe aufhalten lassen?

Solange sich Jesus in Galiläa aufhält, versucht niemand, ihn zu töten. Markus berichtet, daß die Gegner Jesu in Jerusalem zu suchen sind (3,22). Daran erinnert er noch einmal in Kapitel 7, wo „die Pharisäer und einige von den Schriftgelehrten, die aus Jerusalem gekommen waren“ (7,1), Jesus vorwerfen, die Reinheitsgebote zu mißachten. Daraufhin beschuldigt Jesus sie, die Menschen zum Ungehorsam zu verleiten (7,5-9).

Wegen dieses schwelenden Konflikts überrascht die Reaktion der Jünger keineswegs, als Jesus seinen Entschluß bekanntgibt, nach Jerusalem zu reisen: „Sie entsetzten sich; die ihm aber nachfolgten, fürchteten sich“ (10,32).

Mittlerweile waren allerdings zwei weitere Entwicklungen zu berücksichtigen. Zum einen hatte sich der Widerstand gegen Jesus ausgebreitet. Seine eigene Familie hält ihn nunmehr für geisteskrank (3,21). Die Gerasener bitten Jesus, ihr

Gebiet zu verlassen (5,17). In seiner Heimatstadt ärgert man sich über ihn (6,3). Auch die Jünger stehen in der Gefahr, vom „Sauerteig der Pharisäer" angesteckt zu werden (8,15), und Petrus wird einmal sogar Sprachrohr des Satans in dessen Kampf gegen Jesus (8,33). Das eigentliche Problem ist, daß Jesus mitten unter einem „sündigen und abtrünnigen Geschlecht" lebt (8,38), deren Angehörige sich zuletzt alle – also auch die Jünger – als Gegner erweisen werden.

Die zweite Entwicklung findet plötzlich und unerwartet statt, als Petrus – stellvertretend für alle Jünger – Jesus als den „Christus" bezeichnet (8,29). Sofort kündigt Jesus seinen bevorstehenden Tod an: „Und er fing an, sie zu lehren: Der Menschensohn muß viel leiden und verworfen werden von den Ältesten und Hohenpriestern und Schriftgelehrten und getötet werden und nach drei Tagen auferstehen" (8,31). Die Pläne, die die Pharisäer und die Anhänger des Herodes gegen Jesus schmieden, müssen ausgeführt werden, weil „von dem Menschensohn *geschrieben steht,* daß er viel leiden und verachtet werden soll" (9,12).

Die verschiedenen Stränge der dramatischen Handlung vereinigen sich also in Jerusalem, und man bekommt den Eindruck, der Ausgang sei unvermeidlich. Aus rein menschlichen und politischen Gründen wollen die Behörden Jesus beseitigen; er hingegen begibt sich bewußt aus rein geistlichen und biblischen Gründen in die Falle, die sie ihm gestellt haben. Er wiederholt vor seiner Ankunft in Jerusalem noch dreimal seine Ankündigung, dort leiden, sterben und auferstehen zu müssen (9,31; 10,32-34; 10,45).

Die letzte dieser drei Stellen ist besonders bedeutungsvoll: „Wer groß sein will unter euch, der soll euer Diener sein; und wer unter euch der Erste sein will, der soll aller Knecht sein. Denn auch der Menschensohn ist nicht gekommen, daß er sich dienen lasse, sondern daß er diene und sein Leben gebe als Lösegeld für viele" (10,43-45). Nur hier bietet Markus einen Einblick in die alttestamentlichen Schriften, in denen *geschrieben stand,* daß der Christus sterben müsse. Damit bezieht sich Jesus nämlich auf Jesaja 53 und stellt sich mit dem „leidenden Gottesknecht" gleich, der die Sünden des Gottesvolkes auf sich nimmt, indem er als „der Allerverachtetste und Unwerteste" einen gewaltsamen Tod erleidet (Jesaja 53,3 ff.).

Der Konflikt mit den Behörden erreicht einen neuen Höhepunkt, als Jesus in Jerusalem zu wirken beginnt (Markus 11; 12). Doch nimmt die Geschichte 14,18-21 eine neue, dramatische Wende, als Jesus plötzlich ankündigt, sein Tod werde nicht nur ein Ergebnis der Feindseligkeit der religiösen Behörden sein. Einer der Zwölf wird ihn verraten. Die Identität des Verräters wird nicht preisgegeben, und sämtliche Jünger beteuern, Jesus treu ergeben zu sein. Am Ende jedoch gibt es keinen großen Unterschied zwischen Judas, der Jesus im Stich läßt und sich den Gegnern anschließt, und den anderen, die Jesus ebenfalls im Stich lassen und die Flucht ergreifen. So besteht letztlich kein großer Unterschied zwischen den Jüngern, die versagen, und den offensichtlichen Gegnern Jesu, die ihn töten.

Der springende Punkt ist, daß alle, ob Jünger oder Gegner, jemanden brauchen, der für sie stirbt – der „sein Leben gebe als Lösegeld", damit sie die Vergebung ihrer Sünden erlangen. Für Markus ist es vor allem der *Tod* Jesu, der seinen Anspruch, „der Christus, der Sohn Gottes" (1,1) zu sein, bestätigt. Sobald er gestorben ist, erkennt der römische Hauptmann, der bei der Kreuzigung dabeistand, die Wahrheit: „Wahrlich, dieser Mensch ist Gottes Sohn gewesen!" (15,39).

3. Der Preis der Nachfolge

Wir haben uns bereits mit dem Interesse befaßt, das Markus für die Schwierigkeiten und Herausforderungen der Jüngerschaft aufbringt, ebenfalls mit dem Mitgefühl, mit dem er die Schwächen der ersten Apostel betrachtet. Dieses Mitgefühl verleitet ihn allerdings nicht dazu, die hohen Anforderungen, die Jesus an seine Jünger stellt, abzuschwächen. Möglicherweise wird Markus diesbezüglich versucht worden sein, jedenfalls zu der Zeit, als er von Pamphylien aus die Flucht nach Jerusalem antrat. Verlangt christlicher Glaube wirklich so große Opfer?

Doch als Markus sein Evangelium verfaßte, hatte er seine Angst inzwischen überwunden; vielleicht als Folge dieses Kampfes macht er den Preis der Nachfolge mit einer Schärfe deutlich, die man bei den anderen Evangelisten nicht findet.

„Und er rief zu sich das Volk samt seinen Jüngern und sprach zu ihnen: ‚Wer mir nachfolgen will, der verleugne sich selbst und nehme sein Kreuz auf sich und folge mir nach. Denn wer sein Leben erhalten will, der wird's verlieren; und wer sein Leben verliert um meinetwillen und um des Evangeliums willen, der wird's erhalten'“ (8,34 f.).

Diese Aufforderung ergeht sofort nach der ersten Leidensankündigung Jesu. Seine Jünger müssen den gleichen Weg gehen, wie er selbst, ihr eigenes Kreuz auf sich nehmen und die Bereitschaft mitbringen, um seinet- und um des Evangeliums willen das Leben zu verlieren.

Was Selbstverleugnung bedeutet, wird Markus 10,17 ff. deutlich. Dort wird der reiche Jüngling aufgefordert: „Geh hin, verkaufe alles, was du hast, und gib's den Armen, so wirst du einen Schatz im Himmel haben, und komm und folge mir nach“ (10,21). Er aber ist nicht dazu bereit. Daraufhin erhebt Petrus die Stimme: „Siehe, wir haben alles verlassen und sind dir nachgefolgt“ (10,28). Jesus verspricht ihm: „Es ist niemand, der Haus oder Brüder oder Schwestern oder Mutter oder Vater oder Kinder oder Äcker verläßt um meinetwillen und um des Evangeliums willen, der nicht hundertfach empfange: jetzt in dieser Zeit Häuser und Brüder und Schwestern und Mütter und Kinder und Äcker mitten unter Verfolgungen – und in der zukünftigen Welt das ewige Leben.“

Die Jünger lebten in einer Gesellschaft, in der das Verwurzeltsein in Heimat und Familie äußerst wichtig war. Die Juden glaubten sogar, daß ihnen ihr Familienerbteil von Gott anvertraut und deshalb weder verschenkt noch verkauft werden durfte. Dennoch fordert Jesus sie auf, dem um seinetwillen den Rücken zu kehren. Es stimmt zwar, daß er ihnen dafür ebensoviel in Aussicht stellt. Was sie empfangen, kann man jedoch nicht gleichsetzen mit dem, was sie aufgeben. Sie verlassen ihre menschliche Familie, empfangen dafür die Mitgliedschaft in der Familie Gottes (3,34 f.). Darüber hinaus erleiden sie „Verfolgungen“, denn sie verurteilen durch ihr Verhalten ein „sündiges und abtrünniges Geschlecht“, das größten Wert gerade auf die Dinge legt, die die Jünger aufgeben.

Nicht jeder Christ ist berufen, Haus und Familie um Jesu willen zu verlassen. Markus aber war dazu berufen. Er mußte die Geborgenheit und den Reichtum seines Familienanwesens in Jerusalem verlassen, um für Jesus unterwegs zu sein – zunächst mit Barnabas nach Zypern, wohin danach, wissen wir nicht, nur daß er sich eine Zeitlang in Kleinasien aufhielt, und schließlich mit Petrus und Paulus in Rom. Mit ihnen zusammen wurde er zum „Menschenfischer“, der sich opferbereit wie sein Herr um die Notleidenden und Verlorenen kümmerte und dabei auf alles Eigene verzichtete, um viel Größeres zu erlangen. Und immer noch zieht er Menschen zu Jesus durch sein Evangelium, das heute ebenso eindringlich zu uns redet wie damals zu Matthäus und Lukas, als sie Anregungen für ihre eigenen Schriften suchten, und zu unzähligen anderen im Laufe der Geschichte.

Vertiefende Lektüre in Auswahl:

William Barclay, *Das Markusevangelium,* Wuppertal, 6. Auflage 1980.
Adolf Pohl, *Das Evangelium des Markus,* Wuppertal 1986.
Adolf Schlatter, *Markus, der Evangelist für die Griechen,* Stuttgart 1935.
Eduard Schweizer, *Das Evangelium nach Markus,* Göttingen, 7. Auflage 1989.

Die Botschaft des Matthäus

Und Jesus zog umher in ganz Galiläa, lehrte in ihren Synagogen und predigte das Evangelium von dem Reich und heilte alle Krankheiten und alle Gebrechen im Volk. (Matthäus 4,23)

Handelt es sich bei Markus um das Evangelium vom leidenden Gottesknecht und bei Lukas um das Evangelium vom *Heiland der Welt*, so haben wir es bei Matthäus mit dem Evangelium vom *herrschenden König* zu tun. Das große Thema des Matthäusevangeliums ist das „Himmelreich", doch für Matthäus gründet dessen Bedeutung auf der Identität Jesu. Jesus ist für ihn der König, der durch seine Geburt und seine Taufe, durch seinen Ruf an die Jünger und seine Lehrtätigkeit unter ihnen, durch seine Werke der Kraft und der Barmherzigkeit, vor allem aber durch seinen Tod und seine Auferstehung das Himmelreich zu einer gegenwärtigen Erfahrung wie zu einer greifbaren Zukunftshoffnung gemacht hat. (Wenn Matthäus vom „Himmelreich" statt vom „Reich Gottes" spricht, folgt er einer jüdischen Sitte.)

Jahrhunderte lang nahmen die Christen an, das Matthäusevangelium sei als erstes der vier Evangelien entstanden und habe deshalb eine Vorrangstellung. Doch hat man diese Einschätzung im Verlauf der letzten hundertfünfzig Jahre aufgegeben; heute halten fast alle Ausleger das Markusevangelium für älter. Die Gründe, die zu diesem Prozeß des Umdenkens geführt haben, lassen sich mit wenigen Worten zusammenfassen. Von den sechshundertzweiundsechzig Versen des Markusevangeliums erscheinen rund sechshundert im Matthäusevangelium wieder. Die Annahme, Markus habe eine Sammlung von sechshundert Versen aus dem Matthäusevangelium zusammengestellt, lediglich ein paar Einzelheiten hinzugefügt und das Ganze als selbständiges Evangelium herausgegeben, erscheint wenig glaubhaft. Viel einleuchtender ist die These, Matthäus habe das Markusevangelium als Grundstock für ein weit umfangreicheres Werk verwendet. Vom Aufbau her folgt Matthäus dem Markusevangelium, das er aber mit zusätzlichem Material ergänzt. Das Matthäusevangelium ist mit seinen insgesamt eintausendneunundsechzig Versen fast doppelt so lang wie das Markusevangelium.

Diese enge Verknüpfung des Matthäusevangeliums mit dem Markusevangelium bedeutet: Wir können Themen, die Matthäus besonders am Herzen lagen, dadurch herausarbeiten, indem wir unser Augenmerk auf den von ihm hinzugefügten Stoff richten.

Wer war Matthäus?

Wie Markus hüllt sich Matthäus, was seine eigene Identität betrifft, in Schweigen. Er war offenbar ein begabter Lehrer, dem es ein Herzensanliegen war, die Lehre Jesu weiterzugeben und zum Gehorsam aufzurufen. Für Matthäus bedeutete dies, Jesus in den Mittelpunkt zu stellen und selbst in den Hintergrund zu treten. Dazu überliefert er folgendes Jesuswort: „Ihr sollt euch nicht Lehrer nennen lassen; denn einer ist euer Lehrer: Christus. Der größte unter euch soll euer Diener sein. Denn wer sich selbst erhöht, der wird erniedrigt; und wer sich selbst erniedrigt, der wird erhöht" (23,10-12). Daran hat sich Matthäus gehalten; sein Evangelium enthält keinerlei Hinweis auf den Verfasser.

Dennoch wurde diesem Evangelium bereits in frühester Zeit die Aussage „nach Matthäus" vorangestellt. Da Matthäus unter den Aposteln sonst kaum hervorsticht, läßt sich nur schwer erkennen, weshalb gerade sein Name verwendet wurde – es sei denn, die Tradition war begründet.

Das älteste schriftliche Zeugnis stammt von Papias, dem Bischof von Hierapolis, dessen „Erklärung der Worte des Herrn" um 130 n. Chr. erschienen. Eine dort überlieferte Nachricht gibt den Bibelwissenschaftlern seit langem ein Rätsel auf: „Matthäus ordnete [oder ‚sammelte'] die Worte des Herrn in hebräischem Dialekt [oder ‚Stil'], und jeder deutete sie, so gut er konnte." Es ist aber unwahrscheinlich, daß das Matthäusevangelium wirklich in hebräischer Sprache abgefaßt wurde; der uns überlieferte griechische Text verrät keines der typischen Merkmale einer Übersetzung. So rätselhaft das Zeugnis des Papias sein mag, es identifiziert eindeutig Matthäus als Verfasser dieses Evangeliums.

Dennoch verwerfen einige Bibelwissenschaftler dieses alte Zeugnis, meistens mit der Begründung, daß Matthäus, der ein Apostel war, kaum einen so ausgiebigen Gebrauch von der Schrift des Nicht-Apostels Markus gemacht hätte. Dieser Einwand verfängt jedoch nicht, weil sie

1. die großartige literarische Leistung des Markus – die Schaffung der Gattung „Evangelium" – außer acht läßt;
2. die Möglichkeit übersieht, daß Matthäus die auf der Verkündigung des Petrus beruhende Schrift des Markus bestätigen wollte; und
3. das Ausmaß der Unterschiede zwischen dem Matthäus- und dem Markusevangelium unterschätzt. Es handelt sich beim Matthäusevangelium keineswegs nur um eine Erweiterung oder Ergänzung des Markus; hier wird die Geschichte auf eigentümlich „matthäische" Art erzählt.

Was wissen wir über Matthäus? Gibt es Hinweise darauf, daß er von Gott darauf vorbereitet wurde, der Verfasser dieses Evangeliums zu sein? Gesicherte Erkenntnisse über Matthäus stehen uns kaum zur Verfügung, doch können wir, wenn wir das Matthäusevangelium im Lichte dessen studieren, was wir bereits wissen, mehr Einzelheiten zusammentragen, als man auf den ersten Blick vermutet.

1. Matthäus war Jude

„Matthäus" ist ein hebräischer Name. Mehrere Mitglieder des Zwölferkreises hatten als Ausdruck ihres Verwurzeltseins in zwei Kulturen sowohl einen hebräischen als auch einen griechischen Namen. Der Zweitname des Matthäus hingegen war ebenfalls hebräisch: Markus und Lukas nennen ihn in der Geschichte seiner Berufung durch Jesus übereinstimmend „Levi" (Markus 2,14; Lukas 5,27-29). Sein starkes Interesse am Alten Testament wird aus seinem Evangelium erkennbar, wie wir noch feststellen werden. Mit seiner Schrift

Die Einfügungen des Matthäus in den Markus-Text

Allem Anschein nach hat Matthäus den Markus-Text mit Bedacht ergänzt. Die wichtigsten Einfügungen:

- Markus erwähnt nur nebenbei den Familienhintergrund Jesu (6,3); Matthäus hingegen eröffnet sein Evangelium mit der Geschichte der Geburt Jesu, der er zwei Kapitel widmet.
- Markus bietet nur einen kurzen, geheimnisvollen Hinweis auf die Versuchungen Jesu (1,12 f.), Matthäus erzählt die ganze Geschichte (4,1-11).
- Markus erwähnt recht häufig die Lehrtätigkeit Jesu (z. B. 1,21; 2,13; 4,1; 6,6; 6,34), gibt jedoch überraschenderweise kaum etwas vom Inhalt seiner Lehre wieder. Matthäus gleicht diesen Mangel aus, indem er fünf große Predigten Jesu in sein Evangelium aufnimmt. Möglicherweise handelt es sich dabei um Sammlungen der Aussprüche Jesu, die entweder von Matthäus selbst oder von einem Vorgänger sorgfältig zusammengestellt wurden.

1. 5,3 – 7,27: die „Bergpredigt"
2. 10,5-42: Weisungen für die Mission der Zwölf
3. 13,3-52: Gleichnisse vom Himmelreich
4. 18,2-35: Weisungen für das Verhalten in der Gemeinde
5. 23,1 – 25,46: künftiges Gericht und künftiges Heil

- Markus berichtet äußerst knapp über die Auferstehung Jesu und bringt keine Erscheinungen des Auferstandenen. Matthäus hingegen verfolgt die Geschichte bis zu dem Punkt, wo die Jünger Jesus in Galiläa begegnen, und schließt mit einem Hinweis auf ihre bevorstehende Missionstätigkeit (Matthäus 28,1-20).

Darüber hinaus sind zahlreiche kleinere Einfügungen zu vermerken; auf einige von ihnen wird im Text dieses Kapitels näher eingegangen.

Nicht alle Ausleger stimmen der Ansicht zu, daß Matthäus das Markusevangelium mit Bedacht ergänzt habe. Der evangelikale Theologe John Wenham hat kürzlich eine ernstzunehmende Verteidigung der These veröffentlicht, daß das Matthäusevangelium *früher* entstanden sei als das Markusevangelium.

verfolgte er zweifellos das Ziel, seine jüdischen Volksgenossen davon zu überzeugen, daß Jesus der „Christus" ist, „des lebendigen Gottes Sohn" (16,16).

Dennoch war Matthäus zunächst ein recht ungewöhnlicher Jude, denn ...

2. Matthäus war Zolleinnehmer

Dies geht aus der einen Geschichte hervor, in der er im eigenen Evangelium auftritt. „Und als Jesus von dort wegging, sah er einen Menschen am Zoll [-haus] sitzen, der hieß Matthäus; und er sprach zu ihm: ‚Folge mir!' Und er stand auf und folgte ihm" (Matthäus 9,9). Aus den Parallelberichten bei Markus und Lukas geht hervor, daß es Matthäus selbst war, der im Anschluß an seine Berufung zu einem Festmahl einlud, bei dem Jesus und seine Jünger „viele Zöllner und Sünder" kennenlernten (9,10) – ehemalige Kollegen des Matthäus. Im Verzeichnis der zwölf Apostel nennt er sich selbst „Matthäus, der Zöllner" (10,3).

Was bedeutete es damals, ein Zolleinnehmer zu sein? Das Römerreich hatte ausgefeilte Besteuerungssysteme, die allerdings von Ort zu Ort variierten. Zur Zeit des Neuen Testaments galten in Palästina verschiedene Systeme. Die südliche Region Judäa wurde unmittelbar von Rom aus regiert, weshalb der römische Statthalter und seine Beamten für das Eintreiben aller wichtigen Steuern verantwortlich waren. Unter diesen brachten die von jedem Erwachsenen zu entrichtende Kopfsteuer sowie die Grundsteuer am meisten ein. Allerdings wurde das Recht, einige weniger bedeutende Steuern – hauptsächlich die in Häfenstädten und an wichtigen Straßenverbindungen fälligen Zölle – einzutreiben, an den Meistbietenden verkauft.

Auf diesem Wege hatte Zachäus das Recht erworben, in Jericho solche Steuern einzutreiben (Lukas 19,1-10). Er wird als „Oberster der Zöllner" bezeichnet und war „reich" (19,2). Wir müssen ihn uns als Leiter einer beachtlichen Organisation vorstellen, die für die ganze Gegend um das Handelszentrum Jericho zuständig war.

Weiter im Norden – in Galiläa – herrschte Herodes Antipas, der ebenfalls der Oberherrschaft Roms unterstand. Hier war Herodes für das Eintreiben der Steuern verantwortlich; er hatte eine jährliche Pauschale an Rom abzuliefern. Es ist nicht bekannt, ob er dieselben Steuern verlangte wie die Römer in Judäa, doch steht fest, daß er eine stattliche Anzahl Steuereintreiber beschäftigte: Es kamen „viele Zöllner" im Hause des Matthäus zusammen, um Jesus kennenzulernen, und wir können davon ausgehen, daß nur die aus der Gegend um Kapernaum eingeladen wurden.

Es ist nicht bekannt, ob die Steuereintreiber des Herodes Beamte waren oder ob Herodes wie die Römer das Recht, Steuern einzutreiben, versteigerte. Der kurze Hinweis 14,2 auf die „Leute" (Diener) des Herodes (nur bei Matthäus) könnte zu der Schlußfolgerung berechtigen, daß Matthäus früher selbst ein königlicher Beamter war. Hat er die Meinung des Herodes über Jesus von einem früheren Kollegen erfahren?

Steuereinnehmer waren, ob als Beamte oder als freie Mitarbeiter, äußerst unbeliebt. Ihre Tätigkeit galt als Verrat an der Sache des Judentums. Viele unter ihnen nutzten ihre Stellung aus, um sich zu bereichern – gerade um dieses Vorteils willen hatten sie das Recht erworben, Steuern einzutreiben. Aber auch solche, die sich nicht bereicherten, wurden als Kollaborateure verachtet, weil sie mit der römischen Besatzungsmacht oder mit Herodes zusammenarbeiteten, der nur von Roms Gnaden König und selbst kein Jude war.

Ein Jude konnte einen derartigen Beruf nur ergreifen, wenn ihm Geld mehr bedeutete als sein nationales Erbe. Die Rabbiner lehrten, es sei nichts Anstößiges daran, einen Zöllner zu betrügen. Das Eintreiben von Steuern zählten sie neben Prostitution zu den Beschäftigungen, denen kein gesetzestreuer Jude nachgehen durfte, denn es brachte zwangsläufig mit sich, Umgang mit Heiden zu haben und am Sabbat zu arbeiten – von der damit verbundenen Habgier und Ungerechtigkeit ganz abgesehen.

Die Zöllner bildeten deshalb eine Gesellschaftsschicht für sich, verfemt und geächtet. Ihre Anwesenheit war in den Synagogen unerwünscht. Aus diesen Gründen interessierten sich die meisten Zöllner weder für das Gesetz noch für die Anbetung des Gottes Israels. Sie hatten ihr Herz nicht an geistliche, sondern an irdische Reichtümer gehängt.

Aus alledem können wir uns ein recht klares Bild davon machen, wie Matthäus vor seiner Begegnung mit Jesus gewesen sein muß. Doch steht die bei Zöllnern übliche Vernachlässigung jüdischer Traditionen kaum in Einklang mit dem Matthäusevangelium, das eine Fülle von Zitaten aus dem Alten Testament enthält und verschiedentlich große Achtung vor dem Gesetz bezeugt. Wie kam Matthäus zu dieser Einstellung?

3. Matthäus erlebte eine umwälzende Bekehrung

Seine Begegnung mit Jesus veränderte sein Leben. Einige der Apostel übten nach ihrem Eintritt in die Nachfolge weiterhin ihren Beruf aus. So behielt beispielsweise Petrus seinen Wohnsitz in Kapernaum und gab vermutlich auch sein Fischereigeschäft nicht auf (vgl. Johannes 21,3). Matthäus hingegen gab den Zöllnerberuf für immer auf.

Das entnehmen wir zwei Hinweisen. Erstens gehörte neben Matthäus ein gewisser „Simon, genannt der Zelot" zum Zwölferkreis (Lukas 6,15; vgl. Matthäus 10,4). Simon war früher Mitglied einer revolutionären Bewegung, die gewalttätig gegen die römische Besatzungsmacht vorging. Ehe sie Jesus begegneten, wird Simon gegenüber dem Kollaborateur Matthäus einen tiefen Haß gehegt haben. Matthäus weist in seinem Apostelverzeichnis 10,2-4 gezielt auf seinen eigenen Beruf wie auf die Vorgeschichte Simons hin, als wollte er unterstreichen, daß sie sich miteinander versöhnt hatten. Das aber war nur dadurch möglich, daß beide ihren früheren Lebenswandel aufgegeben hatten, als sie in die Nachfolge Jesu traten.

Zweitens überliefert nur Matthäus, was Jesus über die Entrichtung von „Zoll und Steuern" zu sagen hatte (17,24-27). Er berichtet, wie Jesus die Tempelsteuer – eine Abgabe zur Erhaltung von Tempel und Gottesdienst, die von jedem erwachsenen Juden zu entrichten war – dadurch zahlte, daß er Petrus mit dem Auftrag losschickte, im Maul eines Fisches nach einer Münze zu suchen. Die Deutung dieser Begebenheit ist umstritten, doch scheint Jesus erklären zu wollen, daß er selbst sowie seine Nachfolger grundsätzlich von allen steuerlichen Pflichten befreit sind. Sie sind Kinder Gottes, der König der ganzen Erde ist. Deshalb sind sie „frei" von dieser Knechtschaft. Dennoch wird Gott sie mit den für die Entrichtung derartiger Abgaben erforderlichen Mitteln versorgen, damit sie der Gesellschaft im allgemeinen nicht unnötig Anstoß bereiten.

Matthäus wird diese Geschichte deshalb in sein Evangelium aufgenommen haben, weil sie ihm sehr viel bedeutete. Er war von der Knechtschaft dieses ganzen Systems befreit worden, ja, sogar von Mammon, dem Gott des Geldes (6,24).

Wir werden uns weiter unten mit der Frage befassen, wie die Bekehrung des Matthäus sich auf ihn selbst sowie auf sein Evangelium ausgewirkt hat. Es ist jedoch bedeutungsvoll, einer weiteren Frage im Hinblick auf seine Bekehrung nachzugehen: Warum verließ Matthäus an jenem Tag, als Jesus ihm lediglich die beiden Worte: „Folge mir!" zurief, so bereitwillig sein Geschäft?

Die Antwort hängt möglicherweise mit einer weiteren Person zusammen, die im Matthäusevangelium besonders heraussragt:

4. Vermutlich war Matthäus von Johannes dem Täufer zutiefst beeindruckt

Dies ist zwar nicht eindeutig belegt, doch weisen einige Fingerzeige in diese Richtung.

Wie Petrus wohnte auch Matthäus in Kapernaum. Bei Ausgrabungen in Kapernaum wurden die hier abgebildeten Überreste eines Gebäudes freigelegt, das seit frühester Zeit als das Haus des Petrus gilt, in dem möglicherweise Jesus wohnte (Matthäus 5,20).

So nimmt nur Matthäus das Gleichnis von den „ungleichen Söhnen“ in sein Evangelium auf (21,28-32). Der ältere Sohn, der sich zunächst weigert, im Weinberg seines Vaters zu arbeiten, später jedoch seine Entscheidung bereut und hingeht, wird in der Deutung (Vers 32) mit den „Zöllnern und Huren“ gleichgesetzt, die sich der Botschaft Johannes des Täufers öffneten. Diese „kommen“ nun „eher ins Reich Gottes“ als die führenden Geistlichen, die auf die Predigt des Johannes hin weder Buße taten noch glaubten. Beim „Weinberg“ handelt es sich um ein alttestamentliches Bild für das Gottesvolk Israel (siehe z. B. Jesaja 5,1-7).

Spiegelt sich darin die Erfahrung des Matthäus selbst? Gehörte er etwa zu den Zöllnern, die sich laut Lukas von Johannes taufen ließen? Als sie Johannes fragten, wie sie ihre Reue deutlich machen könnten, erwiderte dieser: „Fordert nicht mehr, als euch vorgeschrieben ist“ (Lukas 3,13).

Es kann sein, daß Matthäus die Buße weit umfassender auffaßte. Vielleicht nahm hier sein ernsthaftes Interesse am Gesetz seinen Anfang. Von Johannes der Mißachtung des Gesetzes überführt, wurde er bereit, es auf für ihn neue Weise zu studieren und zu befolgen. In einem Satz ausgedrückt: Er bereute seinen Ungehorsam und ging hin in den Weinberg. Ihm war sicher auch das Zeugnis, das Johannes Jesus ausgestellt hatte, bekannt: „Der nach mir kommt, ist stärker als ich, und ich bin nicht wert, ihm die Schuhe zu tragen ...“ (Matthäus 3,11). Deshalb wird er nach Jesus Ausschau gehalten haben. Er hörte ihn predigen, während dieser „in ganz Galiläa umherzog“ (4,23) und die Botschaft des Johannes wiederholte: „Tut Buße, denn das Himmelreich ist nahe herbeigekommen“ (4,7; vgl. 3,2). So wurde Matthäus bereit, einen Schritt weiter zu gehen – von Johannes dem Täufer zu Jesus.

Man darf deshalb annehmen, daß Matthäus seine Bekehrung in zwei Stufen erlebte. Zunächst bekehrte er sich aufgrund der Verkündigung des Johannes zum Gesetz, dann aber dank der zwei Worte, die Jesus ihm zurief, zu Jesus selbst. Plötzlich erkannte Matthäus, daß er alles aufgeben und Jesus nachfolgen müsse. Schon nach wenigen Wochen wurde er zusammen mit den anderen Jüngern auf eine Missionsreise geschickt und dabei aufgefordert, keine Vorsorge für die Reise zu treffen, sich nicht gegen Gefahren zu schützen und keine Absprachen zu treffen, was mögliche Unterkünfte betraf (Matthäus 10,9-11). Matthäus unterstreicht weit mehr als Markus und Lukas die Opferbereitschaft und die Hilflosigkeit, die Jesus bei dieser Gelegenheit von seinen Jüngern verlangte. Es wird Matthäus besonders schwer gefallen sein, sich darauf einzustellen, und dies muß ihm den gewaltigen Wandel, der in seinem Leben stattgefunden hatte, sehr deutlich vor Augen geführt haben. Von Reichtum zu freiwilliger Armut, von Selbstbestimmung zur Jüngerschaft, von Sicherheit zu einem Leben risikoreichen Glaubens und – vor allem – vom Ich zu Jesus, so könnte man die Bekehrung des Matthäus charakterisieren.

Sind weitere Auswirkungen dieser Bekehrung auf Matthäus und sein Evangelium auszumachen?

Der neue Matthäus

Es lassen sich drei wichtige Merkmale dieses Evangeliums auf das Bekehrungserlebnis des Matthäus zurückverfolgen.

1. Ihm wurden Barmherzigkeit und Vergebung zuteil

Das sind wichtige Themen des Matthäusevangeliums. Matthäus verwendet in seiner Beschreibung des Vaterunsers den Begriff „Schulden“ statt „Sünden“: „Vergib uns unsere Schulden, wie auch wir vergeben unsern Schuldigern“ (Matthäus 6,12 wörtlich; vgl. Lukas 11,4). Als Zöllner hatte er nie Schulden erlassen –

wie sollte er auch? Mittlerweile erkannte er aber, daß er selbst vor Gott eine große, unbezahlbare Schuld der Liebe und des Gehorsams hatte.

Nur Matthäus überliefert das Gleichnis vom Schalksknecht (Matthäus 18,23-35). Vor seiner Bekehrung wird er sich des öfteren wie der Schalksknecht verhalten haben: „Er packte und würgte ihn und sprach: ‚Bezahle, was du mir schuldig bist!‘“ (18,28). Vielleicht war Matthäus nicht ganz so grob, doch war er es bestimmt gewohnt, Menschen unter Druck zu setzen, damit sie ihre Schulden beglichen – auch dann, wenn sie kaum dazu in der Lage waren. Jetzt aber hat er sich die Lehre dieses Gleichnisses zu Herzen genommen. Unsere Schuld vor Gott wiegt überaus schwer, und wir sind ihm mehr schuldig, als wir jemals zu bezahlen vermögen. Haben wir die Vergebung als Geschenk Gottes angenommen, wie können wir uns da noch weigern, unseren Mitmenschen zu vergeben?

Ebenso überliefert nur Matthäus das Gleichnis von den Arbeitern im Weinberg (20,1-16). Zweifellos hatte er die Menschen schon oft wegen solcher Ungerechtigkeiten lamentieren hören; vielleicht hatte er auch selbst andere ungerecht behandelt. Jetzt aber beeindruckt ihn dieser scheinbare Widerspruch zutiefst: Er hat unverdientermaßen die Güte des Gottes empfangen, der keine ungerechten Forderungen erhebt, sondern uns ohne Rücksicht auf das, was Rechtens wäre, weit mehr zuteil werden läßt, als uns rechtmäßig zusteht (20,15).

Es muß unter den Aposteln des öfteren zu Szenen der Vergebung gekommen sein, während sie sich an ihr neues Leben als Jünger Jesu gewöhnten. Matthäus stammte wie Petrus und Andreas, Jakobus und Johannes aus Kapernaum. Er war „ihr“ Zolleinnehmer, zumindest wird er ihnen in dieser Funktion bekannt gewesen sein. Möglicherweise gab es alte Streitfragen zu klären, Sünden zu bekennen, und Ungerechtigkeiten aus der Welt zu schaffen. Ganz bestimmt mußten Matthäus und Simon der Zelot sich gegenseitig vieles bekennen.

In diesem Zusammenhang scheint Matthäus *ein* Vers besonders viel bedeutet zu haben. Er überliefert nämlich zweimal den aus Hosea 6,6 übernommenen Spruch Jesu: „Ich habe Wohlgefallen an Barmherzigkeit und nicht am Opfer.“ Keiner der anderen Evangelisten erwähnt dieses Jesuswort. Matthäus beschreibt zunächst, wie Jesus diesen Vers bei ihm zu Hause aussprach während des Festmahls, zu dem er kurz nach seiner Bekehrung seine ehemaligen Kollegen einlud. Einige Pharisäer aus dem Ort machten ihre Mißbilligung mit einer Frage deutlich, die sie an die anderen Jünger Jesu richteten: „Warum ißt euer Meister mit den Zöllnern und Sündern?“ (9,11). Matthäus mußte feststellen, daß die Abneigung der Pharisäer gegen Jesus ebensogroß war wie die Abneigung, die sie früher gegen ihn selbst hegten.

Die Antwort Jesu blieb ihm offenbar im Gedächtnis haften: „Die Starken bedürfen des Arztes nicht, sondern die Kranken. Geht aber hin und lernt, was das heißt: ‚Ich habe Wohlgefallen an Barmherzigkeit und nicht am Opfer.‘ Ich bin gekommen, die Sünder zu rufen und nicht die Gerechten“ (9,12 f.). Matthäus hatte diese Barmherzigkeit bei Jesus erfahren – nicht nur, weil Jesus bereit war, Gemeinschaft mit ihm zu haben, sondern darüber hinaus, weil er wußte, daß seine große, unbezahlbare Schuld durch Jesus getilgt worden war. Die Jahre des Ungehorsams und der Geldgier waren ihm vergeben worden.

Matthäus berichtet, wie Jesus noch einmal Hosea 6,6 zitierte, und zwar, als er von den Pharisäern kritisiert wurde, weil er seinen Jüngern erlaubte, am Sabbat Ähren zu pflücken und zu essen (12,1 f.). Nachdem er einige biblische Beispiele für ähnliche Vorgehensweisen am Sabbat angeführt hat (12,3-6), schließt Jesus mit den Worten: „Wenn ihr aber wüßtet, was das heißt: ‚Ich habe Wohlgefallen an Barmherzigkeit und nicht am Opfer‘, dann hättet ihr die Unschuldigen nicht verdammt. Der Menschensohn ist ein Herr über den Sabbat“ (12,7 f.). Die Barmherzigkeit, die der Zöllner Matthäus anderen so oft vorenthalten hatte, nahm jetzt eine zentrale Stellung in seinem Leben ein. Doch erfuhr er darüber hinaus, daß Jesus derjenige ist, der zu entscheiden hat, was Barmherzigkeit ist und wie sie zu erweisen ist – und wie Bibelstellen wie Hosea 6,6 zu deuten sind. Der „Menschensohn" Jesus ist der Herr, der dies entscheidet. Jesus als höchste Instanz bei der Deutung der Schrift – das gehört, wie wir noch sehen werden, zu den zentralen Themen des Matthäusevangeliums.

2. Er entwickelte eine neue Einstellung zum König

Wir wissen nicht, ob der Zöllner Matthäus jemals ein begeisterter „Herodianer" war. Als „Herodianer" bezeichnete man die monarchistische Partei, die für die Dynastie des Herodes eintrat (vgl. Matthäus 22,16; Markus 3,6). Falls Matthäus dieser Partei angehört hatte, bewirkte seine Bekehrung auch in dieser Hinsicht eine dramatische Veränderung. Der Evangelist Matthäus setzte überhaupt kein Vertrauen in irdische Machthaber. Ganz im Gegenteil. Er berichtet eindringlicher als die anderen Evangelisten von der Betroffenheit Jesu über den Zustand Israels: „Als er das Volk sah, jammerte es ihn; denn sie waren verschmachtet und zerstreut wie die Schafe, die keinen Hirten haben" (9,36). Zur Zeit der Regentschaft des Herodes war das Volk im Grunde hirtenlos, zermürbt und verloren.

Gott aber hat eingegriffen, um sein Volk zu retten. Matthäus zeigt den Gegensatz auf zwischen Herodes einerseits und Jesus, dem wahren König Israels. Gleich am Anfang seines Evangeliums legt er Herodes dessen vollen Titel bei: „König Herodes", führt aber im gleichen Atemzug den „neugeborenen König der Juden" ein (2,1 f.). Herodes merkt, daß seine Stellung bedroht ist, und versucht alles, diesen Rivalen zu ermorden (2,16-18). Dies mißlingt ihm jedoch. Bald darauf stirbt er selbst – eine Begebenheit, die Matthäus möglicherweise mit einem Anflug von bitterem Humor berichtet (2,19).

Auslegern ist immer wieder aufgefallen, wie sehr bei Matthäus das Thema Königtum im Vordergrund steht. Seine Bedeutung wird im allerersten Vers des Matthäusevangeliums angedeutet, den Matthäus als Überschrift des ganzen Evangeliums gewählt hat: „Dies ist das Buch von der Geschichte Jesu Christi, des Sohnes Davids, des Sohnes Abrahams" (1,1).

David und Abraham werden hier als die wichtigsten Vorfahren Jesu ausgewählt. Die darauffolgende Genealogie Matthäus 1,2-17 ist sorgfältig zusammengestellt worden, um mit Nachdruck zu verdeutlichen, daß Jesus der versprochene König ist: „Alle Glieder von Abraham bis zu David sind vierzehn Glieder. Von David bis zur babylonischen Gefangenschaft sind vierzehn Glieder. Von der babylonischen Gefangenschaft bis zu Christus sind vierzehn Glieder" (1,17). Jesus ist der „Sohn Davids", in dem sich der königliche Stamm erneuert, der vor sechshundert Jahren abgeschnitten wurde, als die Babylonier Jerusalem eroberten. In Jesus erfüllen sich sämtliche Verheißungen der Propheten, daß eines Tages ein großer „David" nicht nur über Israel, sondern über die ganze Welt herrschen wird. In Anlehnung an diese Prophezeiungen bezeichneten die jüdischen Rabbiner den Messias meist als „Sohn Davids" (vgl. Matthäus 22,42).

„Sohn Davids" gehört ebenfalls zu den Lieblingsbezeichnungen Jesu durch Matthäus. Er überliefert zehn Begebenheiten, bei denen diese Bezeichnung verwendet wird – im Gegensatz zu Markus und Lukas, die es gemeinsam nur auf sieben bringen. Es besteht ein enger Zusammenhang zwischen diesem Titel und den Werken der Barmherzigkeit, die Jesus an den Kranken und Armen vollbrachte (siehe Kasten „Sohn Davids"), denn es gehörte in alttestamentlicher Zeit zu den wichtigsten Aufgaben des Königs, schwache und hilflose Untertanen zu verteidigen.

Worin also „König" Herodes versagt hatte, das gelingt Jesus vollkommen. Allerdings behauptete Herodes niemals, ein „Sohn Davids" zu sein. Das wäre

„Sohn Davids“

Unter den Propheten des Alten Testaments entwickelte sich allmählich die Vorstellung, daß Gott einen mächtigen „David“ erwecken würde, dessen Herrschaft den von bisherigen „Söhnen Davids“ vorgegebenen Rahmen bei weitem sprengen würde. Prophetien dieser Art wurden schon zu einer Zeit gegeben, als in Jerusalem noch Nachkommen Davids auf dem Thron saßen (Jesaja 11,1-5; 16,5; Hosea 3,5). Sie traten jedoch vermehrt auf, nachdem die Babylonier im Jahre 587 v. Chr. dem davidischen Königtum ein Ende setzten: siehe Jeremia 23,5; 30,9; 33,15-22; Hesekiel 34,23 f.; 37,24 f.; Sacharja 12,7 – 13,1.
Die diesen Prophetien zugrundeliegende Schau äußert sich besonders deutlich im zweiten Psalm, wo der König als der „Gesalbte Gottes“ – das heißt: als sein „Christus“ – bezeichnet wird. Und der König spricht: „Kundtun will ich den Ratschluß des Herrn: Er hat zu mir gesagt: ‚Du bist mein Sohn, heute habe ich dich gezeugt. Bitte mich, so will ich dir Völker zum Erbe geben und der Welt Enden zum Eigentum. Du sollst sie mit einem eisernen Zepter zerschlagen, wie Töpfe sollst du sie zerschmeißen‘“ (Psalm 2,7-9). Dieser Psalm wird im Neuen Testament mehrmals auf Jesus bezogen, und Matthäus greift ihn sinngemäß im sogenannten Missionsbefehl auf, mit dem er sein Evangelium beschließt: „Jesus trat herzu und sprach zu ihnen: Mir ist gegeben alle Gewalt im Himmel und auf Erden. Darum gehet hin und machet zu Jüngern alle Völker ...“ (28,18 f.).

Jesus wird im Matthäusevangelium zehnmal als „Sohn Davids“ bezeichnet (1,1.20; 9,27; 12,23; 15,22; 20,30.31; 21,9.15; 22,42). Fünfmal wird diese Bezeichnung in Zusammenhang mit seinem Dienst der Heilung und der Fürsorge für Ausgestoßene verwendet, insbesondere dann, wenn an ihn appelliert wird:

- 9,27, die beiden Blinden: „Ach, du Sohn Davids, erbarme dich unser!“
- 15,22, die kanaanäische Frau: „Ach Herr, du Sohn Davids, erbarme dich meiner! Meine Tochter wird von einem bösen Geist übel geplagt.“
- 20,30, zwei weitere Blinde: „Ach Herr, du Sohn Davids, erbarme dich unser!“ Diesen eindringlichen Appell wiederholen sie, nachdem „das Volk“ versucht hat, sie zum Schweigen zu bringen (20,31).
- Nach der Heilung eines Besessenen durch Jesus: „Alles Volk entsetzte sich und fragte: Ist dieser nicht Davids Sohn?“ (12,23).

Das alles ist vor dem Hintergrund der alttestamentlichen Auffassung vom Königtum verständlich, nach der Fürsorge für die Schwachen zu den Hauptaufgaben des Königs gehörte: „Verleih dein Richteramt, o Gott, dem König, dem Königssohn gib dein gerechtes Walten! Er regiere dein Volk in Gerechtigkeit und deine Armen durch rechtes Urteil ... Er wird Recht schaffen den Gebeugten im Volk, Hilfe bringen den Kindern der Armen, er wird die Unterdrücker zermalmen“ (Psalm 72,1-4 nach der Einheitsübers.).

auch nicht möglich gewesen, denn er war Idumäer und kein Jude und verdankte seine Königswürde ausschließlich den Römern. Aus diesem Grunde stellten viele Juden sein Recht auf den Königstitel in Frage und lehnten seine Herrschaft ab. Matthäus hatte sich dem Dienst eines falschen, nutzlosen Prätendenten entzogen, um dem wahren König Israels zu dienen.

Dieser „wahre König Israels“ regiert über weit mehr als das winzige Königreich des Herodes. Es gehörte zur alttestamentlichen Erwartung, daß der kommende „David“ ein weltweites Königtum antreten wird. Möglicherweise hat der Hintergrund des Matthäus als Steuereinnehmer ihm in diesem Zusammenhang ein wenig geholfen, denn er wird mit vielen Nicht-Juden zu tun bekommen haben. Ihm wird deshalb die Einsicht leichter gefallen sein als vielen seiner Volksgenossen, daß die Heiden mit teilhaben sollen an der Herrschaft dieses Königs.

Wir werden uns noch eingehender mit dem Thema des „Königtums“ bei Matthäus befassen, wenn wir uns den Hauptmerkmalen seiner Botschaft zuwenden.

3. Er entdeckte bei sich selbst eine neue Gabe des Lehrens

Wie oben bereits angedeutet, wird der Zöllner Matthäus kaum Gelegenheit gehabt haben, sich eingehender mit dem Gesetz zu befassen. Eine Lehrtätigkeit wird für ihn erst recht nicht in Frage gekommen sein. Dennoch ist sein Evangelium offenbar das Produkt eines begabten und vom Gesetz begeisterten Lehrers.

Daraus können wir folgern, daß Matthäus an sich selbst eine Gabe entdeckte, die ihm verborgen geblieben war, solange er sich der Jagd nach Reichtum hingab.

Welche Belege gibt es für die Fähigkeiten des Matthäus als Lehrer? Hier ist auf vier Merkmale seines Evangeliums hinzuweisen:

A. Seine sorgfältig geordnete Erzählung. Wir haben bereits darauf hingewiesen, daß Matthäus die Lehrtätigkeit Jesu besonders hervorhebt. Er faßt diese Tätigkeit in fünf große Predigten zusammen, in denen unterschiedliche Themen behandelt werden (siehe Textkasten auf Seite 31). Es ist denkbar, daß Matthäus oder seine Vorgänger diese Predigten komponierten, indem sie Jesusworte über verwandte Themen zusammenstellten. Doch gehen sie wahrscheinlich auf echte Vorträge Jesu zurück. Als Zöllner war Matthäus des Lesens und Schreibens kundig und wäre durchaus in der Lage gewesen, Notizen anzufertigen, während er Jesus zuhörte. So oder so können wir uns gut vorstellen, wie nützlich diese Zusammenfassungen bei der Unterweisung Neubekehrter gewesen sein werden.

B. Seine Zitate aus dem Alten Testament. Matthäus verrät seine Lehrgabe durch seine wiederholten Hinweise auf den Zusammenhang zwischen alttestamentlicher Prophetie und ihrer Erfüllung in Jesus. Elfmal insgesamt führt Matthäus sogenannte „Reflexionszitate" [manchmal auch als „Erfüllungszitate" bezeichnet] an, um eine Begebenheit aus dem Leben Jesu mit einer alttestamentlichen Prophetie in Verbindung zu bringen: „Das geschah aber, damit erfüllt würde, was gesagt ist durch den Propheten ..." (21,4). Gehen wir davon aus, daß Matthäus sich zunächst durch Johannes zum Gesetz bekehrte und erst dann durch Jesus zum Evangelium, so können wir seine frische, ungewöhnliche Art, mit dem Gesetz umzugehen, besser verstehen. Er deutet es auf einzigartige Weise, weil er es aus der Sicht des christlichen Glaubens und der Jüngerschaft betrachtet. Auf dieses Thema werden wir weiter unten näher eingehen.

C. Seine Sorge um die Pharisäer. Dies bildet das Pendant zum vorigen Punkt. Matthäus äußert sich kritischer als jeder andere Evangelist über die Pharisäer und deren Lehre. Viele Ausleger bezeichnen ihn angesichts von Abschnitten wie Matthäus 23,27 f. sogar als „feindselig": „Weh euch, Schriftgelehrte und Pharisäer, ihr Heuchler, die ihr seid wie die übertünchten Gräber, die von außen hübsch aussehen, aber innen sind sie voller Totengebeine und lauter Unrat! So auch ihr: von außen scheint ihr vor den Menschen fromm, aber innen seid ihr voller Heuchelei und Unrecht."

Die anderen Evangelisten scheuten offenbar davor zurück, die an die Pharisäer gerichteten „Weherufe" Jesu (Matthäus 23,1-36) in ihre Schriften aufzunehmen. Matthäus hingegen hat nicht diese Scheu. Doch nimmt er diese Sprüche Jesu nicht etwa aus einer feindseligen Haltung heraus in sein Evangelium auf, sondern aus Sorge um die schrecklichen Folgen der pharisäischen Lehre:

- „Auf dem Stuhl des Mose sitzen die Schriftgelehrten und Pharisäer. Alles nun, was sie euch sagen, das tut und haltet; aber nach ihren Werken sollt ihr nicht handeln; denn sie sagen's zwar, tun's aber nicht. Sie binden schwere und unerträgliche Bürden und legen sie den Menschen auf die Schultern; aber sie selbst wollen keinen Finger dafür krümmen" (23,2-4).
- „Weh euch, Schriftgelehrte und Pharisäer, ihr Heuchler, die ihr das Himmelreich zuschließt vor den Menschen! Ihr geht nicht hinein, und die hinein wollen, laßt ihr nicht hineingehen" (23,13).

D. Sein Erzählstil. Obwohl das Evangelium des Matthäus wesentlich länger ist als das des Markus, erzählt Matthäus meistens die gleichen Geschichten viel knapper. Markus erwähnt viele persönliche Einzelheiten, Matthäus dagegen streicht alles bis auf das Wesentliche, doch erweitert er häufig die Lektion, die aus der Begebenheit gezogen wird.

So benötigt Markus zweihundertsechsundfünfzig Worte, um die Geschichte vom besessenen Knaben zu erzählen, jedenfalls bis zu dem Punkt, wo die Jünger fragen: „Warum konnten *wir* ihn nicht austreiben?" (Markus 9,14-28). Bei Markus lautet Jesu Antwort auf diese Frage schlicht: „Diese Art kann durch nichts ausfahren als durch Beten" (Markus 9,29). Matthäus hingegen benötigt nur einhundertzwei Worte, um die Geschichte bis zu diesem Punkt zu erzählen (17,14-20), aber im Anschluß daran gibt er die Antwort Jesu viel ausführlicher wieder: „Wegen eures Kleinglaubens. Denn wahrlich, ich sage euch: Wenn ihr Glauben habt wie ein Senfkorn, so könnt ihr sagen zu diesem Berge: Heb dich dorthin!, so wird er sich heben; und euch wird nichts unmöglich sein" (17,20).

In diesen vier Merkmalen äußert sich die Leidenschaft des Matthäus für das Lehren und für die Ausbildung anderer zu Jüngern. Er arbeitete daran, dem Befehl Jesu nachzukommen, den er selbst überliefert: „Machet zu Jüngern alle Völker" (28,19). Vielleicht hat er sich selbst in dem „Schriftgelehrten" wiedererkannt, „der ein Jünger des Himmelreichs geworden ist" (13,52; auch dieses Gleichnis findet sich nur bei Matthäus). Er gleicht einem „Hausvater, der aus seinem Schatz Neues und Altes hervorholt". Matthäus holte die Schätze des Alten Testaments hervor, um den fesselnden neuen Schatz Jesus zu erklären, der die „kostbare Perle" war, für den Matthäus alles aufgegeben hatte (13,45 f.).

Die Botschaft des Matthäus

Welche Botschaft brannte Matthäus auf dem Herzen, als er sein Evangelium niederschrieb? Welche Botschaft zu verkündigen hatte ihn seine Jesus-Erfahrung vorbereitet? Wir können sie unter fünf Überschriften zusammenfassen:

1. Jesus ist die Erfüllung des Alten Testaments

Dieses Merkmal der Darstellung Jesu durch Matthäus liegt allen anderen zugrunde. Im gesamten Verlauf des Matthäusevangeliums wird das, was Gott in und durch Jesus bewirkt, mit Blick auf die Schrift erklärt und gedeutet. Matthäus geht davon aus, daß seine Leser mit dem Alten Testament vertraut und deshalb in der Lage sind, aus den zahlreichen Zitaten die entsprechenden Schlüsse zu ziehen.

So folgt Matthäus beispielsweise bei seinem Bericht über die Heilungen, die Jesus am Abend vollbrachte, Markus (Markus 1,32-34), fügt jedoch ein Zitat aus dem Alten Testament hinzu:

- „Am Abend aber brachten sie viele Besessene zu ihm, und er trieb die Geister aus durch sein Wort und machte alle Kranken gesund, damit erfüllt würde, was gesagt ist durch den Propheten Jesaja, der da spricht: „Er hat unsre Schwachheit auf sich genommen, und unsre Krankheit hat er getragen" (Matthäus 8,16 f.).

Matthäus erwartet von seinen Lesern, daß sie wissen, wo dieses Jesaja-Zitat zu finden ist. Es stammt aus Jesaja 53 und ist Teil einer Beschreibung vom leidenden Gottesknecht, der sowohl die Krankheiten als auch die Sünden des Gottesvolkes auf sich nimmt und stellvertretend für das Volk stirbt. Mit diesem kurzen Zitat deutet Matthäus an, daß Jesus die von Jesaja angekündigte Gestalt ist – eine wichtige und hochdramatische Behauptung. 12,15-21 zitiert Matthäus wieder ausführlich aus einem der Gottesknechtslieder Jesajas (Jesaja 42,1-4) und bezieht die Worte auf Jesus.

In diesem Zusammenhang hat Matthäus 5,17-20 besonderes Gewicht. „Ihr sollt nicht meinen, daß ich gekommen bin, das Gesetz oder die Propheten aufzulösen; ich bin nicht gekommen aufzulösen, sondern zu erfüllen", sagt Jesus (5,17).

Aufgrund seines Verhaltens und seiner Lehre waren viele zu dem Schluß gekommen, Jesus wolle einen Gegensatz zwischen sich und dem Alten Testament herausstellen. Diesen Eindruck berichtigt Matthäus. Jesus will nicht einmal „den kleinsten Buchstaben noch ein Tüpfelchen vom Gesetz" streichen, „bis es alles geschieht" (5,18).

Das bedeutet allerdings nicht, daß die damals gängigen Deutungen des Gesetzes kritiklos übernommen werden. Im Gegenteil. Wir haben uns bereits mit der äußerst kritischen Haltung des Matthäus gegenüber den Pharisäern befaßt, den Hütern jüdischer Orthodoxie. Im weiteren des fünften Kapitels überliefert Matthäus die neue Deutung des Gesetzes durch Jesus, und zwar in sechs Bereichen. In einigen Fällen ist diese neue Deutung so radikal, daß man den Eindruck hat, als würde das Gesetz selbst – und nicht nur die bisherige Auslegung durch die Pharisäer – außer Kraft gesetzt. In der Lehre Jesu schwingt eine neue Autorität mit. Diese Autorität liegt auf einer Ebene mit der des Gesetzes. Doch weil Jesus als König und Sohn Gottes diese Autorität besitzt, wird das Gesetz neu gestaltet und erhält neue Schwerpunkte, so daß es nicht mehr den *Unterschied* zwischen Israel und den heidnischen Völkern hervorhebt, sondern zur *Feindesliebe* auffordert (5,38-48) und somit die zwischen Juden und Heiden bestehende Barriere abbricht (siehe in diesem Zusammenhang insbesondere 15,1-28).

Für wen war diese Darstellung bestimmt? Die meisten Ausleger vertreten die Ansicht, Matthäus habe an eine christliche Leserschaft gedacht, vielleicht besonders an Judenchristen, die davon überzeugt werden mußten, daß kein Widerspruch bestand zwischen ihrem christlichen Glauben und ihrem jüdischen Erbe. Wahrscheinlich wollte Matthäus jedoch auch ungläubige Juden überzeugen. Deshalb war es Teil seiner Strategie, aufzuzeigen, daß Jesus die alttestamentlichen Erwartungen vollkommen erfüllt. Daß Matthäus beim Schreiben an Juden dachte, wird 27,62-66 und 28,11-15 besonders deutlich, wo er den Ursprung – und die Lügenhaftigkeit – der damaligen jüdischen Erklärung für die Auferstehung sorgfältig erläutert. Im zweiten nachchristlichen Jahrhundert behaupteten die Juden – nach Aussage des Märtyrers Justin, dessen Schriften zirka 135 n. Chr. entstanden – weiterhin, die Jünger hätten den Leichnam Jesu aus dem Grab gestohlen. Wollte Matthäus diese falsche Anschuldigung zurückweisen, dann läßt sich denken, daß die weiteren Merkmale seines Evangeliums, insbesondere seine häufigen Zitate aus dem Alten Testament, darauf abzielen, skeptische Juden von der Wahrheit des Evangeliums zu überzeugen.

Wir werden mehr über die Beziehung des Matthäus zum Gesetz entdecken, wenn wir weiteren zentralen Themen seines Evangeliums nachspüren:

2. Jesus ist König!

„Seit der Zeit fing Jesus an zu predigen: ‚Tut Buße, denn das Himmelreich ist nahe herbeigekommen!'" (Matthäus 4,17). Es ist unter Auslegern eindeutig, daß „das Königreich der Himmel" bei Matthäus entscheidende Bedeutung hat. Sämtliche Evangelisten beschäftigen sich mit diesem Thema, aber keiner so ausgiebig wie Matthäus. Den entsprechenden Begriff verwendet er fünfzigmal, Markus hingegen fünfzehn- und Lukas achtunddreißigmal.

Stellen wir neben diese Statistik seine auffällige Verwendung des Königstitels „Sohn Davids" (siehe oben), so wird deutlich, wie sehr Matthäus daran gelegen ist, Jesus als König darzustellen.

An dieser Stelle ergibt sich die Notwendigkeit eines kurzen Abstechers in das Alte Testament, denn nur vor diesem Hintergrund ist das Matthäusevangelium zu verstehen. Im Alten Testament ist häufig von Gott als dem „König" die Rede, und seine „Königsherrschaft" ist ein wichtiges Thema alttestamentlicher Theologie. Das griechische beziehungsweise hebräische Wort, das im allgemeinen mit

„Königreich" übersetzt wird, verfügt über einen aufschlußreichen Doppelsinn, der für ein rechtes Verständnis des Alten Testaments und der Verkündigung Jesu äußerst wichtig ist. Beide Wörter bedeuten sowohl „Reich" als „Regentschaft", also beides: das, was der König tut (er regiert), und der Bereich, in dem er es tut (sein Königreich). Auf das Alte Testament bezogen, bedeutet dies, daß
A. Gott als Herrscher über die ganze Welt gesehen wird (siehe z. B. Psalm 47; 98,4-6; 99,1);
B. Israel als das besondere „Reich" Gottes gilt, das heißt, als das Gebiet, wo seine Königsherrschaft am deutlichsten zum Ausdruck kommt (siehe z. B. 1. Samuel 8,7; 12,12; Psalm 48,2 f.);
C. man einen „Tag" erwartete, an dem alle Nationen sich der Herrschaft Gottes unterordnen werden – einen Tag, an dem sein Reich sich auf die ganze Erde ausdehnen und Gott überall so herrschen wird wie damals in Israel. Dieses kommende Königreich sollte auch das Zeichen für die endgültige Befreiung Israels sein (siehe z. B. Psalm 47,8-10; Jesaja 52,7-10; Sacharja 9,9-12).

Das Alte Testament nennt vier Merkmale dieses erwarteten Gottesreichs: *Gerechtigkeit* (z. B. Jeremia 23,5 f.), *Frieden* (z. B. Hesekiel 34,23-31), *Stabilität* (z. B. Jesaja 9,6) und *weltweite Geltung* (z. B. Sacharja 9,10).

Zur Zeit Jesu herrschte, was das Kommen dieses „Gottesreichs" betraf, eine starke Erwartungshaltung, doch gingen die Meinungen darüber auseinander, wie es tatsächlich kommen werde. Einige zogen ein politisches Verständnis vor und freuten sich auf einen Tag, an dem Israel vor allen seinen Feinden gerettet und in den Augen der Welt gerechtfertigt dastehen wird. Einige waren sogar der Ansicht, sie könnten das Kommen dieses Reiches beschleunigen, indem sie zum bewaffneten Kampf gegen die Römer aufriefen. Andere hingegen vertraten ein eher geistliches Verständnis und hielten Ausschau nach einer Zeit, in der Gott Israel endgültig vor der Sünde retten und sich den heidnischen Völkern offenbaren wird.

Aus diesen Gründen gingen die ersten Hörer Jesu begeistert auf seine Botschaft ein: „Das Himmelreich ist nahe herbeigekommen!" (4,17). Doch war ihnen noch nicht bekannt, welche Auffassung vom Reich Gottes Jesus vertrat: die politische oder die geistliche. Auch Matthäus mußte seinen Lesern das Wesen des Reiches klar und deutlich vor Augen führen. Er macht darüber vier bedeutende Aussagen:

A. Es hat die geistliche Erneuerung Israels zum Brennpunkt. Bei Matthäus wirkt Jesus fast ausschließlich in Israel. „Ich bin nur gesandt zu den verlorenen Schafen des Hauses Israel", sagt er (15,24; vgl. 10,5 f.). Jesus schickt seine Jünger auf Missionsreise mit den Worten: „Geht nicht den Weg zu den Heiden und zieht in keine Stadt der Samariter, sondern geht hin zu den verlorenen Schafen aus dem Hause Israel. Geht aber und predigt und sprecht: ‚Das Himmelreich ist nahe herbeigekommen'" (10,5-7).

Dennoch ist sich Jesus bewußt, daß sie später „vor Statthalter und Könige" kommen werden, „ihnen und den Heiden zum Zeugnis" (10,18). Das Evangelium, das zunächst nur dem Volk Israel gepredigt wird, soll sich ausbreiten. Deshalb hebt Matthäus die Geschichte des Hauptmanns von Kapernaum hervor, der mehr Glauben hat als jeder andere in Israel (8,10) und so auf die „vielen" hinweist, die „von Osten und von Westen kommen werden und mit Abraham und Isaak und Jakob im Himmelreich zu Tisch sitzen; aber die Kinder des Reichs werden hinausgestoßen" (8,11 f.). Israel sollte dabeisein, doch hat es nicht mit dem erforderlichen Glauben auf die Botschaft Jesu reagiert. Deshalb sollen Heiden „hereingebracht" werden, damit sie zusammen mit Abraham am Festmahl des Königs teilhaben. Wenn die geladenen Gäste es ablehnen, zum Fest zu erscheinen, werden die Diener des Königs auf die Straße hinausgesandt, um zusammenzubringen, „wen sie fanden, Böse und Gute; und die Tische wurden alle voll" (22,10). Mit diesen Worten deutet Jesus an, wie er sich selbst am Ende verhalten wird (28,18-20).

B. Jesus selbst steht im Mittelpunkt. Weil Jesus der König ist, kommt mit ihm das Reich – das heißt: die von ihm ausgeübte Herrschaft. Matthäus stellt eine enge Verbindung zwischen dem Reich und dem Heilungsdienst Jesu her: „Jesus ging in Städte und Dörfer, lehrte in ihren Synagogen und predigte das Evangelium von dem Reich und heilte alle Krankheiten und alle Gebrechen" (9,35). Seine Wunder weisen auf die Kraft des Königreiches hin, das in seiner Person gegenwärtig ist: „Wenn ich die bösen Geister durch den Geist Gottes austreibe, so ist das Reich Gottes zu euch gekommen" (12,28). Erst Johannes bezeichnet die Wunder Jesu als „Zeichen", das heißt: als besondere Taten, die eine Botschaft übermitteln und daher Teil der Lehr- und Verkündigungstätigkeit Jesu sind. Doch haben die Wunder auch bei Matthäus diesen Sinn. Sie weisen Jesus als den aus, der die Prophetie des Jesaja erfüllt: „Er hat unsre Schwachheit auf sich genommen, und unsre Krankheit hat er getragen" (8,17). Gerade dies macht die Wunder Jesu einzigartig. Wunder sind nicht überall zu erwarten, wo die Herrschaft Gottes ausgerufen wird.

C. Die Nachfolger Jesu haben bereits Anteil an diesem Reich. Wenn Menschen sich in den Herrschaftsbereich dieses Königs begeben, bekommen sie Anteil am Königreich. Johannes der Täufer hat diesen Prozeß in Gang gesetzt: „Von den Tagen Johannes des Täufers bis heute leidet das Himmelreich Gewalt, und die Gewalttätigen reißen es an sich" (11,12). Mit dem Begriff „gewalttätig" umschreibt Jesus hier vermutlich die begeisterte Reaktion vieler seiner Hörer auf seine Verkündigung. Dadurch, daß sie Jesus nachfolgen, „reißen" die Leute das Himmelreich „an sich", als hätten sie beim Einkaufen den Schatz ihres Lebens entdeckt. Und sind sie einmal im Reich Gottes, dann ist der Geringste unter ihnen größer als Johannes der Täufer (11,11).

Der reiche Jüngling ist sich nicht so sicher. Er möchte wohl „das ewige Leben" – und dieser Ausdruck ist gleichbedeutend mit dem „Reich Gottes" –, doch weiß er mit der Bedingung nichts anzufangen: „Geh hin, verkaufe, was du hast, und gib's den Armen, so wirst du einen Schatz im Himmel haben; und komm und folge mir nach!" (19,21). Jesus nachzufolgen, heißt zu tun, worauf der reiche Jüngling am Ende verzichtete: „ins Reich Gottes [zu] kommen" (19,23).

Von den Nachfolgern Jesu wird ein neuer Lebensstil gefordert, der auf die Wirklichkeit des unter ihnen gegenwärtigen Reiches hinweist. Deshalb wird den zwölf Aposteln vor ihrer Missionsreise gesagt: „Umsonst habt ihr's empfangen, umsonst gebt es auch. Ihr sollt weder Gold noch Silber noch Kupfer in euren Gürteln haben, auch keine Reisetasche, auch nicht zwei Hemden, keine Schuhe, auch keinen Stecken. Denn ein Arbeiter ist seiner Speise wert" (10,8-10). Gott versorgt sie mit allem, was sie zur Lebenserhaltung und zum Schutz brauchen, ebenfalls mit allem, was sie selbst zu geben haben. Sie sind in ihrer Person lebendige Predigten, ein Beweis für die Wirklichkeit des von ihnen verkündigten Gottesreichs. Matthäus gibt sich große Mühe, seinen Lesern diesen neuen Lebensstil in aller Deutlichkeit vor Augen zu führen, indem er die Lehre Jesu ausführlich aufzeichnet.

D. Es ist noch zukünftig. Lukas unterstreicht das gegenwärtige Vorhandensein des Reiches weit mehr als Matthäus. Der besondere Akzent des Matthäus fällt auf das *kommende* Königreich. Jesus wird als „der Menschensohn" noch einmal kommen, und zwar in großer Macht und zum Gericht. Dies wird recht bald geschehen: „Wahrlich, ich sage euch: Es stehen einige hier, die werden den Tod nicht schmecken, bis sie den Menschensohn kommen sehen in seinem Reich" (16,28).

Das „Kommen des Menschensohnes" ist das Thema der Kapitel 24 und 25. Wie diese Kapitel – insbesondere Kapitel 24 – zu deuten sind, ist äußerst umstritten. Dennoch sind sich die meisten Ausleger einig, daß hier zwei verschiedene Arten von „Kommen" miteinander verknüpft werden:

- Einerseits gibt es ein „Kommen zum Gericht", bei dem die Weissagung Jesu über die Zerstörung des Tempels in Erfüllung geht: „Es wird hier nicht ein Stein auf dem andern bleiben, der nicht zerbrochen werde" (24,2). Dies ist vermutlich das „Kommen des Menschensohnes", das noch zu Lebzeiten „dieser Generation" [Luther: „dieses Geschlecht"] erfolgen soll (24,34).
- Andererseits gibt es ein weiteres „Kommen mit Herrlichkeit" (25,30), das dem Endgericht sowie der endgültigen Errettung des Gottesvolkes vorausgeht. „Der König" (25,34) – und damit ist Jesus selbst gemeint – wird über die vor ihm versammelten Völker ein Urteil sprechen, den „Gerechten" zum ewigen Leben verhelfen und die „Verfluchten" ihrer ewigen Strafe übergeben (25,46).

3. Jesus ist der Sohn Gottes!

Einer der führenden Matthäus-Experten unserer Zeit, Professor Jack Kingsbury, vertritt die Ansicht, daß „Sohn Gottes" für Matthäus der wichtigste Hoheitstitel sei, der Jesus beigelegt werde. Ob dieser Titel wirklich wichtiger ist als alle anderen, läßt sich streiten, doch ist an seiner Bedeutung nicht zu rütteln. Er wird im Matthäusevangelium vierzehnmal verwendet, und zwar mit großer Wirkung.

Es sind fast immer andere, die Jesus diesen Titel beilegen:

- Der Teufel bzw. die Dämonen: 4,3.6; 8,29
- Die Feinde Jesu als Anschuldigung oder zum Spott: 26,63; 27,40.43
- Matthäus, die Jünger oder andere beim Bekennen ihres Glaubens: 2,15; 14,33; 16,16; 27,54

Bevor Jesus die Zwölf auf Missionsreise schickte, schärfte er ihnen ein, daß sie weder ein zusätzliches Hemd noch Sandalen noch einen Wanderstab mitnehmen durften. Die hier abgebildeten ledernen Sandalen stammen aus dem ersten Jahrhundert und wurden bei Ausgrabungen in Masada zutage gefördert.

- Gott selbst: 3,17; 17,5; 21,37

Jesus bezeichnet sich selbst nur zweimal als „der Sohn“: 24,36; 28,19.

In diesem Titel schwingen drei Begriffsinhalte mit:

A. Er bezieht sich auf Israel. Im Alten Testament wird das ganze Volk als „der Sohn Gottes“ bezeichnet (z. B. 2. Mose 4,22). Matthäus wendet eine Textstelle dieser Art auf Jesus an: „Aus Ägypten habe ich meinen Sohn gerufen“ (Hosea 11,1; zitiert Matthäus 2,15). Diese Stelle bezog sich ursprünglich auf den Auszug Israels aus Ägypten. Einige Ausleger haben Matthäus vorgeworfen, sich mit einem überzeugend klingenden Beleg zu begnügen, ohne den ursprünglichen Kontext zu beachten. Dem ist aber nicht so. In den ersten Kapiteln seines Evangeliums gibt sich Matthäus größte Mühe aufzuzeigen, wie Jesus in den Fußstapfen Israels tritt und die Erfahrung Israels an seiner eigenen Person wiederholt. So zieht er aus Ägypten aus, wird vor einem feindlich gesonnenen König, der ihn zu töten versucht, gerettet, geht durchs Wasser, wird in der Wüste geprüft und versucht und gelangt zuletzt zu einem Berg, auf dem Gottes Wort gehört wird (5,1).

Es sind natürlich auch Unterschiede vorhanden. Israel versagte in der Wüste (vgl. 5. Mose 8,5), der Sohn Gottes besteht die Prüfung glänzend. Am Berg Sinai hörte Israel das Wort Gottes; der Sohn Gottes lehrt es. Dennoch sind die Parallelen deutlich. Jesus übernimmt die Aufgabe Israels, damit er das Gottesvolk neu um sich selbst formen kann. Eines Tages werden seine Apostel neben ihm auf Thronen sitzen und die Stämme Israels richten (Matthäus 19,28).

B. Er bezieht sich auf den König. Der Titel „Sohn Gottes“ wird im Alten Testament dem König beigelegt (siehe 2. Samuel 7,14; Psalm 2,7). Vor diesem Hintergrund verbindet sich die Anwendung dieses Titels auf Jesus mit den weiteren „königlichen“ Themen bei Matthäus, insbesondere mit Begriffen wie „Himmelreich“ und „Sohn Davids“.

C. Er deutet die Gottheit Jesu an. Wie im Johannesevangelium weist auch hier der Titel „Sohn Gottes“ auf die Intimität der Beziehung zwischen Jesus und Gott dem Vater hin. Jesus spricht neunmal von „meinem himmlischen Vater“ oder „meinem Vater im Himmel“. In einem bekannten Abschnitt bestimmt er diese Beziehung genauer:

- „Ich preise dich, Vater, Herr des Himmels und der Erde, weil du dies den Weisen und Klugen verborgen hast und hast es den Unmündigen offenbart. Ja, Vater; denn so hat es dir wohlgefallen. Alles ist mir übergeben von meinem Vater; und niemand kennt den Sohn als nur der Vater; und niemand kennt den Vater als nur der Sohn und wem es der Sohn offenbaren will“ (11,25-27).

Jesus erfreut sich einer einzigartigen Beziehung zu Gott als seinem Vater, einer Beziehung, die von gegenseitigem Erkennen und Geben und von beidseitigem Handeln geprägt ist. Und doch: Obwohl diese Beziehung einzigartig ist, teilt Jesus sie mit seinen Nachfolgern, denn er spricht zu ihnen von „eurem Vater im Himmel“ oder „eurem himmlischen Vater“. Matthäus freute sich an der neuen Intimität seiner Gottesbeziehung, die sich daraus ergab, daß er sich zur Nachfolge Jesu entschlossen hatte. Gott war für ihn nicht länger ein Richter, den er zu fürchten hatte, sondern ein Vater, dem er vertrauen konnte.

4. Jesus ist der Lehrer, der Christus!

Diese beiden Titel verknüpft Matthäus 23,10 miteinander. Als Lehrer ist Jesus für Matthäus von einzigartiger Bedeutung, wie wir bereits gesehen haben. Wenn wir die Themen der fünf großen Reden Jesu in der Zusammenschau betrachten, wird deutlich, daß Matthäus darum bemüht war, ein abgerundetes Bild des christlichen Glaubens und der Jüngerschaft zu vermitteln. So überliefert nur er die Lehre Jesu zum heiklen Thema der Gemeindezucht (18,15-35). Und nur Matthäus berichtet, daß

Jesus den Begriff „Gemeinde" verwendete (16,18; 18,17). Wir könnten aus Markus und Lukas den Eindruck gewinnen, Jesus habe die Kirche nie gründen wollen; Matthäus jedoch weiß es anders. Zweifellos hat er dabei die Bedürfnisse der jungen christlichen Gemeinden im Blickfeld, als er sein Material auswählte und ordnete.

5. Jesus ist der Heiland, der Menschensohn!

Wie die anderen Evangelisten legt auch Matthäus großen Nachdruck auf die Passion und den Tod Jesu. Jesus war nicht nur gekommen, um das Alte Testament neu zu deuten und neue göttliche Weisungen weiterzugeben. Weit gefehlt! Matthäus wiederholt den für Markus so wichtigen Spruch: „Wer unter euch der erste sein will, der sei euer Knecht, so wie der Menschensohn nicht gekommen ist, daß er sich dienen lasse, sondern daß er diene und gebe sein Leben zu einer Erlösung [wörtl. Lösegeld] für viele" (20,27 f.). Auch Matthäus deutet den Tod Jesu im voraus, indem er dessen Worte beim Abendmahl aufzeichnet: „Das ist mein Blut des Bundes, das vergossen wird für viele zur Vergebung der Sünden" (26,28). Durch seinen Tod schmiedet Jesus einen neuen Bund zwischen Gott und seinem Volk, indem er ihre Sünden tilgt, wie es der Engel Josef angekündigt hatte: „Dem sollst du den Namen Jesus geben, denn er wird sein Volk retten von ihren Sünden" (1,21).

Diese Akzentsetzung verbindet sich mit dem charakteristischen Thema, auf das wir oben bereits aufmerksam wurden, dem Thema des Erbarmens gegenüber den Schwachen. Das Matthäusevangelium weist großes Zartgefühl auf:

- Nur Matthäus überliefert die bewegenden Worte Jesu: „Kommt her zu mir, alle, die ihr mühselig und beladen seid; ich will euch erquicken. Nehmt auf euch mein Joch und lernt von mir; denn ich bin sanftmütig und von Herzen demütig; so werdet ihr Ruhe finden für eure Seelen. Denn mein Joch ist sanft, und meine Last ist leicht" (11,28-30).
- Gewöhnlich streicht Matthäus die Geschichten zusammen, die er aus dem Markusevangelium übernimmt. Doch im Falle des Mannes mit der verdorrten Hand ergänzt er sie um einen weiteren bekannten Spruch: „Wer ist unter euch, der sein einziges Schaf, wenn es ihm am Sabbat in eine Grube fällt, nicht ergreift und ihm heraushilft? Wieviel mehr ist nun ein Mensch als ein Schaf!" (12,11 f.).
- Vor allem führt er den letzten großen Redekomplex mit dem Gleichnis von den Schafen und den Böcken (wiederum nur bei Matthäus) zu einem großartigen Höhepunkt. Der Menschensohn, der König, vor dem die Völker der Erde in zwei Gruppen geteilt werden und von dem ihr Schicksal bestimmt wird, hat sich selbst hungrig und durstig, fremd und nackt, krank und verstoßen gemacht und teilt nun diese Erfahrungen mit seinen „Brüdern". Er ist keinem leidenden Jünger fern, sondern kennt alles Leid und hilft, es zu tragen.

Das Matthäusevangelium ist, wie wir bereits am Anfang des Kapitels festgestellt haben, das Evangelium vom regierenden König. Doch ist dieser König anders als alle anderen Könige. Er regiert nicht von ferne mit unnahbarer Autorität, wohnt auch nicht in prächtiger Abgeschiedenheit. Er sitzt zwar auf einem Thron, um die Völker zu richten (25,31 f.), doch nur deshalb, weil er „unsere Schwachheit auf sich nahm und unsere Krankheit getragen hat" (8,17, Zitat aus Jesaja 53,4). Er regiert nicht mit Macht und Willkür, sondern als Diener mit Erbarmen, nicht zum Zweck der Selbstbereicherung, sondern in völliger Selbsthingabe. Hier haben wir das Herz der Botschaft des Matthäusevangeliums – einer Botschaft, die seinen Verfasser von Habsucht und Selbstgefälligkeit zu einem Leben im Dienst dieses Königs befreite.

Vertiefende Lektüre in Auswahl:

Hubert Frankemölle, *Matthäus: Kommentar 1,* Düsseldorf 1994.
Reiner Riesner, *Jesus als Lehrer,* Tübingen, 3. Ausgabe 1988.
Adolf Schlatter, *Der Evangelist Matthäus,* Stuttgart, 5. Auflage 1959.
Julius Schniewind, *Das Evangelium nach Matthäus,* Göttingen, 13. Auflage 1984.

Die Botschaft des Lukas

Und sprach zu ihnen: „So steht's geschrieben, daß Christus leiden wird und auferstehen von den Toten am dritten Tage; und daß gepredigt wird in seinem Namen Buße zur Vergebung der Sünden unter allen Völkern. Fangt an in Jerusalem, und seid dafür Zeugen."
(Lukas 24,46-48)

Das Lukasevangelium weist in vielerlei Hinsicht mehr Eigenheiten auf als die anderen beiden Synoptiker. Zudem sind die Schriften des Lukas, der auch die Apostelgeschichte verfaßte, umfangreicher als alle anderen neutestamentlichen Verfasser – sie umfassen insgesamt mehr als ein Viertel des Neuen Testaments. Das Lukasevangelium und die Apostelgeschichte ergeben zusammen ein zweibändiges Werk (das sogenannte „lukanische Doppelwerk"). Dessen überragendes Thema ist die weltweite Ausbreitung des Reiches Gottes von den ersten Anfängen unter Johannes dem Täufer bis zu seiner Verkündigung in Rom, dem Herzen des Kaiserreichs, durch Paulus. Auf den neugeborenen Jesus blickend, lobt Simeon Gott mit den Worten: „Denn meine Augen haben dein Heil gesehen, das du bereitet hast vor allen Völkern, ein Licht, zu erleuchten die Heiden ..." (Lukas 2,30-32). Lukas erzählt, wie dieses Licht sich immer weiter ausbreitet, und schließt schließlich seinen zweiten Band mit folgenden Worten des Paulus: „So sei es euch nun kundgetan, daß den Heiden das Heil Gottes gesandt ist; und sie werden es hören!" (Apostelgeschichte 28,28).

Der Mensch Lukas

Lukas war hervorragend geeignet, diese Geschichte zu erzählen. Wir können das, was wir über ihn wissen, folgendermaßen zusammenfassen:

1. Lukas war Heidenchrist
Er ist der einzige Nicht-Jude unter den neutestamentlichen Verfassern. „Lukas" ist ein lateinischer Name, eigentlich eine Kurzform des Namens „Lucius". Es weisen jedoch mehrere Faktoren auf die heidnische Herkunft des Lukas hin:

A. Paulus übermittelt in seinem Brief an die Christen in Kolossä Grüße von drei namentlich aufgeführten Reisegefährten und bezeichnet diese ausdrücklich als „die einzigen Juden unter meinen Mitarbeitern am Reich Gottes". Danach richtet er Grüße von drei weiteren Reisegefährten aus, von denen anzunehmen ist, daß sie keine Juden waren. Zu dieser letzten Gruppe zählt „unser lieber Freund Lukas, der Arzt" (Kolosser 4,10-14).

B. Lukas zitiert häufig aus der griechischen Übersetzung des Alten Testaments (der „Septuaginta"); er übersetzt nirgends unmittelbar aus dem Hebräischen. Außerdem erwähnt er viermal „die aramäische Sprache" auf eine Weise, die den Eindruck erweckt, er selbst beherrsche diese Sprache nicht (Apostelgeschichte 1,19; 21,40; 22,2; 26,14).

C. Nach frühkirchlicher Überlieferung stammte Lukas aus Antiochien in Syrien, einer der größten Städte des römischen Reiches. Das läßt sich heute nicht mehr überprüfen, doch zeigt Lukas ein besonderes Interesse an Entstehung und Wachstum der dortigen Gemeinde (Apostelgeschichte 11,19-30) und macht zweimal darauf aufmerksam, daß Antiochien gewissermaßen die „Heimatgemeinde" des Apostels Paulus war (Apostelgeschichte 13,1-3; 14,26-28).

D. Im Neuen Testament ist allein das lukanische Doppelwerk einem Gönner gewidmet, einem gewissen Theophilus (Lukas 1,3; Apostelgeschichte 1,1). Diese Praxis war in der griechisch-römischen Welt üblich und wurde auch von einigen jüdischen Schriftstellern befolgt, so zum Beispiel von dem Geschichtsschreiber Josephus, der dadurch eine heidnische Leserschaft für seine Geschichte des jüdischen Volkes gewinnen wollte. Allerdings nimmt sich die Widmung des Josephus an seinen Gönner Epaphroditus schwerfällig und gekünstelt aus, verglichen mit der einfachen, natürlichen Vorrede des Lukas.

Frühere Ausleger stellten Vermutungen an, was die Identität des Theophilus betrifft. Wenn er, wie einige dieser Ausleger annehmen, ein wohlhabender römischer Adliger war, muß sich auch Lukas in diesen Kreisen bewegt haben, möglicherweise in Antiochien, wo zahlreiche Römer lebten. Der Name „Theophilus" bedeutet „Gottlieb" und könnte deshalb auch ein Pseudonym sein für Heiden, die wie Kornelius, „fromm", „gottesfürchtig" und ernsthaft auf der Suche nach der Wahrheit waren (Apostelgeschichte 10,1 f.).

2. Lukas war ein hochgebildeter Mann

Als Arzt wird er eine umfassende Ausbildung genossen haben, möglicherweise – wie ein älterer Ausleger vermutet – in Tarsus, der Heimatstadt des Paulus, das damals in dem Ruf stand, ein Zentrum der Bildung und der Wissenschaft zu sein. In der Antike galt die Medizin als Sparte der Philosophie, und das Allgemeinwissen und die Bildung des Lukas spiegeln sich in seinen Schriften wider.

So verfügt er beispielsweise über einen großen Wortschatz. Lukas verwendet in seinem Doppelwerk etwa achthundert Vokabeln, die nirgendwo sonst im Neuen Testament vorkommen. Sein Griechisch ist gewählt und wird im Neuen Testament nur vom unbekannten Verfasser des Hebräerbriefs übertroffen. Lukas ist in seinem Stil flexibel und zeigt eine beachtliche schriftstellerische Leistung, so beispielsweise, wenn er sein Vorwort in hochsprachlich-klassischem Griechisch verfaßt (Lukas 1,1-4), aber gleich darauf zu einem ganz anderen, der Septuaginta nachempfundenen Stil übergeht, um die Geschichte der Geburt und der Kindheit Jesu zu erzählen. Auf diese Weise vermittelt Lukas seinen nicht-jüdischen Lesern nicht nur Fakten und Wahrheiten, sondern auch etwas Lokalkolorit.

Darüber hinaus weisen neuere Ausleger vermehrt auf das kompositorische Geschick des Lukas hin. Er selbst bezeichnet seine Schrift bescheiden als „geordneter Bericht" (Lukas 1,3), und diese „Ordnung" erweist sich in der kunstvollen Gestaltung der Geschichte. So wird beispielsweise die Bedeutung des Todes und der Auferstehung Jesu durch die wiederholte Erwähnung der Reise Jesu nach Jerusalem unterstrichen: „Es begab sich aber, als die Zeit erfüllt war, daß er [in den Himmel] hinweggenommen werden sollte, da wandte er sein Angesicht, stracks nach Jerusalem zu wandern" (Lukas 9,51). Von dieser Stelle an wirken auch beiläufige Hinweise auf das Unterwegssein Jesu hochdramatisch (siehe z. B. 9,57; 10,38; 11,53).

Lukas war ohne jeden Zweifel ein meisterhafter Schriftsteller.

3. Lukas war Historiker

Laut 1,3 beruht sein „geordneter Bericht" auf mühsamen Nachforschungen: „... nachdem ich alles von Anfang an sorgfältig erkundet habe." Sein literarisches Geschick ging Hand in Hand mit einem Bedürfnis nach Genauigkeit und Zuverlässigkeit.

Diese Genauigkeit wurde Anfang des zwanzigsten Jahrhunderts durch die Nachforschungen Sir William Ramsays bestätigt, der sich als Student die damals weitverbreitete Ansicht zu eigen gemacht hatte, das Lukasevangelium sei erst im zweiten Jahrhundert entstanden und ein Großteil seines Inhalts frei erfunden. Doch veranlaßte ihn sein bahnbrechendes Studium der von Paulus während dessen erster und zweiter Missionsreise besuchten Gegenden und Städte (Apostelgeschichte 13-18) zu einem völligen Sinneswandel. Lukas sei in Fragen der Geographie und der zivilen Verwaltung mit akribischer Genauigkeit vorgegangen. Dies trifft auf jede nachprüfbare Einzelheit zu. Sein 1915 veröffentlichtes Buch *The Bearing of Recent Discovery on the Trustworthiness of the New Testament* [Die Bedeutung neuerer Funde für die Glaubwürdigkeit des Neuen Testaments] beschloß Ramsay mit den Worten: „Auch wenn man von Lukas eine Genauigkeit fordert, die man in diesem Maße von anderen Geschichtsschreibern nicht erwartet, halten seine Worte der genauesten Prüfung und der härtesten Behandlung stand." Ramsay vertrat die Ansicht, diese nachweisbare Sorgfalt müsse sich auf unsere Einstellung zum Gesamtwerk des Lukas auswirken: „Man ist durchaus zu der Annahme berechtigt, daß einem Schriftsteller, der sich in *einem* Punkt als korrekt und zuverlässig erweist, dies auch in anderen Angelegenheiten ist. Einen Verfasser, der rein zufällig korrekt oder nur gelegentlich genau wäre, gibt es nicht. Wer akkurat ist, ist es aufgrund einer gewissen Gewohnheit des Denkens."

Lukas war offensichtlich ein Mensch diesen Typs. Heute sind viele Ausleger bereit, Ramsays Urteil beizupflichten.

4. Lukas war ein vielgereister Mann

Mit dem Ausdruck, den die Lutherübersetzung mit „sorgfältig erkundet" (Lukas 1,3) wiedergibt, deutet Lukas an, daß er reisen mußte, um seine Nachforschungen anzustellen. Die sogenannten „Wir-Berichte" der Apostelgeschichte machen zudem deutlich, daß er bei mindestens drei Gelegenheiten mit dem Apostel Paulus mitreiste. (Die „Wir-Berichte" sind Abschnitte der Erzählung, in denen das Fürwort „sie" durch „wir" ersetzt wird, wodurch Lukas andeutet, daß er Augenzeuge war. Siehe Textkasten „Die ‚Wir-Berichte' der Apostelgeschichte".)

Daß Lukas ein erfahrener Reisender war, wird durch die bemerkenswerte Genauigkeit bestätigt, mit der er Apostelgeschichte 27 bei seiner dramatischen Beschreibung des Schiffbruchs Fachbegriffe aus der Nautik einsetzt. Seine diesbezügliche Sorgfalt fiel bereits 1848 dem Schotten James Smith auf. In seinem Buch *The Voyage and Shipwreck of St. Paul* [Die Reise und der Schiffbruch des Apostels Paulus] bestätigt Smith als Jachtsegler und Historiker die detaillierten Angaben des Lukas zu Winden, Örtlichkeiten und Schiffbau.

Sein Interesse am Reisen spiegelt sich in der von ihm erzählten Geschichte wider. Sowohl das Lukasevangelium als auch die Apostelgeschichte berichten von einer Reise – zunächst von der Reise Jesu nach Jerusalem, wie wir oben bereits feststellten, dann aber von der Reise des Paulus bzw. des Evangeliums nach Rom. In beiden Fällen erstreckt sich der Reisebericht über viele Kapitel und schließt viele nebensächliche Begebenheiten und Umwege ein. Doch wird in beiden Fällen das Ziel erreicht, weil dies dem Plan Gottes entspricht.

Dies war also der Mann, den der Heilige Geist zurüstete, Verfasser von mehr als einem Viertel des Neuen Testaments zu sein. Er war ein Mann von Welt – der ausgedehnten griechisch-römischen Welt seiner Zeit. Sein heidnischer Hintergrund,

Die „Wir-Berichte" der Apostelgeschichte

1. Apostelgeschichte 16,10-18
Hier gibt Lukas zu erkennen, daß er Paulus bei dessen bahnbrechender Reise nach Europa begleitete. Er setzte mit ihm von Troas nach Philippi über, wo er Zeuge sowohl der Verhaftung als auch der dramatischen Befreiung des Paulus wurde. Als Paulus weiterzog, blieb Lukas anscheinend in Philippi.

2. Apostelgeschichte 20,5 – 21,18
Dieser Abschnitt beginnt dort, wo der vorige endete, nämlich in Philippi, und wir können daraus entnehmen, daß Lukas Paulus auf der letzten Etappe seiner dritten Missionsreise begleitete, die erst durch die Verhaftung des Apostels in Jerusalem beendet wurde.

3. Apostelgeschichte 27,1 – 28,16
Nachdem Paulus zwei Jahre als Häftling in Cäsarea verbracht hatte, unternahm er eine lange, ereignisreiche Reise nach Rom. Dabei wurde er von Lukas und anderen begleitet.

In Rom stand Lukas Paulus weiterhin bei, wie wir aus 2. Timotheus 4,11 erfahren: „Lukas ist allein bei mir." Daraus läßt sich ableiten, daß Lukas möglicherweise auch während der Gefangenschaft des Paulus in Cäsarea in dessen Nähe blieb und während dieser Zeit die Nachforschungen anstellte, die ihm den Stoff für sein Evangelium sowie für die ersten Kapitel der Apostelgeschichte lieferten.

seine berufliche Erfahrung, seine Begabung als Schriftsteller und Historiker, seine Reisen und seine Verbindungen zum Apostel Paulus prädestinierten ihn zu dieser Aufgabe. Seine breitgefächerte Erfahrung versetzte ihn in die Lage, die ganze Welt als Schauplatz des Evangeliums zu begreifen. Durch den Einfluß des Paulus wird sich seinem Denken die Botschaft des Heils, das allen Menschen ohne Rücksicht auf ihre Rassenzugehörigkeit oder gesellschaftliche Stellung angeboten wird, tief eingeprägt haben. Lukas war der Mann, der vom Heiligen Geist erwählt und zugerüstet wurde, die weltweite Geltung des Evangeliums in den Mittelpunkt zu rücken.

Wir werden uns im folgenden mit einigen der Hauptthemen und -interessen des Lukas befassen, ehe wir einen kurzen Überblick über sein Doppelwerk bieten.

Lieblingsthemen des Lukas

Zusammenfassend wird deutlich, daß das Thema der weltweiten Geltung des Evangeliums sich wie ein roter Faden durch das ganze Werk hindurchzieht.

1. Der Heilige Geist

Die Bedeutung des Heiligen Geistes für die Schriften des Lukas wird in letzter Zeit von Bibelwissenschaftlern immer wieder unterstrichen. Sie wird in den anderen Evangelien keineswegs ausgeklammert, doch weist Lukas von Anfang an darauf hin, indem er das Werk des Geistes bei der Empfängnis Jesu durch Maria (Lukas 1,35) sowie bei den prophetischen Äußerungen Elisabeths (1,41), Zacharias' (1,67) und Simeons (2,25-27) in den Vordergrund stellt. Die Herabkunft des Geistes auf Jesus bei seiner Taufe wird von allen Evangelisten überliefert, Lukas aber erwähnt die Bevollmächtigung Jesu durch den Heiligen Geist zu Beginn seiner Wirksamkeit noch zweimal (4,1.14). Sein Bericht gipfelt in der dramatischen Behauptung Jesu, selbst die Erfüllung von Jesaja 61,1 zu sein: „Der Geist des Herrn ist auf mir, weil er mich gesalbt hat ..." (Lukas 4,18).

Es ist ein typisches Merkmal der Darstellung Jesu durch Lukas, daß sein Dienst in der Kraft des Heiligen Geistes geschieht. Und das läßt sich Lukas zufolge auch von der Kirche behaupten. Ebenso wie die Ausgießung des Geistes über Jesus bei seiner Taufe am Anfang des Lukasevangeliums steht, setzt die Apostelgeschichte mit einer ähnlichen Geistesausgießung über die Kirche zu Pfingsten ein. Daraufhin erzählt Lukas die Geschichte von der Ausbreitung des Evangeliums und erwähnt dabei immer wieder – insgesamt neunundfünfzigmal! – den Heiligen Geist. Der Heilige Geist steht hinter der Evangeliumsverkündigung (Apostelgeschichte 4,8), verleiht den Verkündigern Freimut (4,31), leitet das missionarische Unternehmen (13,2-4), schenkt übernatürliche Einsichten (13,9 ff.), gibt den Missionaren Wegweisung, wenn Entscheidungen zu fällen sind (15,28; 16,6 f.; 20,22), zeigt ihnen die Zukunft (20,23; 21,11), macht der Kirche Mut (9,31) und beschenkt sie mit Freude (13,52). Mehrere Ausleger haben darauf hingewiesen, daß die Apostelgeschichte besser mit *Taten des Heiligen Geistes* überschrieben worden wäre.

Strenggenommen wäre dies allerdings nicht zutreffend. Es fällt auf, daß Lukas den Geist nicht als Gabe Gottes, sondern als Gabe Christi darstellt. So sagt Petrus in seiner Pfingstpredigt: „Da er [Jesus] durch die rechte Hand Gottes erhöht ist und empfangen hat den verheißenen Heiligen Geist vom Vater, hat er diesen ausgegossen, wie ihr hier seht und hört" (Apostelgeschichte 2,33). Dies paßt zur Vorrede an Theophilus zu Beginn der Apostelgeschichte: „Den ersten Bericht habe ich gegeben, lieber Theophilus, von all dem, was Jesus von Anfang an tat und lehrte bis zu dem Tag, an dem er aufgenommen wurde [in den Himmel]" (Apostelgeschichte 1,1 f.). Damit wird angedeutet, daß in der Apostelgeschichte weiterhin über das Tun und Lehren *Jesu* berichtet wird. Wenn also bei Lukas von der Leitung und Bevollmächtigung der Kirche durch den Geist die Rede ist, wäre es ein Mißverständnis, dieses Wirken des Geistes vom Wirken des erhöhten Christus abzukoppeln. Der Heilige Geist ist „der Geist Jesu" (Apostelgeschichte 16,7) und handelt im Auftrag des Herrn der Kirche.

Der Heilige Geist wird allen ohne Unterschied gegeben, die an Jesus glauben. Die alttestamentliche Prophetie, die zu Pfingsten erfüllt wurde: „Ich will meinen Geist ausgießen über alles Fleisch" (Joel 3,1), wurde zu Beginn des Wirkens Jesu erneuert und wiederholt: „Alle Menschen werden das Heil Gottes sehen" (Lukas 3,6 wörtl.). Diese Hinweise auf das Umfassende des Heilsangebots wirken am Anfang beider Bände des lukanischen Doppelwerks wie gezielt aufgestellte Wegweiser.

In neutestamentlicher Zeit herrschte unter den Juden die Überzeugung, daß die Gabe des Heiligen Geistes etwas Seltenes, Besonderes sei. Deshalb war die weltweite Ausgießung des Geistes für Juden wie für Heiden eine dramatische, wunderbare Nachricht, ein geschichtlicher Wendepunkt sogar, ein seit der Schöpfung einmaliges Ereignis. Diesen Punkt unterstreicht Lukas geschickt mit Hilfe des langen Geschlechtsregisters am Anfang seines Evangeliums (Lukas 3,23-38): Er verfolgt den Stammbaum Jesu nicht allein – wie Matthäus – auf Abraham zurück, den Stammvater der Juden, sondern auf Adam, den Stammvater der Menschheit.

2. Fürsorge für Menschen am Rande der Gesellschaft

Lukas liebt es, auf die Fürsorge Jesu für verschiedene Gruppen und Menschentypen am Rande der Gesellschaft hinzuweisen – für Menschen, die als unbedeutend oder gar als unrein galten. Die Liebe Gottes gelangt zu diesen Menschen durch das Evangelium. Vier Gruppen werden genannt:

A. Frauen. Frauen hatten im Römerreich einen recht niedrigen gesellschaftlichen Status, und im damaligen jüdischen Denken wurden sie sogar entwürdigt und herabgesetzt. So dankten Rabbiner Gott täglich mit den Worten: „Gelobt seist du, Herr Gott, der du mich nicht als Sklaven, Heiden oder Weib geschaffen hast." Schriftgelehrte und Pharisäer mieden es, öffentlich mit einer Frau zu reden, und viele unter ihnen vertraten die Ansicht, Frauen seien nicht imstande, die heiligen Schriften recht zu studieren.

Die Einstellung der Christen war ganz anders. Bereits in seinem Brief an die Galater hatte Paulus folgende unerhörte Aussage gemacht: „Hier ist [...] nicht

Der Heilige Geist und Apostelgeschichte 19,21

„Als das geschehen war, nahm sich Paulus im Geist vor, durch Mazedonien und Achaja zu ziehen und nach Jerusalem zu reisen, und sprach: ‚Wenn ich dort gewesen bin, muß ich auch Rom sehen.'" Dieser scheinbar harmlose Satz hat für Lukas große Bedeutung. Ebenso wie Lukas 9,51 auf den Anfang der langen Reise Jesu nach Jerusalem hinweist, so weist dieser Vers auf den Anfang der gefährlichen Reise des Paulus hin, die ihn zunächst – wie seinen Herrn – nach Jerusalem, dann weiter nach Rom führen soll.
Die Übertragung: „Nun entschloß sich Paulus ..." (Gute Nachricht) ist zu ungenau. Die Lutherübersetzung: „... nahm sich Paulus im Geist vor" ist originalgetreu. Mit „Geist" ist hier wahrscheinlich der Heilige Geist gemeint.
An einem entscheidenden Wendepunkt im Dienst des Paulus und nach großen Erfolgen in Ephesus weckt der Heilige Geist in ihm den Wunsch, ein noch größeres Ziel anzusteuern. Darauf folgt jedoch ein herber Rückschlag in Form von gewalttätigem Widerstand. Lukas möchte hier die Botschaft vermitteln: Auch wenn die Kirche sich vom Geist leiten läßt, lassen sich Hindernisse und Rückschläge nicht vermeiden, denn: „Wir müssen durch viele Bedrängnisse in das Reich Gottes eingehen" (14,22).

Mann noch Frau, denn ihr seid allesamt einer in Christus Jesus" (Galater 3,28). Lukas wird zwar von Paulus unterrichtet worden sein, doch zuletzt gehen seine Ansichten zweifellos auf sein Wissen um die Einstellung Jesu zurück. Das Lukasevangelium kann man als „das Evangelium der Frauen" bezeichnen. Es schildert deutlicher als die anderen Evangelien die offene, herzliche Einstellung Jesu Frauen gegenüber sowie den Platz, den er ihnen in seinem Dienst einräumte.

Es ist Lukas, der uns mit taktvoller Zurückhaltung die Geschichte der wunderbaren Empfängnis und Geburt Jesu erzählt. Maria, die Mutter Jesu, und Elisabeth, die Mutter des Täufers, waren miteinander verwandt, und die Geschichte geht zweifellos – ob mittelbar oder unmittelbar sei dahingestellt – auf Maria selbst zurück. Bezeichnenderweise tritt der Heilige Geist nach langer Zeit wieder in Aktion, indem er einer Frau eine Weissagung eingibt (1,41 f.).

B. Die Kranken. Die heilende Tätigkeit Jesu war eine so herausragende Eigenschaft seines Dienstes, daß sie von allen Evangelisten mit großem Nachdruck hervorgehoben wird, doch übertrifft Lukas sie alle. Möglicherweise wird hier seine ärztliche Anteilnahme sichtbar. Als sensibler Mensch teilte er offensichtlich das Erbarmen Jesu gegenüber der leidenden Menschheit. Zu den nur von Lukas überlieferten Heilungswundern zählen u. a.:

- die Auferweckung des Sohnes einer Witwe aus Nain (7,11-17)
- die Heilung der verkrüppelten Frau am Sabbat (13,10-17)
- die Heilung des Wassersüchtigen (14,1-4)
- die Heilung der zehn Aussätzigen (17,11-19)
- die Heilung des hohepriesterlichen Knechts Malchus, dem Petrus mit dem Schwert ein Ohr abgehauen hatte (22,50 f.).

Der Heilungsdienst Jesu setzt sich in der Apostelgeschichte durch die Hände der Apostel fort:

- Petrus und Johannes heilen einen Krüppel „im Namen Jesu Christi von Nazareth" an der Schönen Pforte des Tempels (3,1 – 4,22).
- Philippus heilt viele Leidende in Samaria und löst dadurch große Freude in der Stadt aus (8,4-8).
- Petrus heilt Äneas aus Lydda mit dem zuversichtlichen Befehl: „Äneas, Jesus Christus macht dich gesund; steh auf und mach dir selber das Bett" (9,32-35). Ein wenig später wird Tabea in Joppe zum Leben erweckt (9,36-42).

Die heilende Gnade des Herrn ist so stark, daß sie in Jerusalem durch den Schatten des Petrus (5,15 f.) und in Ephesus sogar durch die Schweißtücher des Paulus

Frauen in den Schriften des Lukas

Frauen haben bei Lukas herausragende Rollen, wie aus folgender Tabelle sichtbar wird. Die anderen Evangelisten erzählen die Geschichten von der Frau mit dem Blutfluß, von der Tochter des Jaïrus, von der fieberkranken Schwiegermutter des Petrus und von der Salbung in Bethanien, doch berichtet allein Lukas über:

- die Prophetin Hanna (2,36 ff.)
- die Witwe aus Nain (7,11-17)
- die Sünderin (7,36-50)
- die dienenden Frauen (8,2 f.) – ein bemerkenswertes Zeugnis dafür, daß Jesus die damals üblichen Normen überschritt.
- Martha und Maria (10,38-42)
- die Frau, die Satan seit achtzehn Jahren gebunden hielt (13,10-17)
- die weinenden Töchter Jerusalems (23,27-31).

In der Apostelgeschichte ist eine ähnliche Akzentsetzung festzustellen:

- Lukas unterstreicht mehrmals die Anwesenheit von Frauen in den jungen Gemeinden (1,14; 5,14; 8,3; 17,4.12.34).
- Er malt ein wunderbares Porträt der Tabea, die in Joppe von Petrus zum Leben erweckt wurde (9,36-43).
- Er vergißt nicht, die leicht erregbare Sklavin Rhode zu erwähnen (12,13 f.).
- Der erste Christ in Philippi war die Purpurhändlerin Lydia: Lukas hebt hervor, daß Paulus und seine Begleiter – allesamt Juden – bei ihr zu Hause einkehrten (16,13 ff.).
- Priszilla wird normalerweise vor ihrem Mann Aquila genannt und ist anscheinend führend bei der Unterweisung des Apollos im „Weg Gottes" (18,18.19.26).
- Lukas erwähnt nebenbei, daß Philippus vier Töchter hatte, die einen prophetischen Dienst taten (21,9).

(19,11 f.) wirkt. Darüber hinaus wird Paulus eine ganze Reihe von Heilungen zugeschrieben:

- In Lystra heilt er einen armen Krüppel, der nicht gehen konnte (14,8 ff.).
- In Philippi befreit er eine Sklavin vom Zustand der Besessenheit (16,16 ff.).
- In Troas erweckt er Eutychus zum Leben, nachdem dieser während einer überlangen Predigt des Paulus zu Tode gestürzt war (20,7-12).
- Auf Malta läßt er erst den Vater des Publius, danach viele weitere Kranke genesen.

Für Lukas gehören Heilungen dieser Art offenkundig zur Verkündigung des Evangeliums. Es ist allerdings aufschlußreich, sich die Rolle zu vergegenwärtigen, die sie in seiner Erzählung haben. Sie dienen oft nur dazu, eine Volksmenge herbeizulocken, der anschließend das Evangelium gepredigt wird. Dies entspricht dem Wort aus Jesaja 61,1 f., das Jesus – Lukas zufolge – seinem Dienst als „Manifest" voranstellte. In diesen Versen wird die Verkündigung des Evangeliums an die Armen im gleichen Atemzug genannt mit dem Auftrag, „zu predigen [...] den Blinden, daß sie sehen sollen" (Lukas 4,18). Die Heilungswunder sind kein Selbstzweck, sondern bleiben dem größeren Ziel, dem Evangelium Gehör zu verschaffen, untergeordnet.

C. Die Unreinen. Lukas bereitet der an gesellschaftliche Tabus rührende Dienst Jesu an Menschen, die für „unrein" oder „Sünder" gehalten wurden, große Freude. Im allgemeinen hielten die Juden Abstand von solchen Menschen, und zwar aus Furcht, durch ihre kultische Unreinheit „angesteckt" zu werden. Jesus hingegen streckte sich voller Vergebung und Annahme zu ihnen aus.

Als Beispiel wären die an Aussatz Leidenden zu nennen. Lukas läßt sein besonderes Mitgefühl für diese Menschen erkennen. Ein gewisser Rabbiner pflegte sie mit Steinen zu bewerfen, damit sie den gebührenden Abstand wahrten; Jesus hingegen „streckte die Hand aus und rührte ihn [einen Aussätzigen] an" (Lukas 5,13). Statt durch dessen Unreinheit angesteckt zu werden, vermochte Jesus mit Autorität zu befehlen: „Sei rein!"

Nur Lukas überliefert, daß dieser Mann „*voller* Aussatz" war (5,12). Und nur Lukas berichtet von der Heilung der zehn Aussätzigen (17,11-19), von denen einer ein Samaritaner und daher zweifach „unrein" war.

Lukas scheinen von allen zu dieser Kategorie Zählenden die Samaritaner besonders am Herzen gelegen zu haben. Nur er überliefert das Gleichnis vom barmherzigen Samariter (10,25-37). Es geht in diesem Gleichnis nicht nur um die grundlegende Lektion, daß wir Notleidenden zu Hilfe eilen sollten; darüber hinaus gibt es hier eine dramatische Lektion zum Thema Reinheit und Unreinheit. Der Priester und der Levit gingen deshalb am ausgeraubten Opfer vorbei, weil sie befürchteten, durch die Berührung einer Leiche unrein zu werden. Für den „barmherzigen Samariter" haben kultische Überlegungen dieser Art kein Gewicht, und deshalb vermag nur er das Gesetz der Liebe zu befolgen, das die Verheißung ewigen Lebens hat.

Nur Lukas überliefert die versöhnliche Haltung Jesu angesichts der üblichen Feindseligkeit der Samaritaner (Lukas 9,52-56), und in der Apostelgeschichte legt er besonderen Nachdruck auf den Vorstoß des Evangeliums nach Samarien, wo die Apostel den „unreinen" Samaritanern, nachdem diese zum Glauben gekommen sind, die Hände auflegen und der Heilige Geist über sie ausgegossen wird (Apostelgeschichte 8,14-17).

„Es nahten sich ihm aber allerlei Zöllner und Sünder, um ihn zu hören. Und die Pharisäer und Schriftgelehrten murrten und sprachen: ‚Dieser nimmt die Sünder an und ißt mit ihnen'" (Lukas 15,1 f.). Das sind die ersten Worte des bekannten Kapitels, in dem Jesus drei Gleichnisse über die Verlorenen erzählt, von denen zwei – „vom verlorenen Groschen" und „vom verlorenen Sohn" – nur von Lukas überliefert werden. Mit Hilfe dieser drei Geschichten stellt Jesus fest, daß Gott selbst sich zu den Verlorenen ausstreckt, die hier durch den Kreis übel Beleumdeter vertreten werden, die sich um Jesus versammelt haben.

Daß Lukas im Gleichnis vom verlorenen Schaf Gott mit einem Schafhirten vergleicht, ist wirklich dramatisch, denn Schafhirten wurden von den gestrengen „Pharisäern und Schriftgelehrten", die hier über das Verhalten Jesu murren, mit großem Argwohn betrachtet. Weil sie berufsbedingt von Ort zu Ort zogen und zwangsläufig auch am Sabbat arbeiten mußten, wurden Hirten als hoffnungslose „Sünder" eingestuft. Doch berichtet Lukas bereits, wie einer Gruppe ausgestoßener Hirten die Nachricht von der Geburt des Heilands durch den himmlischen Chor verkündigt wird (Lukas 2,10-14): „Denn *euch* ist heute der Heiland geboren [...] in der Stadt Davids." Hier macht Jesus deutlich, daß der Schwerpunkt seines Dienstes darin liegt, gerade solche Menschen zu Gott zurückzuführen durch Buße und Glauben.

Viele dieser „Sünder" waren sicherlich arm, doch hatten sie in diesem Kreis engen Kontakt mit wohlhabenden „Zöllnern". Diese Leute wurden trotz ihres Reichtums geächtet. Es handelte sich um Zollbeamte, die direkt oder indirekt für die gehaßten Römer arbeiteten und wegen ihres Umgangs mit Heiden von vielen Juden als „unrein" angesehen wurden. Sie wurden zudem von allen gefürchtet, denn sie erpreßten von ihren Opfern zusätzliche Gebühren, mit denen sie sich ein Leben im Wohlstand sicherten.

Dennoch liebt sie Gott – das ist die Botschaft des Lukas. Johannes der Täufer predigt ihnen (3,12 f.). Jesus beruft einen Zöllner in die Jüngerschaft (5,27 f.). Und als er dafür kritisiert wird, mit diesem neuen Jünger, Levi mit Namen, und mit dessen bisherigen Arbeitskollegen zu essen, antwortet Jesus mit dem berühmten Spruch: „Die Gesunden bedürfen des Arztes nicht, sondern die Kranken. Ich bin gekommen, die Sünder zur Buße zu rufen und nicht die Gerechten" (5,27-32).

Lukas überliefert als einziger die Geschichte eines weiteren Zöllners, des kleinwüchsigen Zachäus, der Jesus in sein Haus und in sein Herz aufnimmt und dem Jesus bezeugt: „Heute ist diesem Hause Heil widerfahren [...] Denn der Menschensohn ist gekommen, zu suchen und selig zu machen, was verloren ist" (19,9 f.).

Ebenso überliefert nur Lukas das Gleichnis von dem Pharisäer und dem Zöllner, die in den Tempel hinaufgehen, um zu beten (18,9-14). Der Schlußsatz, daß der Zöllner – und nicht der Pharisäer – „gerechtfertigt in sein Haus hinabging", wird die ersten Hörer zutiefst erschüttert haben. Es sind die verachteten Sünder, die ins Reich Gottes eingeladen werden – wie „die Armen, Verkrüppelten, Blinden und Lahmen", die der Mensch, der ein großes Abendmahl machte, von seinen Dienern zusammentrommeln läßt, nachdem die geladenen Gäste aus Undank die Einladung ausgeschlagen haben (14,15-24).

Zwei weitere Geschichten, beide nur von Lukas überliefert, machen deutlich, daß seine Gedanken ständig um die Gnade kreisen, die Gott Sündern zukommen läßt. Da ist zunächst die Prostituierte, die auf leisen Sohlen von hinten an Jesus heranschleicht, während er im Hause Simons des Pharisäers zu Tisch liegt. Die ihm vom Gastgeber vorenthaltene Fußwaschung bereitet sie ihm mit ihren Tränen, dazu salbt sie Jesus die Füße und bedeckt sie mit Küssen. Er weicht nicht vor ihr zurück. Ihr ist Vergebung zuteil geworden; deshalb hat sie – im Gegensatz zu Simon – eine so große Liebe zu Jesus (7,36-50).

Die andere Begebenheit ereignet sich gegen Ende des Evangeliums. Matthäus und Markus teilen uns lediglich mit, daß zwei Verbrecher mit Jesus gekreuzigt werden, je einer zu seiner Rechten und zu seiner Linken, und daß sie in den Chor des Spottes einstimmen, mit dem die Schriftgelehrten und Ältesten ihn überhäufen. Lukas hingegen fügt das Gespräch hinzu, das im Anschluß daran zwischen einem dieser Verbrecher und Jesus stattfindet. Trotz seiner Lästerreden glaubt dieser Verbrecher – wenn auch nur schwach – an das Königtum Jesu und empfängt deshalb die Verheißung: „Heute wirst du mit mir im Paradies sein" (23,39-43).

D. Die Reichen und die Armen. Lukas interessiert sich unparteiisch für Menschen, die an beiden Enden des wirtschaftlichen Spektrums leben. Die Spannung zwischen Besitz und Jüngerschaft ist in beiden Bänden des lukanischen Doppelwerks von besonderer Bedeutung.

Einige Nachfolger Jesu waren reich, so beispielsweise Zachäus und Josef von Arimathäa, ebenso einige durch Paulus Gewonnene, Lydia zum Beispiel. Die große Mehrheit hingegen war arm. Jesus erfüllt die Prophetie, die er selbst in der Synagoge von Nazareth vorliest: Er predigt den Armen das Evangelium (Lukas 4,18; 7,22) und verheißt ihnen das Reich Gottes (6,20). Er befiehlt seinen Jüngern, sich „von allem loszusagen, was sie haben", damit sie ihm nachfolgen können (14,33). Und in der Apostelgeschichte sehen wir, wie dies in die Tat umgesetzt wird: Viele der ersten Christen legen zusammen, um einen gemeinsamen Fonds zu bilden, aus dem die Armen unter ihnen versorgt werden können (Apostelgeschichte 2,44 f.; 4,34 f.).

In Übereinstimmung mit Matthäus und Markus hielt es Lukas für sehr schwierig, wenn nicht gar unmöglich, als Reicher in das Reich Gottes einzugehen (Matthäus 19,24; Markus 10,25; Lukas 18,25). Allerdings geht Lukas weit ausführlicher auf die Gefahren des Reichtums ein als die anderen Evangelisten. Einzelheiten werden im Textkasten „Reichtum und Armut bei Lukas" erläutert.

3. Das Gebet

Das besondere Interesse des Lukas für das Gebet ist ein faszinierender Zug seines Doppelwerks. Er war zweifellos selbst ein Mann des Gebets. Dies zeigt sich in seiner wiederholten Erwähnung des Gebets als Merkmal des Lebens Jesu, als entscheidender Faktor bei der Erfüllung des Missionsbefehls und im Wachstum der Urgemeinde.

In seinem Evangelium fügt Lukas nicht weniger als elfmal eine Bezugnahme auf das Gebet in Geschichten ein, die er mit Matthäus und Markus teilt:

Reichtum und Armut bei Lukas

Gleich zu Beginn seines Evangeliums wird Lukas' Interesse an diesem Thema deutlich, indem er die Worte der Maria überliefert: „Denn er hat die Niedrigkeit seiner Magd angesehen [...] Die Hungrigen füllt er mit Gütern und läßt die Reichen leer ausgehen" (1,48.53). Maria ist arm; zu ihrer Reinigung vermag sie nur „ein Paar Turteltauben oder zwei junge Tauben" als Opfer darzubringen, weil sie sich ein Lamm nicht leisten kann (2,22-24; 3. Mose 12,6–8).

Im Verlauf seines Evangeliums nimmt Lukas weiteren Stoff zu diesem Thema auf, den er mit den anderen Evangelisten teilt, so beispielsweise die Ausführungen Jesu über die väterliche Versorgung Gottes, mit der wir im Alltag rechnen dürfen (Matthäus 6,25-33; Lukas 12,22-34), oder die Warnung vor dem „Betrug des Reichtums" im Gleichnis vom Säemann (Matthäus 13,22; Markus 4,19; Lukas 8,14). Darüber hinaus bietet Lukas diesbezügliches Material, das nur er überliefert:

- Er gibt die realistischen Anweisungen des Täufers an bußfertige Zöllner und Soldaten wieder: „Fordert nicht mehr, als euch vorgeschrieben ist! [...] Tut niemandem Gewalt oder Unrecht und laßt euch genügen an eurem Sold!" (3,13 f.).
- Bei Matthäus ruft Jesus: „Selig sind, die da geistlich arm sind" (Matthäus 5,3); Lukas hingegen rückt eine irdische Dimension dieses Spruchs in den Mittelpunkt: „Selig seid ihr Armen; denn das Reich Gottes ist euer" (6,20). Im Anschluß daran ergänzt er die Segensverheißung an die Armen durch Weherufe über die Reichen (6,24-26).
- Nur Lukas überliefert, daß Jesus von den Spenden einiger reicher Frauen abhängig war (8,2 f.).
- Lukas überliefert die Worte Jesu: „Verkauft, was ihr habt, und gebt Almosen" (12,33) – eine Ermahnung an die Jünger, die bei Lukas eine wichtige Rolle spielt (vgl. 11,41; 19,8).
- Der Reiche, der ein Festmahl veranstaltet, sollte seine wohlhabenden Freunde, Nachbarn und Verwandten nicht einladen, sondern „Arme, Verkrüppelte, Lahme und Blinde", womit Menschen gemeint sind, die nicht in der Lage sind, es ihm zu vergelten (14,12-14).
- Nur Lukas überliefert drei Gleichnisse, in denen es um dieses Thema geht: das Gleichnis vom reichen Kornbauern (12,13-21), vom ungerechten Haushalter (16,1-13) und vom reichen Mann und armen Lazarus (16,19-31).
- Nur Lukas überliefert den kompromißlosen Spruch Jesu: „So auch jeder unter euch, der sich nicht lossagt von allem, was er hat, der kann nicht mein Jünger sein" (14,33).

Auch in der Apostelgeschichte fällt das Interesse des Lukas an diesem Thema gleich wieder ins Auge:

- Die ersten Christen sind bereit, auf ihren Anspruch auf Privateigentum zu verzichten und Geld zum gemeinsamen Wohl zusammenzulegen.
- Lukas unterstreicht auf dramatische Weise die Gefahren des Reichtums, indem er die tragische Geschichte von Ananias und Saphira erzählt (Apostelgeschichte 5,1-11).
- Lukas hebt hervor, mit welcher Fürsorglichkeit die junge Gemeinde darauf achtet, daß die Verteilung von Lebensmitteln an die Armen korrekt vorgenommen wird (Apostelgeschichte 6,1-7).
- Es sind die „Gebete und Almosen" des Kornelius, die Gott veranlassen, Petrus mit dem Evangelium zu ihm zu schicken (Apostelgeschichte 10,4).
- Für Lukas ist die Bereitschaft der Gemeinde in Antiochien, Gaben zur Bekämpfung der Hungersnot in Judäa zu schicken, ein Beweis ihrer geistlichen Gesundheit (Apostelgeschichte 11,28-30).
- Er überliefert den in den Evangelien nicht bezeugten Spruch Jesu: „Geben ist seliger als nehmen" (Apostelgeschichte 20,35).

Lukas warnt vor der trügerischen Macht des Reichtums und fordert uns auf, unseren Besitz selbstlos einzusetzen, damit wir für das Reich Gottes „Freunde gewinnen" (Lukas 16,9).

Lukas warnt vor der Gefahr des Reichtums. Diese Silbergroschen wurden in der hier abgebildeten tönernen Öllampe gefunden und stammen aus dem Zeitraum zwischen 66 und 70 n. Chr.

- 3,21: Jesus betet, als der Geist nach seiner Taufe auf ihn herabkommt.
- 5,16: Jesus zieht sich in die Wüste zurück, um zu beten.
- 6,12: Jesus verbringt eine ganze Nacht im Gebet, ehe er die zwölf Apostel erwählt.
- 9,18: Jesus betet allein, ehe er zum erstenmal seinen bevorstehenden Tod und seine Auferstehung ankündigt.
- 9,28 f.: Jesus steigt auf den Berg der Verklärung, um zu beten, und befindet sich im Gebet, als die Verklärung stattfindet.
- 11,1: Der Anblick des betenden Jesus läßt die Jünger bitten: „Herr, lehre uns beten." Daraufhin sagt ihnen Jesus das Vaterunser als Mustergebet vor.
- 22,32: Jesus sagt voraus, daß Petrus ihn verraten wird, fügt jedoch tröstend hinzu: „Ich aber habe für dich gebeten, daß dein Glaube nicht aufhöre."
- 22,40: Im Garten Gethsemane fordert Jesus seine Jünger auf: „Betet, damit ihr nicht in Anfechtung fallt!"
- 22,44 f.: Lukas fügt folgende Details ein: „[Jesus] rang mit dem Tode und betete heftiger. [...] Und er stand auf von dem Gebet und kam zu seinen Jüngern."
- 23,34: Nur Lukas überliefert das Gebet Jesu am Kreuz: „Vater, vergib ihnen; denn sie wissen nicht, was sie tun!"
- 23,46: „Vater, ich befehle meinen Geist in deine Hände" – auch dieses Gebet findet sich nur bei Lukas.

Diese bemerkenswerte Anhäufung von Stellen über das Gebet versetzt uns in die Lage, etwas über die Absichten des Lukas zu sagen. Er stellt Jesus als eine Person dar, deren ganzer Dienst durch ein tiefes Wissen um seine innere Verbundenheit mit Gott dem Vater geformt und gestaltet wurde.

Der Berg Hermon im äußersten Norden Israels gilt als möglicher Schauplatz der Verklärung Jesu.

Verwendung des Ausdrucks „es ist notwendig" bei Lukas

In folgenden Beispielen wurde die Lutherübersetzung dem Wortlaut des griechischen Originals angepaßt, um das Vorhandensein des Ausdrucks deutlicher hervorzuheben.

Lukas 4,43: Jesus sagte: „Es ist notwendig, daß ich auch den anderen Städten die Gute Nachricht vom Reich Gottes predige, denn dazu wurde ich gesandt."

Lukas 9,22: Jesus sagte: „Es ist notwendig, daß der Menschensohn vieles erleidet und von den Ältesten, Hohenpriestern und Schriftgelehrten verworfen wird. Und er muß getötet und am dritten Tag zum Leben erweckt werden." Vgl. 17,25; 24,7; Apostelgeschichte 17,3.

Lukas 13,33: „Es ist notwendig, daß ich heute und morgen und noch am folgenden Tag weitergehe – denn es geht nicht an, daß ein Prophet außerhalb Jerusalems umkommt."

Lukas 22,37: „Es steht geschrieben: ‚Er ist unter die Übeltäter gerechnet worden'; und ich sage euch: Es ist notwendig, daß sich dies an mir vollzieht."

Apostelgeschichte 3,21: „Es ist notwendig, daß er [Jesus] im Himmel bleibe bis zu der Zeit, in der Gott alles wiederherstellen wird, wie er es von alters her durch seine heiligen Propheten verheißen hat."

Apostelgeschichte 9,6.16: „Steh auf und geh in die Stadt; da wird dir gesagt werden, was dir zu tun notwendig ist. [...] Ich will ihm zeigen, wieviel ihm notwendig ist, um meines Namens willen zu leiden."

Apostelgeschichte 14,22: „Es ist notwendig, daß wir durch viele Bedrängnisse in das Reich Gottes eingehen.'

Apostelgeschichte 19,21: Paulus nahm sich im Geist vor, durch Mazedonien und Achaja zu ziehen und nach Jerusalem zu reisen, und sprach: „Bin ich dort gewesen, so ist es notwendig, daß ich auch Rom sehe." Vgl. 23,11; 27,24.

Diesen Schwerpunkt setzt Lukas auch im Folgeband. Das Gebet gehört für ihn zu den vier tragenden Säulen des Gemeindelebens (2,42) und ist bei aufkommender Verfolgung eine Quelle von Kraft und Freimut (4,23-31). Im Zusammenhang mit dem Gebet, aber nicht unbedingt als dessen Erhörung, geschehen wunderbare Dinge: 3,1; 10,30; 12,5; 16,25. An mehreren entscheidenden Stellen wird Wegweisung im Gebet empfangen (9,11; 10,9-16; 13,2 f.), und beachtenswerte Ereignisse im Leben der Gemeinde, insbesondere Heilungen, werden von Gebet begleitet (9,40; 14,23; 21,5; 28,8). Für Lukas wäre eine Kirche, die nicht betet, ein Widerspruch in sich selbst.

4. Der Plan und Wille Gottes

Ein weiterer wesentlicher Bestandteil der Botschaft des Lukas ist seine feste Überzeugung, daß die Geschichte, die er zu erzählen hat, nicht „irgendwie" zustande kam. Es geht hier um die Verwirklichung des Planes Gottes für diese Welt. Daß der Plan Gottes in Erfüllung geht, hebt natürlich die Verantwortung des Menschen nicht auf. Jesus selbst betet: „Nicht mein, sondern dein Wille geschehe!" – und empfängt besondere Kraft, damit er das tun kann, was er als den Willen Gottes erkannt hat (22,42 f.). Ebenso muß sich auch Paulus entschließen, den Willen Gottes zu tun, als er die Möglichkeit ins Auge faßt, in Jerusalem zu sterben, und andere versuchen, ihn von seiner Reise dorthin abzuhalten (Apostelgeschichte 21,12 ff.). Dem Plan Gottes stellen sich auch die Gegner des Paulus entgegen. Dennoch geschieht – allem Widerstand und allen Unwägbarkeiten zum Trotz – der Wille Gottes.

John Squires hat kürzlich eine Studie zu diesem Thema vorgelegt (John T. Squires, *The Plan of God in Luke-Acts*, Cambridge 1993). Ihm ist aufgefallen, daß Lukas dieses Thema auf fünffache Weise unterstreicht:

A. Gott bestimmt die Menschheitsgeschichte. Von der Schöpfung (Lukas 3,38) bis zum Jüngsten Gericht (Apostelgeschichte 17,31) unterliegt alles Geschehen dem Willen Gottes. Diese Wahrheit wird bereits Lukas 2,1 geschickt angedeutet: Dem römischen Kaiser wird eingegeben, ein Gebot zu erlassen, das eine junge

Das Lukasevangelium beginnt mit der Geburt und Zurüstung Jesu. Der Schauplatz seiner Geburt ist Bethlehem, die Stadt Davids. Diese Ansicht der alten Straße nach Bethlehem wurde in einem Olivenhain bei Jerusalem aufgenommen. Im Hintergrund ist die Burg Herodes des Großen in Herodium zu sehen.

Bäuerin von Nazareth nach Bethlehem bringen wird, so daß ihr Baby, der Sohn Davids, in der Stadt Davids geboren wird.

B. Gott lenkt die Kirche. Er zeigt sowohl dem Herrn Jesus als auch der Kirche, welchen Kurs sie in ihrem Dienst einschlagen sollen. Diese Wahrheit unterstreicht Lukas eher unauffällig, indem er sich wiederholt der unscheinbaren griechischen Vokabel „dei" bedient, die mit „es ist notwendig" übersetzt werden kann. Insgesamt verwendet er diesen Ausdruck zweiundvierzigmal in seinem Doppelwerk. Und fragen wir, *warum* es notwendig ist, erhalten wir zumeist die Antwort, daß Gott es so geplant hat.

C. Gott greift unmittelbar in die Geschichte ein, um Ereignisse zu lenken. Dies geschieht mehrmals, vor allem in der Apostelgeschichte. So erscheint beispielsweise dem Apostel Paulus dreimal ein Engel, der ihm Wegweisung bezüglich der nächsten Etappe seiner Mission zukommen läßt (Apostelgeschichte 16,9 f.; 23,11; 27,23 f.). Heilungen werden ebenfalls als unmittelbares Eingreifen Gottes aufgefaßt, das der Verbreitung des Evangeliums den Weg ebnet.

D. Die Schrift erfüllt sich – vor allem in Jesus, aber auch im Leben der ersten Christen. Lukas lenkt immer wieder unsere Aufmerksamkeit auf die Erfüllung alttestamentlicher Prophetie und unterstreicht dadurch, daß sich hier der Plan Gottes verwirklicht. Dies hebt er in der Geschichte vom Erscheinen Jesu auf der Straße nach Emmaus besonders deutlich hervor (Lukas 24,13-35). Eine persönliche Selbstoffenbarung Jesu hätte der Qual der beiden Emmausjünger ein Ende bereitet, doch schiebt sie Jesus so lange hinaus, bis er ihnen gezeigt hat, daß Tod und Auferstehung des Christus in der Schrift vorausgesagt wurden (24,25-27.46 f.).

E. Gott hat gewisse maßgebliche Ereignisse vorherbestimmt. Diese treten ein, ganz gleich, wieviel Widerstand sich regt. In seiner Pfingstpredigt wirft Petrus seinen Hörern vor, Jesus auf brutale Weise ermordet zu haben, fügt jedoch hinzu: Dieser wurde „durch Gottes Ratschluß und Vorsehung" in ihre Hände übergeben (Apostelgeschichte 2,23). Die ersten Christen lassen in ihrem Gebet angesichts der ersten Verfolgung erkennen, daß für sie der Plan Gottes hinter der Kreuzigung stand: „... zu tun, was deine Hand und dein Ratschluß zuvor bestimmt hatten, daß es geschehen solle" (Apostelgeschichte 4,28).

Es ist überaus schwierig, die Beziehung zwischen der hier bezeugten Oberherrschaft Gottes und der Verantwortung der beteiligten Menschen, ob Gegner oder Gläubige, zu bestimmen. Wir können nur feststellen, daß Lukas sich keines Widerspruchs bewußt war. Dies führt zu einer unerschütterlichen Zuversicht seinerseits: Welchen Problemen die Kirche sich auch immer gegenübersehen mag, wie mächtig ihre Feinde und wie verschlungen ihre Wege auch immer sein mögen, Gott wird für die Verwirklichung seines Planes sorgen. Und so erreicht das Evangelium durch viele Nöte hindurch Rom, die Hauptstadt des Reiches, und die Geschichte schließt damit, daß es dort offen verkündigt wird (Apostelgeschichte 28,30 f.).

Der Schluß der Apostelgeschichte gibt den Auslegern ein Rätsel auf. Das Buch scheint ein abruptes Ende zu finden. Wir erfahren nicht, wie die Berufung an den Kaiser – der Anlaß für die Reise nach Rom – ausgeht. Möglicherweise war der Prozeß noch nicht zu Ende, als Lukas die Feder aus der Hand legte. Der abrupte Schluß vermittelt jedenfalls den Eindruck, die Geschichte sei noch nicht zu Ende. So versetzt er uns in die Lage, zwischen der Erfahrung der Apostel und unseren eigenen Erfahrungen eine Verbindung herzustellen und so die Zuversicht zu erlangen, daß das Evangelium – ganz gleich, welche Nöte und Rückschläge wir erleiden mögen – auch in unserem Leben siegreich sein wird.

Das Doppelwerk des Lukas

Als letztes wollen wir uns einen Überblick über das Lukasevangelium und die Apostelgeschichte verschaffen, um so auf einige Methoden hinzuweisen, deren Lukas sich bedient hat, um seine Geschichte zu gestalten und seine Botschaft zu vermitteln.

Das Lukasevangelium

1,1 – 4,13 Geburt und Zurüstung Jesu. Der Anfang des Lukasevangeliums atmet, von der Vorrede abgesehen, den Geist des Judentums. Die erste Szene spielt sich im Jerusalemer Tempel ab, und die erste Person, die uns vorgestellt wird, ist ein Priester, der mit einer Tochter Aarons verheiratet ist. Der Sohn, der diesem frommen Ehepaar versprochen wird, soll von Geburt an das uralte Nasiräergelübde einhalten (1,15). Er wird ein Prophet sein und „im Geist und in der Kraft Elias" auftreten (1,17).

Die jüdisch-alttestamentliche Atmosphäre bleibt auch bei der Ankündigung der Geburt des Messias an Maria erhalten, ebenso in der Geburtsgeschichte und in den von Maria, Zacharias und Simeon gedichteten Liedern (1,46-55.67-79; 2,29-32). Dies ist kein Zufall. Lukas schreibt zwar für eine heidnische Leserschaft, doch möchte er keineswegs aussagen, daß das Christentum eine neue Religion ohne geschichtliche Wurzeln sei. Die Ereignisse, von denen er berichtet, sind als Erfüllung des Bundes Gottes mit Abraham und seiner durch die Propheten übermittelten Verheißungen eingetroffen (1,54-55.70.72 f.). Allerdings übersteigt die Erfüllung die Erwartungen: Jesus wird vom Thron Davids aus nicht nur über Israel, sondern über die ganze Welt regieren.

Diese weltweite Blickrichtung wird bereits 2,1 deutlich, wo der damalige weltweite Herrscher Kaiser Augustus erwähnt wird. Dieser ahnt nicht, was Gott in einem entlegenen Winkel seines Reiches durch eine arme Handwerkerfamilie, die nur durch eine Gruppe von Hirten unterstützt wird, zu tun gedenkt. Der weltweite Kontext wird durch den Engelchor hervorgehoben (2,14), ebenso auch durch die Art, wie Lukas das Wirken Johannes des Täufers einführt (3,1 f.). Es geht in diesen Kapiteln um die Vorbereitungen auf das Wirken des neuen Königs: um sein Wachstum (2,41-52); um die Verkündigung Johannes des Täufers (3,1-22); um die verborgene Abstammung und Ahnentafel Jesu, die ihn zum Wendepunkt der Weltgeschichte erheben (3,23-38); und um seinen Sieg über den Teufel in der Kraft des Geistes (4,1-13).

4,14 – 9,50 Das Wirken Jesu in Galiläa. Dieser erste Hauptabschnitt des Lukasevangeliums beginnt mit einem Bericht über den bemerkenswerten Besuch Jesu in Nazareth (4,16-30). Matthäus und Markus beschreiben eine ähnliche Begebenheit gegen Ende des galiläischen Wirkens Jesu (Matthäus 13,53-58; Markus 6,1-6). Es bleibt ungeklärt, ob bei Lukas von einem anderen Besuch die Rede ist, oder ob er die Ereignisse bewußt in einer anderen Reihenfolge wiedergibt, um so seinen Bericht über das Wirken Jesu mit einer eindrucksvollen Geschichte beginnen zu können.

Jedenfalls wird deutlich, was diese Geschichte für Lukas bedeutet. Sie stellt uns das Wirken Jesu auf dreifache Weise vor. Da sind zunächst die von Jesus angeführten Verse Jesaja 61,1-2, die eine sinnspruchartige Überschrift für die gesamte Geschichte abgeben. Wir werden erleben, wie Jesus all den hier aufgezählten Aktivitäten nachgeht – wie er predigt, heilt und im Falle des Barabbas (23,25) sogar die Befreiung ausruft, wobei Barabbas für alle Menschen steht, die in Jesus unverdiente Freiheit finden.

Zweitens wirft hier bereits seine endgültige Ablehnung durch das jüdische Volk ihren Schatten voraus. Es handelt sich in der Tat um eine recht düstere Geschichte: Der vom Geist Gesalbte wird von seinem Volk zurückgewiesen.

Drittens bereitet diese Geschichte die weltweite Heidenmission vor, die Jesus ins Leben rufen wird. Seine Zuhörer empören sich darüber, daß er Naëman und die Witwe aus Sarepta erwähnt, beides Ausländer, die vor Gott den Vorzug erhielten vor Israeliten, die gleichermaßen in Not waren (4,25-27). Gegen Ende der Apostelgeschichte führt Paulus dasselbe Argument ins Feld gegen die römischen Juden, die das von ihm gepredigte Evangelium ebenfalls ablehnen: „So sei es euch kundgetan, daß den Heiden dies Heil Gottes gesandt ist; und sie werden es hören!“ (Apostelgeschichte 28,28). Die Heidenmission war von Anfang an von Jesus so gewollt, auch wenn er sich selbst auf das Volk Israel konzentrierte.

Deshalb läßt Jesus während seines galiläischen Wirkens seine Liebe zu einem heidnischen Fremden sichtbar werden: Er heilt den Knecht des römischen Hauptmanns (7,1-10). Lukas erzählt diese Geschichte ausführlicher als Matthäus, überliefert die demütige Haltung des Hauptmanns („Darum habe ich auch mich selbst nicht für würdig geachtet, zu dir zu kommen“ [Vers 7]) und macht die Fürsorge der jüdischen Ältesten für diesen Heiden deutlich.

9,51 – 19,40 Jesus reist nach Jerusalem. Viele Ausleger halten 9,51 für den Wendepunkt des Evangeliums. Jesus verläßt Galiläa und wandert gen Jerusalem. Der Exeget Gooding bezeichnet 1,1 – 9,50 als das „Kommen“ Jesu vom Himmel auf die Erde, das in der Offenbarung seiner Herrlichkeit bei der Verklärung gipfelt. Die zweite Hälfte des Evangeliums ab 9,51 bezeichnet Gooding dementsprechend als das „Weggehen“ Jesu von der Erde in den Himmel. Auch dieser Abschnitt gipfelt in einer Offenbarung der Herrlichkeit Jesu, diesmal bei seiner Himmelfahrt (David Gooding, *According to Luke. A New Exposition of the Third Gospel,* Leicester 1987).

Dieser lange Abschnitt besteht fast ausschließlich aus von Markus nicht überliefertem Material. Es handelt sich zum größten Teil um „Sondergut“ des Lukas,

Die hier abgebildete Inschrift wurde in Cäsarea unter den Ruinen des römischen Theaters gefunden. Sie datiert aus dem Zeitraum zwischen 26 und 36 n. Chr. und erwähnt Pontius Pilatus mit Namen. Man hat folgenden Übersetzungsversuch vorgeschlagen: „Pontius Pilatus, Präfekt von Judäa, ließ das Tiberium erbauen und weihte es dem göttlichen Augustus."

und manche Ausleger sprechen von einem „lukanischen Reisebericht". Jesus nähert sich allmählich seiner endgültigen Ablehnung in Jerusalem. Wir erfahren, daß das Leiden, das dort auf ihn wartet, in seinem Auftrag besondere Bedeutung hat. Und im Verlauf der Geschehnisse entdecken wir mehr darüber, was es heißt, Jesus nachzufolgen. Jüngerschaft bedeutet, mit ihm unterwegs zu sein, die eigene Sicherheit und das eigene Zuhause zurückzulassen (9,57-62), ein Leben des Glaubens, des Gebets, des Gehorsams und der Selbstaufopferung aufzunehmen und sich um Notleidende zu kümmern.

19,41 – 24,53 Jesus in Jerusalem. Zu Beginn dieses letzten Abschnitts zieht Jesus nach Jerusalem ein, doch mit großem Kummer, da er weiß, daß die Stadt ihn ablehnen wird, und er ein schreckliches Gericht vorausahnt (19,41-44). Im Gegensatz hierzu endet der Abschnitt damit, daß die Jünger „mit großer Freude" in Jerusalem einziehen (24,52), da die Ablehnung Jesu durch Israel bedeutet, daß die Schrift erfüllt und der Heilige Geist verheißen ist und daß jetzt alle Völker die Gute Nachricht von der Buße und der Sündenvergebung hören werden (24,45-49).

Zwischen diesen beiden „Einzügen" entdecken wir, wie ein und dasselbe Ereignis – die Kreuzigung Jesu – zweierlei auf einmal sein kann: ein verwerfliches Verbrechen einerseits und die Verwirklichung des Planes Gottes für die Errettung der Welt andererseits. Man kann das Ereignis von zwei diametral entgegengesetzten Standpunkten aus betrachten. Lukas möchte seine heidnischen Leser vor die Entscheidung stellen: Wie werden sie die Kreuzigung auffassen? Werden sie sie – wie

Pilatus – als das Ergebnis eines kleinlichen, letztlich unbedeutenden religiösen Streits auffassen? Oder werden sie – wie die Jünger und wie Lukas selbst – in ihr die Verwirklichung der Absicht Gottes sehen, für die ganze Menschheit den Tod zu zerstören?

Die Apostelgeschichte

Der zweite Band beginnt genau dort, wo der erste aufhört. Die Jünger befinden sich in Jerusalem und warten darauf, daß ihnen der Heilige Geist geschenkt wird (1,5). In einer kurzen Einleitung werden die Ereignisse bis zur Himmelfahrt zusammengefaßt, dann folgt eine programmatische, zukunftsweisende Aussage: „Ihr werdet Kraft empfangen, wenn der Heilige Geist auf euch kommt, und werdet meine Zeugen sein in Jerusalem und in ganz Judäa und Samarien und bis an das Ende der Erde" (1,8).

Diese konzentrischen geographischen Kreise bestimmen die Struktur der Apostelgeschichte. Noch am Ende von Kapitel 7 spielt sich alles in Jerusalem ab. Nach dem Tod des Stephanus aber „erhob sich... eine große Verfolgung über die Gemeinde in Jerusalem; da zerstreuten sich alle in die Länder Judäa und Samarien, außer den Aposteln" (8,1). Der Kreis erweitert sich.

Judäa und Samarien bleiben Schauplatz der Handlung bis 9,31, wo Lukas eine seiner kurzen Zusammenfassungen der bisherigen Geschichte einfügt: „So hatte nun die Gemeinde Frieden in ganz Judäa und Galiläa und Samarien und baute sich auf und lebte in der Furcht des Herrn und mehrte sich unter dem Beistand des Heiligen Geistes."

Die Saat der weiteren Entwicklung ist schon gesät. Es ging bereits weiter nach Syrien, wo sich in Damaskus die Bekehrung des Saulus ereignete (9,1-19). Dort sprach auch der Herr durch Ananias zu ihm: „Dieser ist mein auserwähltes Werkzeug, daß er meinen Namen trage vor Heiden und vor Könige und vor das Volk Israel" (9,15).

Jetzt fängt die Saat an aufzugehen. Obwohl in den nächsten drei Kapiteln Judäa und Samarien weiterhin Schauplatz der Geschichte bleiben, bereitet uns die Bekehrung des Kornelius in Kapitel 10 auf das explosionsartige Wachstum der christlichen Gemeinde vor, das ab Kapitel 13 stattfindet. Hier werden Paulus und Barnabas vom Heiligen Geist in die heidnische Welt ausgesandt. Während der drei aufeinanderfolgenden Missionsreisen des Paulus sehen wir, wie das Evangelium sich allmählich, in Jerusalem angefangen, dem „Ende der Erde" (1,8) immer näher kommt.

1,9 – 7,60 Jerusalemer Grundlagen

Mit dem Pfingsttag erfüllt sich zum erstenmal die in Apostelgeschichte 1,8 zusammengefaßte Schau. Durch das Sprachenwunder werden die Jünger in die Lage versetzt, allen in Jerusalem befindlichen Pilgern verständlich das Evangelium zu verkündigen. Professor Howard Marshall weist zu Recht darauf hin, daß diese Gabe nicht unbedingt erforderlich war, um sich mit den Anwesenden zu verständigen. Die überwiegende Mehrheit sprach zweifellos Koine, die damalige griechische Umgangssprache. Die Bedeutung des Ereignisses lag darin, daß sie „von den großen Taten Gottes" reden hörten in den Mundarten ihrer heidnischen, nichtjüdischen Nachbarn. Auch für sie ist diese Botschaft bestimmt.

Petrus weist auf diese Bedeutung des Pfingstereignisses hin. Er erklärt, daß es sich hier um eine Erfüllung der Verheißung Gottes handelt, seinen Geist über alles Fleisch auszugießen (2,17 f.) – nicht nur über alle Völker, sondern auch über beide Geschlechter („Söhne und Töchter"), über alt und jung („eure Jünglinge... eure Alten") und über alle gesellschaftlichen Schichten (sogar über „Knechte und

Mägde“). In der Tat wird, wie Petrus mit einem weiteren Zitat aus dem Propheten Joel belegt, „jeder, der den Namen des Herrn anruft, errettet“ (2,21). In seinem abschließenden Aufruf unterstreicht er, daß die Verheißung nicht allein „euch und euren Kindern“ gilt, sondern auch „allen, die fern sind“ (2,39). Mit diesem Ausdruck meint er die Heidenvölker. Gott hat seinen Bund mit Abraham eingehalten, durch dessen Nachkommen er alle Stämme der Erde segnen wollte (3,25; 1. Mose 12,3).

In den Kapiteln 3 bis 7 wird die Gemeinde in Jerusalem aufgebaut. Das Wort Gottes kann durch nichts aufgehalten werden. Es gibt Probleme: Verfolgungen (4,1-31; 5,17-42), Heuchelei (5,1-11) und Uneinigkeit (6,1-7). Trotz alledem kann sich „das Wort Gottes ausbreiten“ (6,7). 2,41 ist von dreitausend Christen, 4,4 bereits von fünftausend die Rede; 5,14 spricht von „einer Menge Männer und Frauen“, und 6,7 teilt mit: „Die Zahl der Jünger wurde sehr groß in Jerusalem.“

Dieser Abschnitt gipfelt in der Verteidigungsrede und dem Märtyrertod des Stephanus (6,8 - 8,1). Stephanus wird vorgeworfen, Mose zu lästern (6,11) und zu behaupten, Jesus werde den Tempel zerstören und das Gesetz ändern (6,13 f.). Das waren in den Augen seiner Ankläger Kapitalverbrechen. Stephanus macht in einer beredten, sachkundigen Verteidigungsrede deutlich, was er in Wirklichkeit lehrte; und Lukas bedient sich dieses langen Berichts (7,2-53), um die Leser auf die nächste Wende der Geschichte vorzubereiten.

Stephanus sagt sinngemäß, daß der frühere Partikularismus einem neuen Universalismus gewichen sei. Gott ist weder an ein bestimmtes Gebäude noch an ein bestimmtes Land gebunden. Er war mit Abraham in Mesopotamien, Haran und Palästina; mit Josef in Ägypten; mit Mose im Lande Midian; mit den Israeliten in der Wüste; mit Josua bei der Landeinnahme. Salomo hatte ihm zwar einen Tempel gebaut, doch befindet sich der Thron Gottes dem Propheten Jesaja zufolge im Himmel, und die Erde ist „der Schemel seiner Füße“. Das Alte Testament macht zur Genüge deutlich, daß „der Allerhöchste nicht wohnt in Tempeln, die mit Händen gemacht sind“ (7,48).

Die Rede und der Tod des Stephanus erfüllen eine dreifache Aufgabe. Auf theologischer Ebene bahnen sie der künftigen Heidenmission den Weg. Auf persönlicher Ebene führen sie zur Bekehrung des Saulus, der an der Steinigung des Stephanus beteiligt war und dessen Verteidigungsrede zweifellos mithörte. Er wird zum größten Verfechter des Evangeliums nach Stephanus! Und wie wir bereits gesehen haben: Auf geographischer Ebene führt der Tod des Stephanus zur Ausweitung der christlichen Gemeinde von Jerusalem nach Judäa und Samarien (8,1).

8,1 – 12,25 Der Druck wird größer

Diesen Abschnitt kann man mit einem Dampfkessel vergleichen, in dem der Druck allmählich größer wird, bis die Nieten der Spannung nichts mehr entgegenzusetzen haben und es zur unvermeidlichen Explosion kommt. Am Anfang von Kapitel 13 platzt sozusagen das Evangelium unter dem starken Druck des Geistes in die heidnische Welt hinein.

Der Druck nimmt bei der Ausdehnung der Gemeinde auf Samarien in Kapitel 8 zu – ein Wachstum, das durch ein besonderes Wirken des Geistes gekennzeichnet ist. Die Bekehrung des Saulus verstärkt den Druck, dann wird der Prozeß durch die lange Episode, in deren Verlauf die Vision des Petrus und seine Erlebnisse bei Kornelius gleich *zweimal* erzählt werden, beschleunigt. Wie kann die Gemeinde der Leitung des Heiligen Geistes Widerstand entgegenbringen, wo doch der Heilige Geist ganz offensichtlich dabei ist, den alten „Zaun“ (Epheser 2,14) zwischen Juden und Heiden abzubrechen? Es entsteht die gemischtrassige Gemeinde in Antiochien, was aber nicht von allen in Jerusalem gern gesehen wird

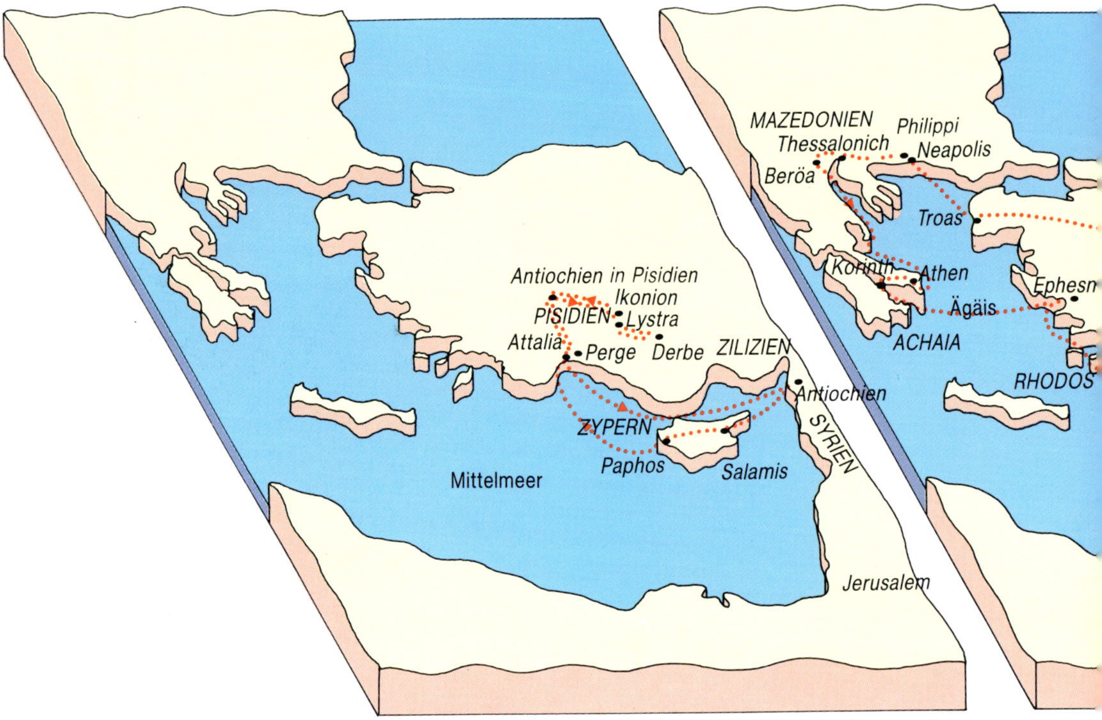

Erste Missionsreise

Die drei Missionsreisen des Paulus und die Reise nach Rom

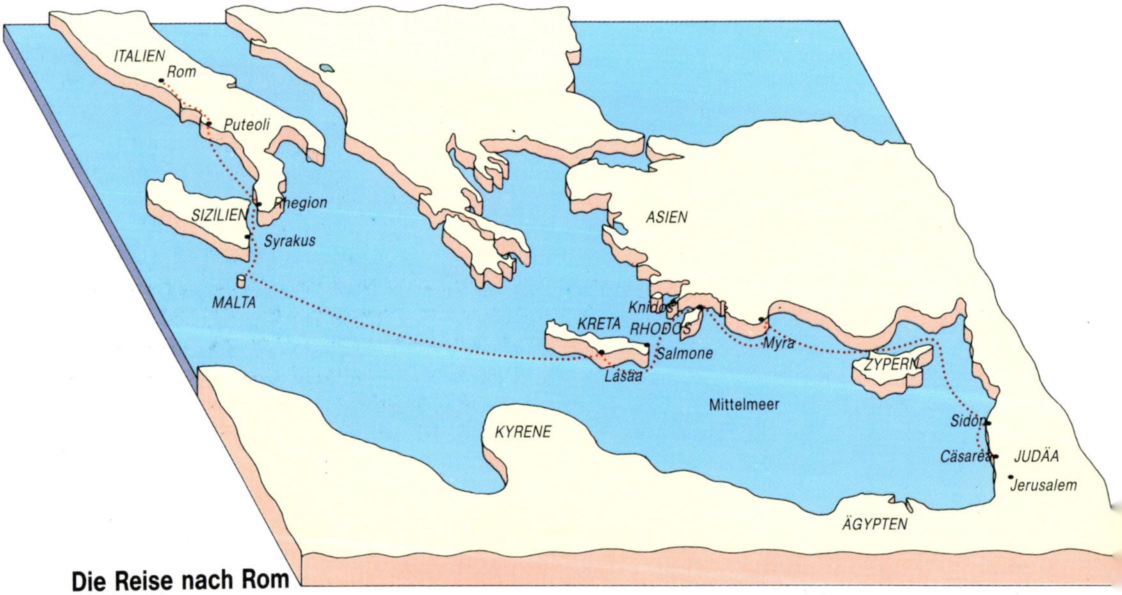

Die Reise nach Rom

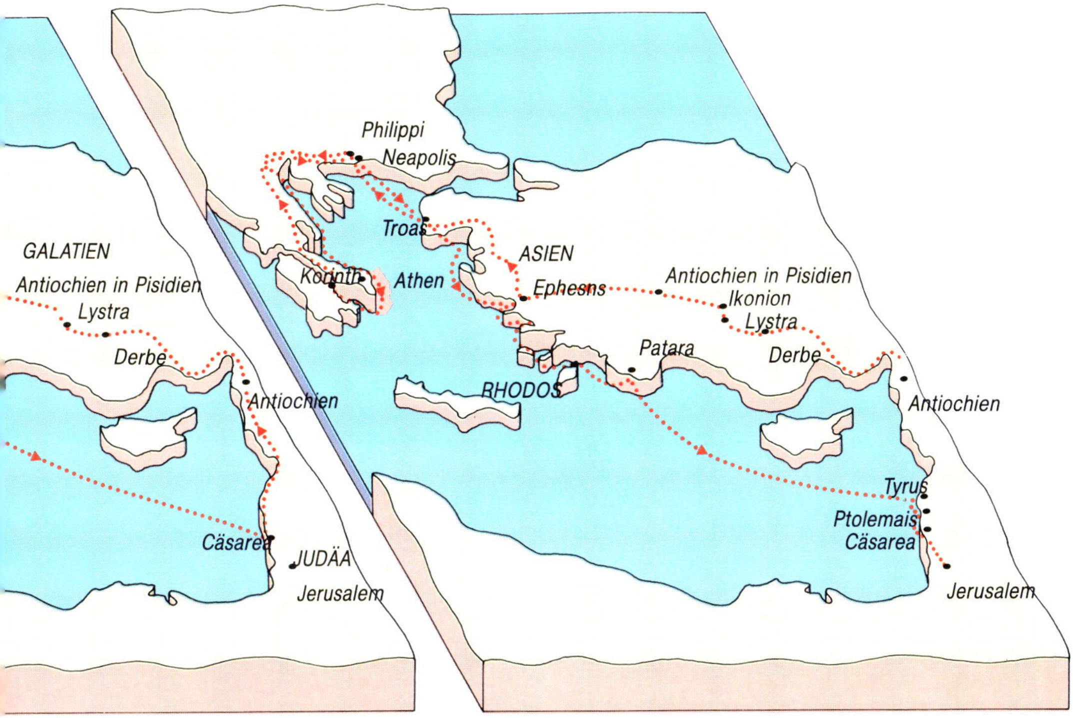

Zweite Missionsreise **Dritte Missionsreise**

(11,20 f.). In Kapitel 12 scheint der Prozeß ins Stocken zu geraten. Dennoch heißt es: „Das Wort Gottes wuchs [weiter] und breitete sich aus" (12,24). Wie lange kann der Druck zunehmen, ohne daß der Dampfkessel platzt?

13,1 – 15,35 Erste Missionsreise des Paulus

Der Heilige Geist greift noch einmal ein und treibt die Gemeinde vorwärts. Für uns ist es selbstverständlich, daß man Christ sein kann, ohne gleichzeitig Jude zu sein. Dies war den ersten Christen jedoch nicht auf Anhieb klar. Wie Paulus und Barnabas auf ihrer ersten Missionsreise, machten sie die Erfahrung, wenn die Juden das Evangelium ablehnten, die Heiden „froh wurden und das Wort des Herrn priesen; und alle wurden gläubig, die zum ewigen Leben bestimmt waren" (13,48). Der Heilige Geist fordert nur, daß sie an den Herrn Jesus glauben. Es wird nicht von ihnen verlangt, Juden zu werden. Am Ende ihrer Missionsreise kommen Paulus und Barnabas erleichtert zu dem Schluß, daß Gott „den Heiden die Tür des Glaubens aufgetan" habe (14,27).

Dennoch sind einige der Überzeugung, daß die Handlungsweise des Heiligen Geistes sorgfältig gedeutet werden müsse. Eine Abordnung erscheint in Antiochien und fordert: „Wenn ihr euch nicht beschneiden laßt nach der Ordnung des Mose, könnt ihr nicht selig werden" (15,1). Diese in Apostelgeschichte 15 beschriebene Begebenheit ist also eine Folge der gerade abgeschlossenen Missionsreise. Paulus und Barnabas werden zusammen mit weiteren Gemeindevertretern nach Jerusalem geschickt, um diese Angelegenheit dort mit den „Aposteln und Ältesten" zu regeln (15,4). Müssen Heidenchristen zum Judentum konvertieren, um errettet zu werden?

Etwa um diese Zeit wird Paulus seinen Brief an die Galater verfaßt und als Rundbrief an die Gemeinden geschickt haben, die er während seiner ersten Missi-

Das riesige Theater in Ephesus, aufgenommen aus der obersten Sitzreihe. Vermutlich fand in diesem Theater der Aufruhr der Handwerker statt, die ihren Lebensunterhalt damit verdienten, silberne Tempel der Artemis zu fertigen (Apostelgeschichte 19,23-40).

onsreise gegründet hatte. Es handelt sich bei diesem Brief um eine leidenschaftliche Verteidigung der Ansicht, die sich auf der Jerusalemer Apostelversammlung durchsetzen konnte, daß unsere „Rechtfertigung“ oder Annahme bei Gott nicht von unserem Gehorsam dem Gesetz gegenüber abhängt, sondern einzig und allein von Jesus Christus, mit dem wir durch den Glauben vereint sind.

Mit dieser wichtigen Entscheidung war ein Fundament gelegt, das es dem Evangelium möglich machte, sich ungehindert „bis an das Ende der Erde“ auszubreiten.

15,36 – 18,22 Zweite Missionsreise des Paulus

Diese Reise beginnt mit dem Entschluß, die während der ersten Reise gegründeten Gemeinden noch einmal zu besuchen (15,36), doch greift noch einmal der Heilige Geist ein und gibt den Missionaren weitere Wegweisung. Paulus und seine Begleiter entschließen sich, mit dem Evangelium nach Griechenland überzusetzen (16,10). Sie predigen und dienen nacheinander in Philippi, Thessalonich, Beröa, Athen und Korinth. Paulus bleibt über achtzehn Monate in Korinth, ehe er schließlich in seine „Heimatgemeinde“ nach Antiochien zurückkehrt.

18,23 – 21,16 Dritte Missionsreise des Paulus

Anscheinend war Paulus schon früher auf den Gedanken gekommen, Ephesus zur Basis für sein Wirken zu machen, wie er es mit Korinth getan hatte (18,21). Diesen Gedanken setzt er jetzt um und verbringt dort über zwei Jahre. Ephesus war – wie Antiochien – eine der größten Städte im Römerreich und Lebensmittelpunkt eines größeren Gebiets. Aber dann greift wieder der Heilige Geist ins Geschehen ein, indem er Paulus eine neue Strategie eingibt: Rom! Die etwas umständliche Route, für die sich Paulus entscheidet (19,21), wird vermutlich durch die Kollekte bestimmt, die er für die Gemeinde in Jerusalem sammelt (siehe z. B. Römer 15,25-27): Er möchte sie dort persönlich überreichen.

Paulus ist offensichtlich besorgt, was seinen Besuch in Jerusalem betrifft. Er fordert die Römer auf zu beten, „damit ich errettet werde von den Ungläubigen in Judäa und mein Dienst, den ich für Jerusalem tue, den Heiligen willkommen sei" (Römer 15,31). Lukas unterstreicht diese böse Vorahnung, indem er die prophetischen Botschaften weitergibt, die auf eine kommende Gefangenschaft hindeuten (20,22 f.; 21,10-14). Und genau so kommt es auch: Schon bald nach seiner Ankunft in Jerusalem bekommt Paulus Ärger mit den Juden und Judenchristen, die sein gesetzesfreies Evangelium zutiefst mißbilligen.

21,17 – 28,31 Die Reise nach Rom

Die abschließenden Kapitel der Apostelgeschichte enthalten einige der ergreifendsten Szenen der gesamten Bibel. Bemerkenswert ist, daß Paulus von dem Augenblick an, als er in Apostelgeschichte 21,30 von der wütenden Menge ergriffen wird, nie wieder seine Freiheit erlangt. Er gerät in Haft, anscheinend hilflos den Launen der römischen Justiz ausgeliefert.

Die Erzählweise des Lukas vermittelt aber einen ganz anderen Eindruck. Demnach ist Paulus nicht hilflos. Gottes Plan realisiert sich. Paulus bekommt die Gelegenheit, Zeugnis abzulegen vor einer riesigen Volksmenge in Jerusalem, vor dem jüdischen Hohen Rat, vor zwei römischen Statthaltern, vor König Herodes und dessen Frau, vor einer aus fast 300 Mann bestehenden Schiffsmannschaft, vor dem Statthalter von Malta und danach vor vielen anderen Inselbewohnern, vor den Leitern der großen jüdischen Gemeinde in Rom und nicht zuletzt vor allen, die ihn in der Hauptstadt besuchen und hören wollen. Paulus war zwar ein Gefangener, doch war, wie er später in einem seiner Briefe an Timotheus schreibt, „Gottes Wort nicht gebunden" (2. Timotheus 2,9).

Die Botschaft des Lukas ist eine große Ermutigung für eine leidende, schwache Kirche. Welche Schwierigkeiten auch immer sie zu bewältigen hat und wie machtlos sie sich auch vorkommen mag, die Kirche wird dennoch in einem „Triumphzug" geführt (2. Korinther 2,14) – wenn wir dem Beispiel des Paulus nacheifern, uns auf den Herrn der Kirche verlassen und die Gelegenheiten, die er schenkt, nutzen.

Vertiefende Lektüre in Auswahl:

Adolf Schlatter, *Das Evangelium des Lukas,* Stuttgart, 2. Auflage 1960.
G. Schneider, *Das Evangelium nach Lukas,* Gütersloh/Würzburg 1977.
Eduard Schweizer, *Das Evangelium nach Lukas,* Göttingen, 2. Auflage 1986.
Werner de Boor, *Die Apostelgeschichte,* Wuppertal 1994.
Jürgen Roloff, *Die Apostelgeschichte,* Göttingen, 2. Auflage 1988.
Adolf Schlatter, *Die Apostelgeschichte,* Stuttgart 1962.

Die Botschaft des Johannes

Noch viele andere Zeichen tat Jesus vor seinen Jüngern, die nicht geschrieben sind in diesem Buch. Diese aber sind geschrieben, damit ihr glaubt, daß Jesus der Christus ist, der Sohn Gottes, und damit ihr durch den Glauben das Leben habt in seinem Namen.
(Johannes 20,30 f.)

Das Neue Testament enthält insgesamt fünf Johannes zugeschriebene Schriften: das Johannesevangelium, die drei Johannesbriefe und das Buch der Offenbarung. Dabei unterscheidet sich die Offenbarung vom Inhalt her so sehr von den anderen vier Büchern, daß sie mit einem eigenen Kapitel bedacht werden muß, ganz gleich, ob es sich beim Verfasser um denselben Johannes handelt oder nicht.

Es besteht indessen allgemeine Übereinstimmung darüber, daß das Johannesevangelium und die drei Johannesbriefe aus derselben Feder stammen. Sie sind sich nicht nur vom Stil her sehr ähnlich, sondern haben auch auffallend viele theologische Spezialausdrücke gemeinsam, beispielsweise „Geist der Wahrheit", „Licht" und „Finsternis", „von der Welt", „Kinder Gottes", „aus Gott geboren", in Christus „bleiben", „seine Gebote halten", „Liebe", „Zeugnis", „Leben" und „Tod".

Der Mensch Johannes

Wer war der Verfasser dieser Schriften? Diese umstrittene Frage zu beantworten, ist recht kompliziert. Traditionell gilt, daß das Evangelium und die Briefe in Ephesus vom betagten Apostel Johannes, dem Sohn des Zebedäus, verfaßt wurden. Diese Ansicht geht auf Irenäus zurück, der von 178 bis zu seinem Tod etwa im Jahre 195 n. Chr. Bischof von Lyon war. Irenäus behauptete, durch Polykarp, einen früheren Bischof von Smyrna, der 156 n. Chr. sechsundachtzigjährig den Märtyrertod erlitt, in der Nachfolge des Johannes zu stehen. In einem berühmten, vom Kirchenhistoriker Euseb überlieferten Brief an einen Freund berichtet Irenäus, wie er als junger Mann zu den Füßen des Polykarp saß und ihm zuhörte, wenn dieser seine Gespräche mit Johannes schilderte und dessen Lehre erläuterte. Wir können uns gut vorstellen, wie aufmerksam der zwanzigjährige Polykarp dem über achtzigjährigen Apostel Johannes zugehört haben wird, und es scheint kein zwingender Grund vorzuliegen, weshalb wir die Behauptungen des Irenäus zurückweisen sollten.

Wenn also Irenäus behauptet, daß Johannes, der Sohn des Zebedäus, das vierte Evangelium verfaßt habe und der ungenannte Jünger gewesen sei, „den Jesus liebhatte" und der beim Abendmahl neben Jesus zu Tisch lag (Johannes 13,23), müssen wir sein Zeugnis ernst nehmen.

Dennoch bleibt festzustellen, daß im zwanzigsten Jahrhundert nur wenige führende Ausleger diesen Hinweisen Glauben geschenkt haben. Diese Haltung erklärt sich aus ihren – von der Mehrheit kritischer Theologen geteilten – Vorbehalten gegen die Historizität des Johannesevangeliums. Das Buch stehe am Ende einer langen theologischen Entwicklung; in ihm spiegele sich das Denken einer späteren Generation wider, das lediglich in die Form eines Evangeliums gepreßt sei.

Neuere Ausleger haben dieser Anschauung eine besondere Wendung gegeben: Sie behaupten, im Johannesevangelium lägen nicht die Geschichte und Erlebnisse Jesu und seiner Jünger vor, sondern die Erfahrung einer bestimmten christlichen Gemeinde, in der der Verfasser – es habe sich keineswegs um den Apostel Johannes gehandelt – Mitglied gewesen sei. Um seine Gemeinde zu ermutigen, habe der Verfasser die Geschichte Jesu so wiedergegeben, als wäre dieser so wie sie auf Ablehnung und Verfolgung gestoßen.

Dieses mangelnde Vertrauen in die Geschichtlichkeit des Johannesevangeliums ist auf drei Eigenschaften zurückzuführen, die in der Tat erklärungsbedürftig sind:
1. Johannes malt in vielerlei Hinsicht ein anderes Jesusbild als die Synoptiker. So hat Jesus im Johannesevangelium beispielsweise nicht die geringsten Bedenken, sich öffentlich zu seiner Gottessohnschaft zu bekennen (siehe z. B. 5,19-30).
2. Es besteht im Johannesevangelium kein stilistischer Unterschied zwischen der Lehre Jesu und den eigenen Worten des Verfassers. Daraus könnte man schließen, daß der Verfasser für die sprachliche Gestaltung der Reden Jesu verantwortlich sei.
3. Das Evangelium ist streng durchkomponiert. Die Ausleger sind sich einig, daß es sich um ein literarisches Meisterwerk handelt. Viele vertreten jedoch die Ansicht, ein Verfasser, der so sorgfältig auf Struktur und Gestaltung geachtet habe, werde kaum daran interessiert gewesen sein, Geschichte und Fakten zu überliefern.

Zusammengenommen haben diese drei Punkte eine Mehrheit der Ausleger davon überzeugt, daß das Johannesevangelium nicht von einem Augenzeugen des Wirkens Jesu verfaßt worden sei. Aus diesem Grunde wird das Zeugnis der Kirchenväter, die das Buch dem Zebedaiden Johannes zuschreiben, verworfen.

Dennoch müssen wir den wissenschaftlichen Konsens ernsthaft in Frage stellen.

1. Das Johannesevangelium und die Synoptiker

Aus den unbestrittenen Unterschieden zwischen dem Johannesevangelium und den Synoptikern kann man nicht ohne weiteres folgern, daß die geschichtlichen Angaben des Johannesevangeliums unzuverlässig seien. Diese Unterschiede fielen bereits den Kirchenvätern auf und liegen einer Bemerkung des Klemens von Alexandrien (um 200 n. Chr.) zugrunde, nach der „als letzter Johannes, da er wußte, daß die ‚leiblichen' Fakten in den anderen Evangelien unmißverständlich geschildert worden waren, und da er von den anderen Jüngern dazu gedrängt und vom Heiligen Geist inspiriert wurde, ein ‚geistliches' Evangelium verfaßte."

Daß Klemens das Johannesevangelium als ein „geistliches" Werk bezeichnete, hat man häufig als Beweis dafür angeführt, daß Johannes sich nicht für Geschichte interessiert habe. Tatsächlich ist das sehr weit von der Wahrheit entfernt. Klemens zufolge ging es Johannes darum, das Wesen Jesu – den dem „Leib" innewohnenden „Geist" – deutlich zu machen und so einen Bericht zu verfassen, der geschichtlich ebenso zuverlässig ist wie der der Synoptiker.

Es ist darüber hinaus bemerkenswert, daß der johanneische Bericht den der Synoptiker an vielen Stellen ergänzt. Diese Stellen werden in einer in Fachkreisen bekannten Studie von Dr. Leon Morris aufgelistet und ausgewertet (Leon Morris, *Studies in the Fourth Gospel,* Exeter 1969). Es ist durchaus denkbar, daß Johannes bewußt Überlieferungen und Erinnerungen verarbeitete, für die in der synoptischen Tradition keine Verwendung gefunden wurde.

Johannes ergänzt und vervollständigt in verschiedener Hinsicht das von den Synoptikern gemalte Jesusbild. Die Synoptiker unterstreichen beispielsweise die Zurückhaltung Jesu, sich öffentlich dazu zu bekennen, „der Christus" zu sein. Dies könnte jedoch Anlaß geben zu dem Einwand, den Menschen sei in diesem Fall keine Schuld anzulasten, wenn sie nicht an ihn glaubten. Johannes macht deutlich, daß das Glaubenshindernis nicht von Jesus ausging. Anders ausgedrückt: Seine Selbstdarstellung war so sonnenklar, daß die Verantwortung ganz und gar bei uns liegt, wenn wir im Unglauben verharren.

2. Die Sprache des Johannesevangeliums

Es stimmt, daß es im Johannesevangelium keinen stilistischen Unterschied gibt zwischen den Reden, in denen Jesus spricht, und den erzählenden Passagen, für die allein der Verfasser verantwortlich ist. Doch müssen wir bedenken, daß Jesus nicht auf Griechisch lehrte. Er sprach Aramäisch, und deshalb handelt es sich bei sämtlichen auf uns überkommenen Nachschriften seiner Lehre um Übersetzungen. Es dürfte bekannt sein, daß zwei Übersetzungen ein und desselben Originals recht unterschiedlich ausfallen können, weil Stil und Wortschatz einer Übersetzung im Ermessen des Übersetzers liegen.

Ausleger weisen seit langem darauf hin, daß das von Johannes verwendete Griechisch viele hebräische bzw. aramäische Züge aufweist. Der Verfasser des Johannesevangeliums war offenbar zweisprachig. Hinzu kommt folgendes: Stimmt es, daß Johannes das Wesen der Lehre und der Person Jesu herausstellen wollte, dann ist es kaum verwunderlich, wenn die Sprache der Reden und der Stil des Johannes sich gegenseitig beeinflußt haben.

3. Der Aufbau des Johannesevangeliums

Der Verfasser verrät selbst die Sorgfalt, mit der er sein Evangelium gestaltete, indem er auf die Auswahl hinweist, die er treffen mußte: „Noch viele andere Zeichen tat Jesus vor seinen Jüngern, die nicht geschrieben sind in diesem Buch. Diese aber sind geschrieben, damit ihr glaubt, daß Jesus der Christus ist, der Sohn Gottes, und damit ihr durch den Glauben das Leben habt in seinem Namen" (20,30 f.). Wie wir noch sehen werden, stehen die „Zeichen" – die wunderbaren, über sich selbst hinausweisenden Taten Jesu – im Mittelpunkt des Aufbaus wie der Botschaft des Buches. Diese „Zeichen", von denen alle außer einem zum Sondergut des Johannes gerechnet werden müssen, sind mit Blick auf ein bestimmtes Ziel ausgewählt worden: Sie sollen die Leser davon überzeugen, daß Jesus „der Christus" ist.

Das bedeutet wiederum, daß die Zeichen mit Blick auf die besonderen Bedürfnisse der Leser ausgewählt wurden. Dem Verfasser ging es darum aufzuzeigen, daß der Dienst Jesu die Antwort auf ihre Nöte war. Daraus läßt sich jedoch nicht folgern, daß der Verfasser sich nicht für Geschichte und Fakten interessiert habe. Im Gegenteil: Er hätte kein Evangelium gehabt, wovon er seine Leser hätte überzeugen können, wenn Jesus die „Zeichen", mit denen er sich als Messias auswies, nicht wirklich vollbrachte.

Es erweisen sich also die Argumente, mit denen viele Ausleger das Zeugnis des Irenäus verwerfen, als wenig stichhaltig. Gehen wir davon aus, daß es sich beim Verfasser des vierten Evangeliums und der Johannesbriefe um den Apostel Johannes gehandelt hat. Was läßt sich über ihn sagen?

1. Er war Augenzeuge

Trotz der allgemeinen Ablehnung der traditionellen Sicht der Urheberschaft des Johannesevangeliums geben viele Ausleger zu, daß der Verfasser mit der Geographie Palästinas (siehe z. B. 1,28; 4,5 f., 20) und Jerusalems (5,2; 19,13) sowie mit der Lage des Tempels vor dessen Zerstörung (2,20; 8,20; 10,23) und mit dem allgemeinen Zustand Israels zur Zeit Jesu bestens vertraut war. So bekennt beispielsweise der amerikanische Theologe J. Louis Martyn, der vielleicht mehr als jeder andere zum Zustandekommen des heutigen wissenschaftlichen Konsenses beigetragen hat, daß die verschiedenen Aussagen des Johannes über Glauben und Leben der Juden „zweifellos zu den akkuratesten Aussagen über jüdisches Denken im gesamten Neuen Testament gezählt werden können".

Die diesbezügliche Genauigkeit des Johannes läßt vermuten, daß er bei seinem Bericht über die Ereignisse um Jesus – von denen er als Mitglied des Zwölferkreises meistenteils Augenzeuge gewesen sein wird – ebenso genau bemüht war. Seine Darstellungen enthalten zahlreiche Angaben über Ort und Zeit sowie weitere Einzelheiten, die für die Geschichte selbst unwesentlich sind, aber unterstreichen, daß der Verfasser mit seinem Stoff bestens vertraut ist (siehe z. B. 1,39; 2,1; 3,23; 4,6.40; 11,54; 18,10; 21,11).

2. Er hatte vertrauten Umgang mit Jesus

21,24 wird der Verfasser, der nicht namentlich genannt wird, mit dem Jünger gleichgesetzt, „den Jesus liebhatte" (vgl. 21,20). Dieser Jünger wird auch 13,23; 19,26; 20,2 und 21,7 erwähnt, und viele Ausleger sind der Ansicht, er sei auch mit dem „anderen Jünger" (18,15 f.) identisch. Bei jedem Auftritt dieses Jüngers wird die Intimität seiner Beziehung zu Jesus unterstrichen.

Wir begegnen ihm zum erstenmal im Obergemach, wo er neben Jesus zu Tisch liegt und sich so nahe bei ihm befindet, daß er sich zurücklehnen und ihm etwas zuflüstern kann, ohne daß seine Worte von den anderen mitgehört werden (13,21-25; vgl. 21,20). Als nächstes stellen wir fest: Trotz der Voraussage Jesu, daß alle Jünger ihn allein lassen werden (16,32), begleitet ihn dieser eine Jünger bis in den Palast des Hohenpriesters (18,15). Noch am Kreuz vertraut ihm Jesus seine Mutter an (19,25-27), und ihm – hier wird er wieder einmal mit Petrus zusammen erwähnt – überbringt Maria aus Magdala die Nachricht vom leeren Grab (20,1 f.). Und zuletzt bemerkt dieser Jünger als erster, daß Jesus am Ufer des Sees Genezareth steht, und ruft Petrus zu: „Es ist der Herr!" (21,7). Nach dem gemeinsamen Frühstück beteiligt er sich an dem persönlichen Gespräch zwischen Jesus und Petrus (21,20-23).

Wenn es sich bei diesem „Jünger, den Jesus liebhatte", tatsächlich um Johannes handelte, können wir dieses Bild des vertrauten Umgangs aus den Synoptikern ergänzen. Petrus, Jakobus und Johannes bildeten gemeinsam einen inneren Zirkel innerhalb des Zwölferkreises. Jesus erlaubte ihnen, bei bestimmten ausschlaggebenden Ereignissen dabeizusein. So sind sie beispielsweise bei der Auferweckung der Tochter des Jaïrus (Lukas 8,51) sowie bei der Verklärung Jesu (Markus 9,2) anwesend, hören seine apokalyptische Unterweisung (Markus 13,3) und sind ihm während seiner bitteren Qualen im Garten Gethsemane besonders nahe (Markus 14,33).

Insgesamt betrachtet erfreute sich Johannes einer äußerst vertrauten Beziehung zu Jesus und war daher geeigneter als jedes andere Mitglied des Zwölferkreises, uns die tiefsten Gedanken des Herrn mitzuteilen. Er hatte ihn mit seinen Augen gesehen (1. Johannes 1,1-3; vgl. 1. Johannes 4,14 und Johannes 1,14), mit seinen Ohren gehört und mit seinen Händen berührt (1. Johannes 1,1-3). Er hatte die Ansichten seines Herrn persönlich verinnerlicht, drang bis zum Kern von dessen Selbstoffenbarung durch und ließ sich wahrhaft vom Geist seines Meisters inspirieren.

3. Er wurde von Jesus ganz und gar umgewandelt

Markus zufolge gab Jesus den beiden Brüdern Johannes und Jakobus den Spitznamen „Boanerges" oder „Donnersöhne" (Markus 3,17), und ihr hitziges Temperament verraten sie in den Evangelien bei mehreren Gelegenheiten. So nimmt Johannes beispielsweise einem Exorzisten, der nicht zum Zwölferkreis gehört, seine Tätigkeit übel und verbietet sie ihm kurzerhand (Lukas 9,49 f.). Gemeinsam nehmen die beiden Donnersöhne Anstoß an der Weigerung samaritanischer

Ein herkömmlicher Dorfbrunnen in Judäa. Neben einem solchen Brunnen wird Jesus der Samaritanerin begegnet sein (Johannes 4).

Dorfbewohner, Jesus zu beherbergen, und möchten wie Elia Feuer vom Himmel als Strafe über sie herabflehen (Lukas 9,51-56). Und beide Brüder kommen mit ihrer Mutter zu Jesus, um ihn zu bitten, die besten Sitzplätze im Himmelreich für sie zu reservieren (Markus 10,35-45; Matthäus 20,20-28).

Sie sind weit davon entfernt, den Geist Jesu zu begreifen! Ihm bleibt nichts anderes übrig, als sie zurechtzuweisen: „Wißt ihr nicht, welches Geistes Kinder ihr seid?" (Lukas 9,55 Anmerkung) oder wiederum: „Ihr wißt nicht, was ihr bittet" (Matthäus 20,22; Markus 10,38). Und doch ist uns dieser Donnersohn heute als „Apostel der Liebe" bekannt. Offenbar hat der warme Sonnenschein der Liebe des Meisters die Gewitterwolken vertrieben.

Jetzt ist er mehr als offen für den Dienst derer, die nicht zum Zwölferkreis gehören: Der erfolgreichste Evangelist in seinem Evangelium ist eine Frau, die Samaritanerin am Brunnen (Johannes 4,39). Jetzt zeigt er die Samaritaner im bestmöglichen Licht: Sie übertreffen die Juden in ihrer gläubigen Reaktion auf Jesus (4,42) und fordern Jesus auf, bei ihnen zu bleiben (4,40). Weit davon entfernt, neben Jesus Anerkennung und Status zu suchen, tilgt er den eigenen Namen vollständig aus seinem Bericht und legt sich eine neue Bezeichnung zu, die einzige Grabinschrift, die er noch begehrt: Vergeßt alles andere, ich wurde von Jesus geliebt!

Johannes war also bestens geeignet, das Herzensanliegen seines Herrn weiterzugeben. Er wollte seinen Lesern die Person vorstellen, die er kennen- und liebengelernt hatte. Er wollte, daß auch sie mit ihm Gemeinschaft haben sollten (1. Johannes 1,3), und er rechnete damit, daß auch sie genauso wie er selbst in ihrem Charakter verändert werden.

Er läßt uns nicht darüber in Zweifel, weshalb er zur Feder griff. Er verfaßte sein Evangelium, damit seine Leser an Jesus glauben und durch den Glauben an ihn das Leben erlangen (20,31). Und er schrieb seinen ersten Brief an Menschen, die bereits gläubig waren, damit sie wüßten, daß sie das Leben haben (1. Johannes 5,13). Seine Theologie ist tiefschürfend, nahezu unfaßbar, dennoch verfolgt er letzten Endes ein praktisches Ziel. Er wollte, daß seine Leser das ewige Leben empfingen und darüber Gewißheit bekommen.

Um ewiges Leben zu empfangen, müssen seine Leser ihr Vertrauen auf Jesus Christus setzen, denn in ihm ist das Leben (1,4). Deshalb stellt Johannes in seinem Evangelium Jesus Christus in seiner ganzen gottmenschlichen Herrlichkeit dar, damit wir sehen und glauben. Johannes scheint beim Schreiben insbesondere an die Juden gedacht zu haben, denn er unterstreicht, daß Jesus alle großen Verordnungen des Judentums erfüllt und ersetzt: den Tempel, das Gesetz, die jährlichen Feste. Der Tempel und der dazugehörige Gottesdienst gehörten bereits der Vergangenheit an, denn sie wurden im Jahre 70 n. Chr. von den Römern zerstört. Nach diesem Zeitpunkt wird das Johannesevangelium besonders auf Juden gewirkt haben, deren Trauer durch die Entdeckung, daß Gott den Verlust durch Jesus bereits ausgeglichen hatte, in Freude verwandelt wurde.

Um Gewißheit darüber zu bekommen, daß sie ewiges Leben empfangen hatten, mußten seine Leser die unverzichtbaren Merkmale echten christlichen Glaubens kennen und verstehen. Deshalb legt Johannes diese in seinen Briefen dar, besonders im ersten, wie wir noch sehen werden.

Die Botschaft des Johannes: 1. Das Johannesevangelium

1. Die Grundlagen des Glaubens

Der Weg zum Leben geht nur über den Glauben (3,14-16.36; 6,47; 20,31). Aber worauf beruht unser Glaube? Johannes würde der Antwort des Paulus zustim-

men: „So kommt der Glaube aus dem Hören der Botschaft, die Botschaft aber wird durch das Wort Christi gehört“ (Römer 10,17 nach der New International Version). Glauben gibt es nie für sich allein. Es handelt sich vielmehr um unsere Reaktion auf die Initiative Gottes. Glaube wird insbesondere durch sein Wort – oder wie Johannes es sagt: durch sein „Zeugnis“ – hervorgerufen. Dem durch Jesus verkündeten Zeugnis Gottes zu glauben, ist der erste, lebenswichtige Schritt, der zum ewigen Leben führt. Dies ist vor allem die Botschaft des Johannesevangeliums.

Manche Theologen behaupten, Johannes setze sich nicht für den Glauben ein, sondern setze ihn voraus. Viele Ausleger vertreten deshalb die Ansicht, das Johannesevangelium sei nicht evangelistisch ausgerichtet, das heißt, es sei nicht mit der Absicht verfaßt worden, Nichtchristen davon zu überzeugen, daß sie an Jesus glauben sollten. Diese Ansicht läßt sich jedoch kaum mit den Hinweisen vereinbaren, die das Johannesevangelium selbst liefert. Johannes bekennt sich 20,31 ausdrücklich zu seinen evangelistischen Zielen (siehe Textkasten S. 75). Das Thema Zeugnis scheint besonders im Hinblick auf ungläubige Juden ausgearbeitet worden zu sein.

A. Das menschliche Zeugnis. In den ersten Sätzen des Johannesevangeliums beschreibt Johannes wie im ersten Johannesbrief und der Offenbarung sein eigenes apostolisches Zeugnis für den Herrn Jesus Christus: „Wir sahen seine Herrlichkeit“ (1,14). Er eröffnet sein Evangelium mit einer Feststellung, nicht mit Beweisen. So wie das erste Buch Moses mit den Worten beginnt: „Im Anfang schuf Gott ...“ und auf diese Weise die Existenz des Vaters verkündet wird, ebenso leitet Johannes sein Evangelium mit den Worten ein: „Im Anfang war das Wort“ und bezeugt somit die Präexistenz des Sohnes beim Vater.

Diese ewigen Wahrheiten sind nicht das Ergebnis menschlichen Nachdenkens, sondern einer göttlichen Offenbarung. Doch werden sie jetzt durch das leidenschaftliche Zeugnis von Menschen weitergegeben, die von ihrer Wahrheit überzeugt sind. Das Johannesevangelium beginnt und endet mit diesem Hinweis auf das apostolische Zeugnis (vgl. 21,24). In den dazwischenliegenden Kapiteln lernen wir eine ganze Reihe von Menschen kennen, die Jesus begegnet sind und für ihn Zeugnis ablegen:

- *Das Zeugnis Johannes des Täufers* wird gleich zu Beginn des Evangeliums (1,6-8) neben das des Johannes gestellt und sehr sorgfältig ausgearbeitet (siehe auch 1,19-36; 3,25-30; 10,40-42), vielleicht weil der Täufer zur Zeit der Abfassung des Johannesevangeliums unter den Juden weithin als Prophet anerkannt wurde.
- *Eine Reihe von Jüngern* begegnen Jesus und legen Zeugnis ab (1,37-51): Andreas überzeugt seinen Bruder Simon, und Philippus führt Nathanael zu Jesus, der ein bemerkenswertes Glaubensbekenntnis ablegt (1,49).
- *Die Samaritaner* legen im vierten Kapitel ein beredtes Zeugnis ab: Zunächst wird eine Samaritanerin davon überzeugt, daß Jesus „der Messias“ ist (4,29), danach kommen ihre Landsleute zu dem Schluß, daß Jesus „der Welt Heiland“ ist (4,42).
- *Petrus* (6,68 f.), *die Volksmenge in Jerusalem* (7,40-42), *der Blindgeborene* (9,17), *Martha* (11,27) *und Thomas* (20,28) legen alle ein Zeugnis für Jesus ab, obwohl es je nach ihren jeweiligen Erfahrungen mit ihm unterschiedlich ausfällt. Das Glaubensbekenntnis des Thomas bildet den eindrucksvollen Höhepunkt der gesamten Geschichte.

Johannes hat keine Bedenken, auch Zeugnisse gegen Jesus in seine Darstellung aufzunehmen (siehe z. B. 7,52; 8,52 f.; 9,16; 10,20). Auf diese Weise zwingt er seine Leser, eine Entscheidung zu treffen: Wessen Zeugnis werden sie annehmen?

Johannes 20,30 f. und der Zweck des Evangeliums

„Noch viele andere Zeichen tat Jesus vor seinen Jüngern, die nicht geschrieben sind in diesem Buch. Diese aber sind geschrieben, damit ihr glaubt, daß Jesus der Christus ist, der Sohn Gottes, und damit ihr durch den Glauben das Leben habt in seinem Namen."

Die griechischen Handschriften des Johannesevangeliums weisen an dieser Stelle geringfügige Unterschiede auf, die einige Ausleger davon überzeugt haben, daß Johannes nicht zum Glauben rufen, sondern gläubige Leser in ihrem Glauben bestärken wollte. Es geht bei der abweichenden Lesart um die Zeitform des Verbs „glauben". In einigen Handschriften steht dieses Verb im griechischen Aorist, was soviel heißen würde wie: „damit ihr zum Glauben kommt". In anderen Handschriften jedoch steht das Verb im Präsens und müßte übersetzt werden: „damit ihr weiterhin glaubt" – woraus man folgern könnte, daß Johannes für Christen geschrieben habe, deren Glauben er stärken wollte.

Indessen: Auch wenn das Präsens die ursprüngliche Lesart sein sollte, könnte man das Verb folgendermaßen wiedergeben: „damit ihr glaubt und dabei bleibt". Es steht außer Zweifel, daß das Johannesevangelium schon immer den Glauben der Christen gestärkt und bestätigt hat. Dennoch verfolgte Johannes einen Plan, der ihn seine Worte eher an Außenstehende richten ließ. Aus 20,30 f. läßt sich dreierlei über seine Absichten ableiten:

1. *Die „Zeichen" spielen eine zentrale Rolle* in seinem Plan, seine Leser zum Glauben zu führen.
2. *Er denkt insbesondere an Juden,* weil gerade sie es nötig haben zu erfahren, daß Jesus „der Christus" oder „Messias" ist.
3. *Er möchte, daß der Glaube seiner Leser wächst,* und zwar von der intellektuellen Überzeugung, daß Jesus „der Christus" ist, hin zu der Glaubenserfahrung, „in seinem Namen" das Leben zu haben.

Um diese Entscheidung herbeizuführen, müssen Beweise vorgelegt und weitere Zeugen geladen werden. Diese menschlichen Zeugen sind zwar wichtig, doch verläßt sich Jesus nicht auf ihr Zeugnis, um seine Selbstaussagen zu bestätigen (5,34). Er erkennt sogar folgendes juristische Prinzip an: „Wenn ich von mir selbst zeuge, so ist mein Zeugnis nicht wahr" (5,31). Ein Zeugnis hatte vor einem jüdischen Gericht nur dann Geltung, wenn es von einem zweiten Zeugen bestätigt wurde. Das halten die Pharisäer Jesus vor: „Du gibst Zeugnis von dir selbst; dein Zeugnis ist nicht wahr" (8,13). Jesus akzeptiert dieses Argument und antwortet: „In eurem Gesetz steht geschrieben, daß zweier Menschen Zeugnis wahr sei. Ich bin's, der von sich selbst zeugt; und der Vater, der mich gesandt hat, zeugt auch von mir" (8,17 f.). Deshalb wird ein zweiter Zeuge bemüht:

B. Das göttliche Zeugnis. Dr. A. E. Harvey (*Jesus on Trial. A Study in the Fourth Gospel,* London 1976) hat die Bedeutung der Anrufung Gottes als Zeugen durch Jesus erhellt (siehe 5,37; 8,18; vgl. 8,50; 10,32). Das Zeugnis eines einzelnen erlangte vor einem jüdischen Gericht Gültigkeit, wenn der Beschuldigte Gott feierlich zum Zeugen dafür anrief, daß sein Zeugnis der Wahrheit entsprach. Es handelte sich dabei um eine sehr ernste Maßnahme, denn man war überzeugt: Wenn der Beschuldigte dabei die Unwahrheit sagte, gab er sich dem Gericht Gottes preis. Und umgekehrt würden es sich seine Ankläger mehrmals überlegen, ehe sie ihre Vorwürfe wiederholten, denn auch sie könnten sich dadurch Gott entgegenstellen und sein Gericht über sich bringen.

Dies ist der feierliche Hintergrund, vor dem Jesus Gott zu seinem Zeugen anrief. Die Selbstaussagen Jesu waren ohnehin derart, daß nur Gott sie zu beglaubigen und zu bekräftigen vermochte: Jesus behauptet von sich, der Sohn Gottes zu sein, der als einziger die Vollmacht habe, Leben zu geben und Gericht zu üben – beides Vorrechte, die allein Gott zustehen (5,19-23). Die Anrufung Gottes zum Zeugen war also in diesem Fall kein kühner Schachzug, sondern eine absolut notwendige Maßnahme.

Harvey hat darüber hinaus aufgezeigt, daß das gesamte Johannesevangelium von einer Gerichtsbeschreibung durchdrungen ist. Johannes schildert das Wirken Jesu so, als sei Jesus nicht nur zuletzt vor dem Hohenpriester verklagt worden, sondern von Anfang an. In der Tat wird Jesus in diesem Evangelium nie *formell* der Prozeß gemacht. Er wird ohne ein rechtmäßiges Gerichtsverfahren hingerichtet, obwohl er selbst bei seinem Verhör vor dem Hohenpriester um die Vorladung von Zeugen bittet (18,21). Der Prozeß findet vielmehr im ganzen Buch statt, was zur Folge hat, daß die Leser gezwungen werden, ein eigenes Urteil zu fällen.

Sie werden sich fragen – wie die Gegner Jesu –, wie Gott für seinen Sohn Zeugnis ablegt (siehe z. B. 8,19). Johannes zufolge ist das göttliche Zeugnis dreifach:

I. Der Vater legt sein Zeugnis durch den Mund Jesu ab. Jesus bestreitet immer wieder, daß er seine Worte aus sich selbst heraus redet. Ihr Urheber ist vielmehr der Vater, der ihm Vollmacht gegeben hat, sie zu sagen. Ist Jesus selbst das menschgewordene Gotteswort (1,1.14), dann sind seine Worte zugleich Gottes Worte (3,34):

- „Meine Lehre ist nicht von mir, sondern von dem, der mich gesandt hat" (7,16).
- „Ich tue nichts von mir selber, sondern, wie mich der Vater gelehrt hat, so rede ich" (8,28).
- „Denn ich habe nicht aus mir selbst geredet, sondern der Vater, der mich gesandt hat, der hat mir ein Gebot gegeben, was ich tun und reden soll. [...] Darum: Was ich rede, das rede ich so, wie es mir der Vater gesagt hat" (12,49 f.).
- „Denn die Worte, die du mir gegeben hast, habe ich ihnen gegeben, und sie haben sie angenommen. [...] Ich habe ihnen dein Wort gegeben" (17,8.14).

Jesus erwartet, daß jeder, der ihn hört, seinen Worten glaubt – weil es Gottes Worte sind. Mit dieser feierlichen Behauptung bezieht er sich bewußt auf die berühmte Verheißung aus 5. Mose 18,18: „Ich will ihnen einen Propheten, wie du bist, erwecken aus ihren Brüdern und meine Worte in seinen Mund geben; der soll zu ihnen reden alles, was ich ihm gebieten werde."

Johannes glaubt, daß Jesus die Worte Gottes redet, und zwar nicht nur, weil er „der Prophet wie Mose" ist, mit dessen Auftreten das Volk gerechnet hat (vgl. 1,21), sondern weil er weit mehr ist als ein Prophet: Er ist das „Wort Gottes" in Person. Gerade deshalb erfüllt er die Prophetie aus 5. Mose 18. So werden seine Leser vor eine Entscheidung gestellt: Wollen sie auf Jesus hören? In diesem Zusammenhang lohnt es sich, auf die bemerkenswerte neue Gottesbezeichnung im Johannesevangelium aufmerksam zu machen: „der mich gesandt hat" (sechsunddreißig Vorkommen). Dementsprechend wird Jesus als der bezeichnet, „den er gesandt hat". Diese Umschreibungen der Namen „Vater" und „Sohn" kommen fast immer in Zusammenhängen vor, in denen die Vollmacht des Sohnes in Frage gestellt oder die des Vaters beansprucht wird. „Der mich gesandt hat" bietet die Gewähr für die Vollmacht dessen, „den er gesandt hat":

- „Denn der, den Gott gesandt hat, redet Gottes Worte" (3,34).
- „Der mich gesandt hat, ist wahrhaftig, und was ich von ihm gehört habe, das rede ich zu der Welt" (8,26).
- „Da rief Jesus, der im Tempel lehrte: ‚[...] Nicht von mir selbst aus bin ich gekommen, sondern es ist ein Wahrhaftiger, der mich gesandt hat, den ihr nicht kennt. Ich aber kenne ihn; denn ich bin von ihm, und er hat mich gesandt'" (7,28 f.).

Das Zeugnis Jesu ist gültig, weil er vom Himmel herabgestiegen ist (3,11-13).

II. Der Vater veranschaulicht sein Zeugnis in den Werken Jesu. Wie die Worte Jesu, so sind ihm auch seine Werke von Gott gegeben, so daß es sich dabei in Wirklichkeit um Werke Gottes handelt – ein dramatisches Zeugnis für die einzigartige Sohnschaft Jesu. Wie er sagen kann: „Meine Lehre ist nicht von mir, sondern von dem, der mich gesandt hat" (7,16), so vermag er auch von dem „Werk" zu sprechen, „das mir der Vater gegeben hat, damit ich es vollende" (5,36; vgl. 5,19-30; 10,31-39). Also handelt der Sohn „vom Vater her" (10,32), und der Vater handelt „im Sohn" (10,38; 14,10).

Dieses zweifache Zeugnis aus Worten und Werken hätte ausreichen müssen, um Glauben hervorzurufen (14,11), und tatsächlich sehen viele einfache Menschen die Werke (6,14), hören die Worte (7,40 f.) und glauben (11,45).

Doch wie übermitteln die Werke eine Botschaft über Jesus? Die charakteristische Bezeichnung der Wunder Jesu bei Johannes lautet „Zeichen", und zwar weil sie eine Botschaft beinhalten, die der Glaube zu erkennen vermag.

So hat Nikodemus durchaus recht, wenn er erklärt, Jesus könne nur deshalb solche „Zeichen" vollbringen, weil Gott mit ihm ist: „... du bist ein Lehrer, von Gott gekommen" (3,2). Sie weisen aber über diese recht dürftige Einsicht hinaus auf etwas Größeres hin. Nikodemus steht vor einem Rätsel. Einige aus der Jerusalemer Volksmenge sind der Ansicht, die Zeichen würden beweisen, daß er der Christus sei (7,31). Andere sind jedoch skeptisch. So haben beispielsweise die Brüder Jesu die Zeichen gesehen, halten jedoch nicht viel davon (7,3-5). Aber auch dann, wenn die Leute um der Zeichen willen „an seinen Namen glauben", beurteilt Jesus äußerst zurückhaltend die Qualität ihres Glaubens (2,23-25).

Tatsache ist, daß die Zeichen erst ihre Botschaft entfalten können, wenn sie gedeutet werden. Diese Deutung möchte Johannes liefern. So macht beispielsweise die Heilung des Gelähmten (5,1-9) nicht nur die außerordentliche Kraft oder Barmherzigkeit Jesu sichtbar, sondern läßt erkennen, daß er über die Vollmacht verfügt, dem Volk Gottes zu sagen, was es am Sabbat tun und lassen darf. Außerdem macht sie seine einzigartige Beziehung zum Vater sichtbar, denn Jesus

Dieses Zimmer im Haus einer wohlhabenden Jerusalemer Familie aus dem ersten Jahrhundert unserer Zeitrechnung wurde nach den bei archäologischen Forschungen freigelegten Hinweisen wiederhergestellt.

offenbart durch seine Handlungsweise die „Werke" Gottes (5,9-20). Gleicherweise wird die Speisung der Fünftausend (6,1-14) im langen anschließenden Dialog gedeutet, in dessen Verlauf Jesus sich selbst als „das Brot des Lebens" bezeichnet (6,25-59). Die Auswahl, die Johannes unter den möglichen Zeichen traf (20,30 f.), wurde offensichtlich aufgrund ihrer aussagekräftigen Wirkung und im Hinblick auf die Botschaft getroffen, die er aus jedem Zeichen herausholen wollte. Darauf werden wir noch näher eingehen.

Doch wie konnte Johannes seine Leser davon überzeugen, daß er die Zeichen Jesu richtig gedeutet hatte? Natürlich mußte der Heilige Geist diese Überzeugungsarbeit leisten (siehe 16,8-11). Doch es gab insbesondere für jüdische Leser einen weiteren wichtigen Faktor: das Alte Testament.

III. Das Zeugnis des Vaters hat im Alten Testament seinen schriftlichen Niederschlag gefunden.

- „Ihr sucht in der Schrift, denn ihr meint, ihr habt das ewige Leben darin; und sie ist's, die von mir zeugt; aber ihr wollt nicht zu mir kommen, daß ihr das Leben hättet" (5,39 f.).
- „Wenn ihr Mose glaubtet, so glaubtet ihr auch mir; denn er hat von mir geschrieben. Wenn ihr aber seinen Schriften nicht glaubt, wie werdet ihr meinen Worten glauben?" (5,46 f.).

In letzter Instanz entscheidet die Heilige Schrift über das Zeugnis des Vaters für den Sohn, weil dieses Zeugnis, wie Jesus hier auf hochdramatische Weise beteuert, dort seinen schriftlichen Niederschlag gefunden hat. Johannes stützt diese Feststellung im gesamten Verlauf seines Evangeliums mit Zitaten (siehe z. B. 2,17; 12,37-41; 19,36 f.) und häufig auch mit Anspielungen auf alttestamentliche Texte und Themen. Er verfolgt dabei durchgehend das Ziel aufzuzeigen, daß das Alte Testament nur in Jesus seinen eigentlichen Sinn erhält.

So leitet beispielsweise die 5,46 wiedergegebene Behauptung, daß „Mose von mir geschrieben hat", das sechste Kapitel ein, in dem die Rolle des Mose als Retter Israels — er hatte sein Volk aus Ägypten herausgeführt — mit dem verglichen wird, was Jesus in der gegenwärtigen Epoche vollbringt. Eine Volksmenge befindet sich auf dem Weg nach Jerusalem, wo sie das Passahfest feiern (6,4) und dabei des Auszugs aus Ägypten gedenken will. Jesus vermag die Volksmenge auf übernatürliche Weise mit Speise zu versorgen, wie auch Mose es beim Exodus getan hatte. Einigen aus der Menge fällt die Parallele auf, und man folgert daraus, daß Jesus möglicherweise „der Prophet wie Mose" ist (6,14). Daraufhin hält Jesus vor der Volksmenge eine Ansprache (6,25-59). Darin stellt er folgendes fest:

- Nicht Mose hat Israel mit Speise versorgt, sondern Gott (6,32).
- Es handelte sich beim Manna um rein materielle Speise, die Israel keineswegs vor den schrecklichen Feinden Sünde und Tod zu retten vermochte (6,49). Mose, der höchste Gesetzgeber, war nicht in der Lage, die tiefsten Bedürfnisse der Menschheit zu stillen.
- Gott hat sie jetzt mit einer Speise versorgt, die „ewiges Leben" zu geben und endlich diese Bedürfnisse zu befriedigen vermag: Jesus selbst (6,35).
- Auch aus dem Alten Testament selbst geht hervor, daß der Mensch mehr braucht, als Mose geben konnte, denn die Propheten haben von einer Zeit gesprochen, in der „sie alle von Gott gelehrt sein werden" (6,45 nach Jesaja 54,13). Diese Zeit ist jetzt angebrochen!

Johannes läßt dieselbe Aufforderung an seine Leser ergehen wie Jesus an die Pharisäer bei einer Diskussion über die Bedeutung der Beschneidung: „Hört auf, nach dem Augenschein zu richten, und fällt ein gerechtes Urteil" (7,24 nach der New International Version). Wenn sie bereit sind, ihr Schriftverständnis einer Neubewertung zu unterziehen, werden sie Jesus als den erkennen, der die Schrift erfüllt.

2. Das Evangelium im Überblick

Der komplexe Aufbau des Johannesevangeliums bedeutet, daß jede knappe Zusammenfassung künstlich wirken muß. Wir werden uns jedoch am Vorbild des Johannes orientieren und die „Zeichen" in den Mittelpunkt unserer Zusammenfassung stellen.

A. Die Verwandlung von Wasser in Wein – eine neue Heilsordnung. Im ersten Kapitel wird Jesus als das Wort Gottes vorgestellt, das auf eine ganz neue Weise gesprochen wird. Früher sprach Gott durch Propheten wie Johannes den Täufer. Jetzt aber ist sein Wort „Fleisch geworden" (1,14). Somit ist ein neuer Abschnitt im Umgang Gottes mit der Welt angebrochen: „Das Gesetz ist durch Mose gegeben; die Gnade und Wahrheit ist durch Jesus Christus geworden" (1,17).
Diese neue Heilsordnung wird durch das erste Zeichen versinnbildlicht, die Verwandlung von Wasser in Wein (2,1-11). Jesus nimmt etwas, was das Judentum als Reinigungsmittel verwendet (2,6), und verwandelt es in etwas, was echte Bedürfnisse zu befriedigen vermag. Diese Botschaft wird in die darauffolgenden Abschnitte übernommen. Zunächst reinigt Jesus den Tempel, den Brenn- und Mittelpunkt der bisherigen Heilsordnung, und spricht vom neuen Tempel seines Leibes (2,21). Dann teilt er Nikodemus mit, „Israels Lehrer" (3,10), der mit den tiefsten Erkenntnissen des Judentums vertraut ist, daß er vom Geist völlig neu geschaffen werden müsse. Danach wird dieselbe Botschaft den Samaritanern mitgeteilt, denen Jesus mit Hilfe einer Frau „eine Quelle des Wassers" anbietet, „das in das ewige Leben quillt" (4,14) – eines Wassers, das ungleich wichtiger war als das, was sie aus dem Jakobsbrunnen schöpften.

B. Zwei Heilungen – neues Leben, neues Gericht. Die beiden Zeichen von 4,46-54 und 5,1-9 gehören zusammen und werden in der großen Rede Jesu 5,19-47 gedeutet. Im Verlauf dieser Rede erhebt Jesus äußerst kühne Ansprüche: Er behauptet, als Sohn Rechte auszuüben, die nur Gott zustehen, insbesondere „lebendig zu machen, wen er will" (5,21), und die Menschheit zu richten (5,22). Mit „richten" ist in diesem Kontext nicht bloß „verurteilen" gemeint, sondern eher die Verkündigung einer königlichen Entscheidung oder eines königlichen Erlasses. Als Richter und Sohn ist Jesus befugt, bei allen Menschen über Leben und Tod zu entscheiden (5,25-30).

Diese beiden Privilegien wurden in den beiden der Rede vorausgehenden Taten „abgebildet". Zum einen spricht Jesus ein lebenspendendes Wort: „Geh hin, dein Sohn lebt!" (4,50) – und der Sohn lebt tatsächlich. Zum anderen spricht er dem Gelähmten Recht, nicht nur, indem er ihm befiehlt, aufzustehen, sondern auch dadurch, daß er ihn auffordert, am Sabbat sein Bett zu tragen (5,8-10), und ihn warnt: „Höre auf zu sündigen, sonst könnte dir etwas Schlimmeres zustoßen" (5,14 nach der New International Version).

C. Die Speisung der Fünftausend – Jesus, das Brot des Lebens. Während er seinen geistlichen Aufbruch des Exodus deutet, behauptet Jesus dreimal, „das Brot des Lebens" zu sein (6,35.48.51). Als Jesus das Brot brach und die Fünftausend speiste (6,1-15 – die einzige Wundergeschichte, die alle vier Evangelien gemeinsam haben), bildete er ab, wie sein Fleisch gegeben wird „für das Leben der Welt" (6,51).

Dabei bezieht er sich eindeutig auf das Kreuz. Die „wahre Speise" ist sein zerschundenes Fleisch, der „wahre Trank" sein vergossenes Blut (6,55). Nur durch seinen Tod haben wir Zugang zum Leben. Das Essen und Trinken gibt ein beachtenswertes physisches Bild von einem Glauben ab, der Christus persönlich annimmt und sein Leben in sich aufnimmt (6,57). Ein Vergleich von 6,47 mit 6,54 macht deutlich, daß „glauben" hier mit „essen und trinken" gleichgesetzt wird.

Ist diese Rede geschichtlich, so kann sie sich kaum auf das Abendmahl beziehen, das zu diesem Zeitpunkt noch nicht eingesetzt worden war. Dennoch meinen viele Ausleger, Johannes habe sein Evangelium vor dem Hintergrund des Gemeindegottesdienstes verfaßt und selbst diese Rede als Hinweis auf die Eucharistie gedeutet. Es ist nicht falsch, wenn wir davon ausgehen, daß wir bei unseren gemeinsamen Abendmahlsfeiern in besonderer Weise befähigt werden, den Glauben auszuüben, von dem in diesem Abschnitt die Rede ist.

D. Die Heilung des Blindgeborenen – Jesus das Licht der Welt. Behauptet Jesus in Kapitel 6, das Passahfest zu ersetzen, so stellt er in den Kapiteln 7 bis 10 in bezug auf das höchste Fest im jüdischen Kalender, das Laubhüttenfest, dieselbe Behauptung auf. Im Mittelpunkt dieses Abschnitts steht die Heilung eines Blindgeborenen (Kapitel 9).

Hier versinnbildlicht wieder einmal eine äußere Handlung eine geistliche Wahrheit. Zweimal verkündet Jesus in diesem Abschnitt: „Ich bin das Licht der Welt" (8,12; 9,5). Damit bezieht er sich auf die bekannte Lichtfeier, die während des Laubhüttenfestes stattfand. Es wurden im Tempel große Lampen aufgestellt, die die „Feuersäule" darstellen sollten, der Israel durch die Wüste zu folgen hatte. Doch jetzt ruft Jesus: „Ich bin das Licht der Welt. Wer mir nachfolgt, der wird nicht wandeln in der Finsternis, sondern wird das Licht des Lebens haben" (8,12).

Da das Laubhüttenfest nach dem Jahre 70 n. Chr. nicht mehr im Tempel gefeiert werden konnte, begegnet diese Selbstaussage Jesu der Not, die viele Juden in dieser Zeit empfanden. Auch sie hatten – ähnlich dem Blindgeborenen, der aus der Synagoge hinausgestoßen wurde (9,34) – ihre Anbetungsstätte verloren. Doch begegnet Jesus dem Blindgeborenen und stellt seinen Gottesdienst wieder her, indem er ihm zu seinem wiedererlangten Augenlicht geistlichen Durchblick schenkt. Während er vor dem Menschensohn anbetet (9,35-38), stellt er allen, die einer ähnlichen Wiederherstellung bedürfen, eine Hoffnung in Aussicht: Betet den Menschensohn an, der das Licht der Welt ist, dann werdet ihr ein echtes Laubhüttenfest feiern!

E. Die Auferweckung des Lazarus – Jesus, die Auferstehung und das Leben. Es handelt sich bei der Auferweckung des Lazarus (Kapitel 11) um den letzten großen öffentlichen Akt Jesu vor seinem Tode. Johannes bereitet seine Leser mit Hilfe der Rede vom „guten Hirten" in Kapitel 10 darauf vor. Hier erfahren wir: Wenn Jesus „Schafe" wie den Blindgeborenen aus Kapitel 9 erreichen und ihnen dienen soll, dann wird es ihn das eigene Leben kosten. Als guter Hirte läßt er sein Leben für die Schafe (10,11.14 f.).

Diese Selbsthingabe Jesu wird in Kapitel 11 auf dramatische Weise abgebildet. Er ist der Gewalt einer feindseligen Menge in Jerusalem entflohen und hat zu seiner eigenen Sicherheit den Jordan überquert (10,31.39 f.). Thomas erkennt, daß eine Rückkehr nach Jerusalem einem Selbstmord gleichkäme (11,16). Dennoch kehrt Jesus dorthin zurück, weil nur er Lazarus zu retten vermag. Die Auferwekkung des Lazarus wird von der Selbstaussage begleitet: „Ich bin die Auferstehung und das Leben" (11,25). Es wird jedoch deutlich, daß Jesus nur unter Preisgabe seines eigenen Lebens für Lazarus „die Auferstehung und das Leben" sein kann. Deshalb sind wir nicht überrascht, wenn der jüdische Hohe Rat zusammenkommt und feststellt, daß die Auferweckung des Lazarus der Tropfen war, der das Faß zum Überlaufen gebracht hat. Wenn Jesus so weitermacht, drohen ungeheure Folgen. Er muß sterben (11,47-53).

Also werfen Tod und Auferstehung Jesu in den Kapiteln 10 und 11 ihren Schatten voraus. Kapitel 10 stellt ihn als den guten Hirten dar, der für die Schafe stirbt, Kapitel 11 als die Auferstehung, die den Toten das Leben gibt. Von diesem Zeit-

Johannes war aufs engste mit der Gemeinde in Ephesus verbunden und soll auch dort gestorben sein. Unser Bild zeigt die Überreste der prachtvollen, Johannes gewidmeten Kirche, die Justinian im sechsten Jahrhundert in Ephesus bauen ließ.

punkt an steuert die Geschichte einen unvermeidbaren Kurs. Der Tod Jesu rückt bedrohlich näher (13,1). Er zieht sich mit seinen Jüngern zurück und bereitet sie auf ein Leben vor, in dem die Freude an seiner physischen Gegenwart durch ein geistliches Verbundensein mit ihm ersetzt werden wird (Kapitel 14 bis 16). Darauf folgt die Erzählung von seiner Verhaftung, seinem Tod und seiner Auferstehung (Kapitel 18 bis 21).

Johannes sehnt sich danach, seine Leser mit Hilfe seiner zwingenden Darstellung in die Lage zu versetzen, den Glauben der Nachfolger Jesu Christi zu teilen, das gleiche Leben zu erfahren, wie sie es erfahren haben, und sich ihnen anzuschließen.

Die Botschaft des Johannes: 2. Die Johannesbriefe

Die Johannesbriefe ergänzen das Johannesevangelium, wobei nicht deutlich zu erkennen ist, ob sie früher oder später als das Evangelium geschrieben wurden. Die Meinungen der Ausleger hierzu gehen auseinander, doch scheint die Gewohnheit des Johannes, seine Leser mit „meine lieben Kinder" anzureden (achtmal) und sich selbst als „der Älteste" zu bezeichnen (2. Johannes 1; 3. Johannes 1), darauf hinzudeuten, daß er zum Zeitpunkt der Abfassung ein hohes Alter erreicht hatte. Wie dem auch sei, die Briefe vertiefen die Botschaft des Johannesevangeliums. Wir können uns logischerweise erst dann an einem Geschenk erfreuen, wenn wir wissen, daß es uns gehört. Zum Glauben muß die Heilsgewißheit hinzutreten. Wenn es also in der Absicht Gottes liegt, daß wir das ewige Leben empfangen und uns daran erfreuen (Johannes 6,40), können wir auf die Gewißheit, es tatsächlich empfangen zu haben, nicht verzichten. Deshalb hat Johannes seinen ersten Brief an „euch, die ihr an den Namen des Sohnes Gottes glaubt, geschrieben, damit ihr wißt, daß ihr das ewige Leben habt" (1. Johannes 5,13).

Er fühlte sich durch die Umstände, in denen sich seine eigene Gemeinde befand, dazu genötigt. Wenn Johannes tatsächlich im hohen Alter zur Feder griff, können wir bedenkenlos den Hinweisen des Irenäus folgen. Ephesus war eine Großstadt, der kulturelle und wirtschaftliche Mittelpunkt eines umfangreichen Bezirks. Allem Anschein nach richten sich alle drei Johannesbriefe an Lokalgemeinden im Bereich von „Großephesus" – Gemeinden, über die der betagte Apostel die pastorale Aufsicht führte.

Offensichtlich war es in der Gemeinde zu Ephesus aufgrund einer besonders gefährlichen Häresie zu Unruhen gekommen. Die Vertreter dieser Irrlehre werden als „Antichristen" (1. Johannes 2,18), „Lügner" (2,22), „Verführer" (2,26; 2. Johannes 7) und „falsche Propheten" (4,1) bezeichnet. Johannes wollte ihre Heuchelei bloßstellen und gleichzeitig die echten Christen in ihrem Glauben bestärken. Es scheint sich bei dieser Häresie um eine Frühform der Gnosis gehandelt zu haben, die Ähnlichkeit gehabt haben wird mit der Lehre eines gewissen Kerinthus, der in Ephesus möglicherweise als Gegner des Johannes auftrat.

Diese verderbliche Irrlehre bestand in der Hauptsache aus drei besonderen Elementen.

1. Christologische Irrtümer

Johannes wirft den Häretikern vor, „den Vater zu haben, aber den Sohn zu leugnen" (2,22 f.; vgl. 2. Johannes 9). Irenäus hilft uns, diesen Vorwurf zu verstehen. Wahrscheinlich lehrten sie, daß Jesus von Nazareth bloß ein Mensch gewesen sei, das uneheliche Kind von Josef und Maria. Eine Fleischwerdung Gottes war für sie undenkbar, denn sie hielten die stoffliche Welt für wesenhaft böse, über diesen Menschen Jesus sei bei seiner Taufe „der Geist" oder „der Christus" herabgekommen, der ihn aber vor seinem Kreuzestod verlassen und in den Himmel zurückgekehrt sei. Wenn also Johannes den Häretikern vorwirft, „zu leugnen, daß Jesus der Christus ist" (2,22), ist dies vermutlich dahingehend zu deuten, daß sie bestritten haben, bei Jesus und dem Christus habe es sich um ein und dieselbe Person gehandelt. Später bezeichnet Johannes die Häretiker als solche, die leugnen, „daß Jesus Christus in das Fleisch gekommen ist" (2. Johannes 7; vgl. 1. Johannes 4,2). Auch das scheint auf eine Unterscheidung zwischen „Jesus" und „dem Christus" hinzudeuten.

Johannes hält derartigen Unsinn für eine Kampfansage an die Menschwerdung wie an den stellvertretenden Sühnetod Jesu. Hier wird die Person Jesu ihrer Göttlichkeit, seine Lehre ihrer Autorität und sein Tod jeglicher Wirksamkeit beraubt. Johannes bestätigt mit unmißverständlicher Deutlichkeit, daß niemand den Vater haben kann, wenn er den Sohn leugnet (2,23 f.). Jesus Christus, der Sohn Gottes – „dieser ist's, der gekommen ist durch Wasser und Blut" (5,6). Dieser recht dunkle Ausdruck bezieht sich möglicherweise auf die Taufe und das Kreuz Jesu. Johannes erklärt im Gegensatz zu seinen häretischen Gegnern, daß beides dem Gottmenschen Jesus von Nazareth tatsächlich widerfuhr.

Johannes und Kerinthus

Wir haben bereits auf die beachtliche Erinnerungskette verwiesen, die Johannes über Polykarp mit Irenäus verbindet. Sie ist natürlich nicht in allen Punkten zuverlässig, doch berichtet sie davon, daß Johannes in den letzten Jahren seines Lebens Kerinthus in Ephesus bekämpfte. Irenäus erzählt eine besondere Begebenheit, die er angeblich von Polykarp erfahren hat. Johannes soll aus einer öffentlichen Badehalle in Ephesus mit den Worten geflohen sein: „Retten wir uns! Die Badehalle könnte einstürzen, denn in ihr befindet sich Kerinthus, der Feind der Wahrheit!" Die Einzelheiten muten unwahrscheinlich an, doch scheint diese Geschichte die brennende Wahrheitsliebe des Johannes – eines der charakteristischen Merkmale seiner drei Briefe – zu bestätigen.
Irenäus bietet eine recht ausführliche Darstellung der Lehre des Kerinthus, die wir mit den in den Johannesbriefen enthaltenen Hinweisen verbinden können, um uns von der Häresie, die Johannes bekämpfte, ein genaueres Bild zu machen.

Johannes lag sehr daran, daß die Christen ein tadelloses, reines Leben führten; es gab viele Möglichkeiten, vom rechten Weg abzukommen. Das hier abgebildete, in eine Steinplatte eingeritzte Zeichen, die unter den Ruinen des alten Ephesus gefunden wurde, weist auf einen Bordellbetrieb hin.

2. Ethischer Selbstbetrug

Die Häretiker waren nicht nur irregeleitet, was ihre Lehre betraf, sondern auch im ethischen Bereich – wahrscheinlich aus demselben Grunde. Wenn die stoffliche Welt von ihrem Wesen her böse ist, ist nicht nur eine Fleischwerdung unmöglich, sondern der menschliche Körper auch nur eine Hülle für den Geist. Ethische Erwägungen erübrigen sich, denn keine Tat des Leibes vermag dem in ihm wohnenden Geist irgendwelche Schäden zuzufügen. Möglicherweise vertraten die Häretiker die Ansicht, man könne ein „Gerechter" sein, ohne „Gerechtigkeit zu tun", das heißt: Man könne sich in einer rechten Beziehung zu Gott befinden, ohne einen dementsprechenden gerechten Lebenswandel zu führen.

Diesem zweiten Irrtum bringt Johannes energischen Widerstand entgegen.

- „Wer sagt: Ich kenne ihn, und hält seine Gebote nicht, der ist ein Lügner, und in dem ist die Wahrheit nicht" (2,4).
- „Kinder, laßt euch von niemandem verführen! Wer recht tut, der ist gerecht, wie auch jener gerecht ist" (3,7).
- „Folge nicht dem Bösen nach, sondern dem Guten. Wer Gutes tut, der ist von Gott; wer Böses tut, der hat Gott nicht gesehen" (3. Johannes 11).
- „Wenn wir sagen, wir haben keine Sünde, so betrügen wir uns selbst, und die Wahrheit ist nicht in uns" (1,8).

Deshalb muß sich ein Gotteskind „reinigen, wie auch jener rein ist" (3,3). In diesem Punkt bleibt Johannes kompromißlos:

- „Wer Sünde tut, der ist vom Teufel; denn der Teufel sündigt von Anfang an. Dazu ist erschienen der Sohn Gottes, daß er die Werke des Teufels zerstöre. Wer aus Gott geboren ist, der tut keine Sünde; denn Gottes Kinder bleiben in ihm und können nicht sündigen; denn sie sind von Gott geboren“ (3,8 f.).

Johannes möchte hier nicht etwa zu verstehen geben, daß Christen überhaupt nicht sündigen können, denn er hat bereits 2,1 Vergebung versprochen für den Fall, daß jemand sündigt. Er zeigt vielmehr, daß ein Beharren in der Sünde für jemanden, der von neuem geboren ist, völlig unpassend ist. In dieser Akzentsetzung weiß sich Johannes eins mit seinem Meister Jesus, der den unmoralischen Lebenswandel der Samaritanerin am Brunnen bloßstellte (Johannes 4,16-18), dem gerechten Nikodemus sagte, daß er einer Wiedergeburt bedurfte (3,1-15), den Gelähmten aufforderte, hinfort nicht mehr zu sündigen (5,14), den Pharisäern ins Gesicht sagte, daß sie nichts als Sklaven der Sünde seien (8,34), seine Jünger ermahnte, seine Gebote zu halten (14,15.21-24; 15,14), und den Vater bat, die Seinen zu bewahren und zu heiligen (17,17): Dieser Jesus war der Heilige Gottes, der Wahrheit und Reinheit verlangte. „Kinder, hütet euch vor den Abgöttern“ (1. Johannes 5,21) – dies ist das letzte Wort des Johannes an die Christen.

3. Geistliche Überheblichkeit

Der dritte vom Apostel verurteilte Aspekt des Lehrgebäudes der Häretiker war ihre überhebliche Einstellung anderen gegenüber. Es waren religiöse Besserwisser, die behaupteten, eine besondere Offenbarung empfangen zu haben (4,1-3). Sie waren in ihren eigenen Augen besonders „geistlich“, eine erleuchtete Aristokratie, eine fromme Elite. Sie verachteten die anderen.

Johannes widerspricht ihnen kategorisch. An die ganze Gemeinde schreibt er: „Ihr habt die Salbung von dem, der heilig ist, und habt alle das Wissen. [. . .] Die Salbung, die ihr von ihm empfangen habt, bleibt in euch, und ihr habt nicht nötig, daß euch jemand lehrt“ (2,20.27). Es gibt keine besondere Offenbarung für Eingeweihte. Die apostolische Lehre – und die tiefe, vom Geist gewirkte Überzeugung, daß sie der Wahrheit entspricht – ist Grundbesitz der ganzen Kirche.

Außerdem sollen Mitglieder der Kirche einander lieben. Sie sind Brüder und Schwestern. Es war die letzte Bitte des Herrn, daß seine Jünger eins sein möchten (Johannes 17,20-23). Deshalb kann sich niemand „im Licht“ befinden, wenn er seinen Bruder haßt (1. Johannes 2,9-11). Wir sollen vielmehr bereit sein, dem Beispiel Jesu zu folgen und „unser Leben für die Brüder [zu] lassen“ (3,16). Liebe dieser Art ist absolut unverzichtbar: „Wer nicht liebt, der kennt Gott nicht; denn Gott ist die Liebe“ (4,8).

Diese Liebe leugnen die Häretiker. Indem sie sich von der Gemeinschaft mit dem Rest der Kirche abschnitten, haben sie ihr wahres Gesicht gezeigt: „Sie sind von uns ausgegangen, aber sie waren nicht von uns. Denn wenn sie von uns gewesen wären, so wären sie ja bei uns geblieben; aber es sollte offenbar werden, daß sie nicht alle von uns sind“ (2,19). Sie können nicht behaupten, Gott zu lieben, und gleichzeitig die Kinder Gottes hassen (4,20 f.).

Aus dem dreifachen Irrtum der Häretiker entwickelt Johannes einen dreifachen Maßstab echten christlichen Glaubens. Er untergräbt die falsche Gewißheit unechter Christen und stützt zugleich die angemessene Gewißheit echter Christen. Johannes unterscheidet wie Jakobus zwischen dem, was Menschen von sich behaupten, und dem, was sie in Wirklichkeit sind. Häufig leitet er ein Kriterium der Heilsgewißheit mit einer besonderen Wendung ein: „Daran sollt ihr [bzw. sollen wir] erkennen . . .“ – und seine Kriterien beziehen sich eindeutig auf die Irrtümer der Häretiker:

- „Daran sollt ihr den Geist Gottes erkennen: Ein jeder Geist, der bekennt, daß Jesus Christus in das Fleisch gekommen ist, der ist von Gott“ (4,2). Dies ist der *christologische* Maßstab.

- „Daran wird offenbar, welche die Kinder Gottes und welche die Kinder des Teufels sind: Wer nicht recht tut, der ist nicht von Gott" (3,10). Dies ist der *ethische* Maßstab.
- „Wir wissen, daß wir aus dem Tod in das Leben gekommen sind; denn wir lieben die Brüder" (3,14). „Und daran erkennen wir, daß er in uns bleibt: an dem Geist, den er uns gegeben hat" (3,24). Dies ist der *geistliche* Maßstab.

Johannes stellt die gleichen Kriterien auch unter negativem Vorzeichen auf:

- „Wer ist ein Lügner, wenn nicht der, der leugnet, daß Jesus der Christus ist?"
- „Wenn wir sagen, daß wir Gemeinschaft mit ihm haben, und wandeln in der Finsternis, so lügen wir" (1,6).
- „Wenn jemand spricht: Ich liebe Gott, und haßt seinen Bruder, der ist ein Lügner" (4,20).

Das sind die drei Beweise echten Christentums. Johannes bündelt sie am Anfang seines fünften Kapitels:

- „Jeder, der glaubt, daß Jesus der Christus ist, ist aus Gott geboren, und jeder, der den Vater liebt, liebt auch dessen Kind. Daran erkennen wir, daß wir die Kinder Gottes lieben: indem wir Gott lieben und seine Gebote befolgen" (5,1 f. nach der New International Version). Die Merkmale eines echten Christen sind rechter Glaube, williger Gehorsam und brüderliche Liebe. Christen, die diese Merkmale nicht aufweisen, sind unecht. Sie können unmöglich von neuem geboren sein, denn wer „aus Gott geboren" ist, glaubt (5,1), gehorcht (3,9) und liebt (4,7).

Die Sprache der Johannesbriefe ist einfach, ihre Botschaft hingegen tiefgründig. So schrieb Martin Luther über den ersten Johannesbrief: „Ich habe noch nie ein Buch gelesen, das in einfacheren Worten geschrieben ist als dieses, doch sind diese Worte unaussprechlich." In ihnen faßt Johannes das Wesentliche eines ganzen Lebens in der Jüngerschaft zusammen, indem er die Wahrheit und die Entscheidung beschreibt, von der unsere ganze Existenz abhängt: „Gott hat uns das ewige Leben gegeben, und dieses Leben ist in seinem Sohn. Wer den Sohn hat, der hat das Leben; wer den Sohn Gottes nicht hat, der hat das Leben nicht" (5,11 f.).

Vertiefende Lektüre in Auswahl:

Charles K. Barrett, *Das Johannesevangelium.* Einführung und Kommentar, Göttingen 1991.

Werner de Boor, *Das Evangelium des Johannes,* 2 Bde., Wuppertal 1994.

Werner de Boor, *Die Briefe des Johannes,* Wuppertal 1994.

Adolf Schlatter, *Der Evangelist Johannes,* Stuttgart 1930.

Merrill C. Tenney, *Johannes. Das Evangelium des Glaubens,* Brüssel 1979.

Die Botschaft des Paulus

Ich bin mit Christus gekreuzigt. Ich lebe, doch nun nicht ich, sondern Christus lebt in mir. Denn was ich jetzt lebe im Fleisch, das lebe ich im Glauben an den Sohn Gottes, der mich geliebt hat und sich selbst für mich dahingegeben. (Galater 2,19 f.)

Die dreizehn Paulus zugeschriebenen Briefe umfassen zusammen fast genau ein Viertel des Neuen Testaments. Zudem könnte Paulus zu Recht von sich behaupten, der einflußreichste von allen neutestamentlichen Verfassern im gesamten Verlauf der Kirchengeschichte zu sein. So war es beispielsweise die paulinische Theologie, die im sechzehnten Jahrhundert zur Reformation führte, jene theologische Revolution, die die römisch-katholische Kirche erschütterte und zur Gründung der evangelischen Kirchen führte.

Von Paulus wissen wir mehr als über jeden anderen neutestamentlichen Verfasser. Lukas widmet mehr als die Hälfte seiner Apostelgeschichte einem Bericht über das missionarische Wirken des Paulus; wir erfahren ebenfalls viel über Paulus aus seinen Briefen.

Der Mensch Paulus

Paulus wurde in Tarsus geboren, der Hauptstadt Ziliziens, an der Südküste der heutigen Türkei (Apostelgeschichte 9,11; 21,39; 22,3). Er selbst bezeichnet Tarsus als eine „nicht unberühmte Stadt“ (Apostelgeschichte 21,39 rev. Elberfelder Übers.). Es handelte sich um ein bedeutendes Wirtschaftszentrum, dessen Universität denen von Athen und Alexandrien an Bedeutung nicht nachstand. Wahrscheinlich hat Paulus allerdings nie an dieser Universität studiert, denn er erhielt seine Ausbildung vor allem in Jerusalem (Apostelgeschichte 22,3). Dennoch hat ihn offensichtlich die hellenistische Atmosphäre und Kultur der Stadt Tarsus beeinflußt. Er sprach und schrieb fließend Griechisch und zitiert aus den Werken mindestens dreier griechischer Dichter: Aratus (Apostelgeschichte 17,28), Menander (1. Korinther 15,33) und Epimenides (Titus 1,12). Er war mit der hellenistischen Kultur bestens vertraut, und dieser Hintergrund machte ihn für seine Laufbahn als Missionar besonders geeignet.

Paulus war von Geburt an römischer Staatsbürger (Apostelgeschichte 22,28), eine recht seltene Ehre, die darauf schließen läßt, daß er aus einer der führenden Familien von Tarsus stammte. Wahrscheinlich hatte sein Vater oder Großvater das Bürgerrecht als Auszeichnung für der Stadt geleistete Dienste erhalten. Dies kann die Erklärung dafür sein, daß er neben seinem hebräischen

Namen Saul auch den lateinischen Namen Paulus führte (Apostelgeschichte 13,9).

Als junger Mann verwendete er lieber den Namen Saul. Seine Familie mag zwar fest in der hellenistischen Kultur verankert gewesen sein, doch war es die Religion seiner Väter, die das Herz des jungen Saul gewann und seine ganze Hingabe beanspruchte. Allerdings fesselte ihn eine bestimmte Sonderform dieser Religion. „Ich bin ein Pharisäer!", lautete sein leidenschaftliches Bekenntnis (Apostelgeschichte 23,6; vgl. Philipper 3,5).

Es handelte sich beim Pharisäertum um eine klar abgegrenzte Bewegung innerhalb des Judentums, die auf striktem Gehorsam dem Gesetz gegenüber sowie auf der gewissenhaften Einhaltung der Feste und weiterer mit dem Jerusalemer Tempel verbundener Riten bestand. Aus diesem Grunde war das Pharisäertum in Judäa stark; anderenorts waren Pharisäer eher selten. Dennoch geriet Paulus irgendwie unter den Einfluß dieser Bewegung und zog als junger Mann nach Jerusalem, um dort zu Füßen eines der Meister des Pharisäertums, Gamaliels des Ersten, zu studieren (Apostelgeschichte 22,3). Gamaliel war ein Enkel des berühmten Rabbiners Hillel, den die ganze Bewegung hoch verehrte.

Der junge Saul aus Tarsus widmete sich eifrig der Aufgabe, die Bestimmungen und Überlieferungen des Pharisäertums auswendig zu lernen und zu befolgen. Er wurde, wie er selbst sagt, „sorgfältig unterwiesen im väterlichen Gesetz" (Apostelgeschichte 22,3) und „übertraf im Judentum viele meiner Altersgenossen in meinem Volk weit und eiferte über die Maßen für die Satzungen der Väter" (Galater 1,14). Später behauptete er sogar, was die Befolgung des Gesetzes anbelangte, „untadelig" gewesen zu sein (Philipper 3,6). Der besondere Beweis seiner Leidenschaft für den Glauben seiner Väter war seine grausame Verfolgung der christlichen Gemeinde (Apostelgeschichte 9,1 f.; 22,4 f.; Galater 1,13; Philipper 3,6; 1. Timotheus 1,13).

Warum hat Paulus die Christen verfolgt?

Warum nahm dieser junge Pharisäer Anstoß am Evangelium? Petrus erklärt zum Schluß seiner Pfingstpredigt: „Gott hat diesen Jesus, den ihr gekreuzigt habt, zum Herrn und Christus gemacht" (Apostelgeschichte 2,36). Wahrscheinlich war es diese Verknüpfung der Kreuzigung mit dem Messiasamt, die Paulus erregte. 5. Mose 21,23 heißt es: „Ein Aufgehängter ist verflucht bei Gott." Die Tatsache der Kreuzigung machte das, was die Christen behaupteten, unmöglich. Und dennoch schien diesen Christen gerade das Kreuz von entscheidender Bedeutung!

Wir besitzen zwei Hinweise darauf, daß 5. Mose 21,23 ein mögliches Motiv war für den Haß, den Paulus den Christen entgegenbrachte.

1. Einhundert Jahre später wurde genau dieses Argument gegen den christlichen Glauben ins Feld geführt, und zwar von dem Juden Trypho in seinem bekannten Dialog mit dem christlichen Apologeten Justin. Trypho argumentiert wie folgt: „Wir bezweifeln, daß der Messias auf diese entehrende Weise hätte gekreuzigt werden können. Denn im Gesetz steht, daß ein Gekreuzigter verflucht ist. Was diesen Punkt betrifft, wirst du mich nicht überzeugen können." Justin versucht es trotzdem: „Eigentlich bestärkt dieser Spruch unsere Hoffung auf den gekreuzigten Messias. Er wurde nicht von Gott verflucht, sondern Gott sah vielmehr die Flüche voraus, mit denen du und deinesgleichen ihn überhäufen würden!" (Justin, *Dialog mit Trypho* 89,2; 96,1).

2. Paulus selbst verwendet diesen Vers in seinem Brief an die Galater und deutet somit auf den gedanklichen Umbruch hin, der sich in ihm vollzogen hatte: „Christus aber hat uns erlöst von dem Fluch des Gesetzes, da er zum Fluch wurde für uns; denn es steht geschrieben: ‚Verflucht ist jeder, der am Holz hängt'" (Galater 3,13). Paulus erkannte, daß Jesus nicht persönlich von Gott verflucht wurde, sondern stellvertretend den Fluch auf sich nahm, den wir verdient hatten, damit wir nicht mehr davon getroffen würden. Paulus tat einen tieferen Blick in die Bedeutung von 5. Mose 21,23 aus christlicher Sicht, als Justin es vermochte.

Die Bekehrung des Saul auf der Straße nach Damaskus fand plötzlich und unter dramatischen Umständen statt. Seine Bereitschaft, wegen Ausrottung sämtlicher Anhänger dieses widerlichen „Weges" (Apostelgeschichte 9,2) eine lange Reise zu unternehmen, macht seinen Eifer recht deutlich. Doch plötzlich leuchtete vom Himmel her ein blendendes, gleißendes Licht, eine unsichtbare Hand schlug ihn zu Boden und „ergriff" ihn (Philipper 3,12), eine Stimme rief ihn mit Namen, und er sah Jesus. Es steht außer allem Zweifel, daß es sich dabei um eine objektive „himmlische Erscheinung" des auferstandenen Jesus handelte (Apostelgeschichte 26,19). Dies war keine Halluzination. Paulus duldet hier keine Mißverständnisse; es war die letzte Erscheinung des Auferstandenen: „Zuletzt von allen ist er auch von mir als einer unzeitigen Geburt gesehen worden" (1. Korinther 15,8). Drei Tage später predigte Paulus bereits in den Synagogen von Damaskus, daß „Jesus der Sohn Gottes" ist (Apostelgeschichte 9,20).

Einige Ausleger vertreten die Ansicht, die Gewalt, mit der Paulus die Christen verfolgte, sei einem Versuch gleichgekommen, die Zweifel zu unterdrücken, die ihn bereits auf seinen Sinneswandel vorbereiteten. Welchen Eindruck wird auf Saul der Anblick des Stephanus hinterlassen haben, der für seine Mörder betete, während sie ihn zu Tode steinigten, und er den „Herrn Jesus" bat, seinen Geist aufzunehmen (Apostelgeschichte 7,59 f.)? Was war das für ein „Stachel", gegen den Paulus „löckte" (Apostelgeschichte 26,14)? Handelte es sich etwa um das beunruhigende Gefühl, die Christen könnten womöglich doch im Recht sein?

Andere Ausleger vertreten den Standpunkt, Römer 7,7-9 biete uns einen Einblick in die Geistesverfassung des Paulus zur Zeit seiner Bekehrung: „Denn ich wußte nichts von der Begierde, wenn das Gesetz nicht gesagt hätte: ‚Du sollst nicht begehren!' Die Sünde aber nahm das Gebot zum Anlaß und erregte in mir Begierden aller Art. [. . .] Ich lebte einst ohne das Gesetz; als aber das Gebot kam, wurde die Sünde lebendig, ich aber starb." Beschreibt er hier ein Überführtwerden, das seiner Bekehrung vorausging? Erkannte er während dieser Zeit, daß sein Gehorsam dem Gesetz gegenüber nicht so „untadelig" war, wie er sich eingebildet hatte?

Es ist *denkbar,* daß Paulus von Zweifeln heimgesucht wurde. Römer 7 ist jedoch ein schwieriges Kapitel, und es steht keineswegs fest, daß Paulus dort seine persönliche Erfahrung schildert. Sein unmittelbares Zeugnis bietet jedenfalls keinerlei Hinweise auf derartige Zweifel. Paulus schildert seine Bekehrung zweimal in der Apostelgeschichte und stellt sich dabei als standhaft in seinen Überzeugungen und grausam in seinem Verfolgungseifer dar. Ebenso läßt er an den beiden Stellen, wo er über seine eigene Bekehrung schreibt (Galater 1,13-16; Philipper 3,4-12), keinerlei Zweifel über seine Hingabe und seinen Stolz als „untadeliger" Pharisäer aufkommen. Wahrscheinlich traf ihn seine Erfahrung auf der Straße nach Damaskus wie ein Blitz aus heiterem Himmel.

Ob so oder so, es handelte sich bei der Bekehrung des Paulus um den großen Wendepunkt seines Lebens. Der koreanische Theologe Seyoon Kim hat in seinem Buch *The Origin of Paul's Gospel* (Tübingen: J. C. B. Mohr, 1981) die enge Verbindung zwischen dem Bekehrungserlebnis des Paulus und der Evangeliumsbotschaft hervorgehoben, die er für den Rest seines Lebens verkündigte. Dr. Kim vertritt die Ansicht, Paulus sei im Augenblick seiner Begegnung mit dem auferstandenen Christus nicht nur Christ geworden, sondern habe auch das empfangen, was er später als „mein Evangelium" bezeichnete (siehe z. B. Römer 2,16), sowie den Auftrag, es in aller Welt zu verkünden. Dies stimmt mit dem Zeugnis des Paulus Galater 1,11 f. überein: „Denn ich tue euch kund, liebe Brüder, daß das Evangelium, das von mir gepredigt ist, nicht von menschlicher Art ist. Denn ich habe es nicht von einem Menschen empfangen oder gelernt, sondern durch eine Offenbarung Jesu Christi." Hier bezieht sich Paulus zweifellos auf die Offenbarung Jesu, die er auf der Straße nach Damaskus empfing.

„Wider den Stachel löcken“

Die Apostelgeschichte enthält drei Berichte über die Bekehrung des Paulus: den Bericht des Lukas (9,1-19) sowie zwei Berichte, die auf Paulus selbst zurückgehen (22,4-16; 26,12-18). Im dritten Bericht werden die an Paulus gerichteten Worte Jesu ausführlicher wiedergegeben: „Saul, Saul, was verfolgst du mich? Es wird dir schwer sein, wider den Stachel zu löcken“ (Apostelgeschichte 26,14).
„Wider den Stachel löcken“ ist eine Redewendung, die uns von griechischen wie jüdischen Schriften her bekannt ist. Dahinter steht das Bild entweder eines Pferdes, das vergeblich versucht, sich gegen die Befehle seines Reiters zu wehren, oder eines widerspenstigen Ochsen, der beim Pflügen vergeblich gegen den Stachelstock seines Treibers ausschlägt. Aber was meint Jesus, wenn er diese Redensart auf Paulus bezieht? Es sind drei Auslegungen möglich:
1. Es kann der „Stachel“ der Erscheinung selbst gemeint sein. Paulus vermag nicht der überwältigenden Kraft und Herrlichkeit des Herrn, der ihm jetzt erschienen ist, zu widerstreben; er muß ihm gehorchen!
2. Der Ausdruck bezieht sich auf seine Verfolgung der christlichen Gemeinde. Paulus hat bisher wie ein widerspenstiger Ochse versucht, gegen seinen *wirklichen* Meister Jesus Christus auszuschlagen.
3. Es können aber auch Zweifel und Gewissensbisse gemeint sein, die Paulus bei seiner Verfolgung der jungen Christengemeinde unterdrückt hatte, die Christen seien möglicherweise doch im Recht. Vielleicht wurden diese Zweifel durch den Mut und die Liebe des Stephanus ausgelöst, der für die Menschen, die ihn zu Tode steinigten, betete (Apostelgeschichte 7,60). Obwohl Paulus nirgendwo derartige Zweifel auch nur andeutet, wäre es denkbar, daß der Herr den Finger auf eine Wunde gelegt hat, die tief im Herzen und Gewissen des Paulus verborgen war.

Wir können die Wahrheit dieser Annahme anhand einer Frage überprüfen: Was wird Paulus durch den Sinn gegangen sein, während er die drei Tage, bis Ananias kam und ihm die Hände auflegte, im Finstern betete und nachdachte? Die besonderen Akzente, die er in seinen Briefen setzte, werden bei der Rekonstruierung seiner Geistesverfassung behilflich sein:

1. Er erlebte einen Sinneswandel im Hinblick auf Jesus. Jesus war also doch trotz Kreuzigung der Messias. Menschen hatten ihn an einen Baum geheftet, Gott aber hatte ihn von den Toten auferweckt. Paulus scheute nicht davor zurück, Jesus mit „Herr“ anzureden. Er hatte erkannt; daß er von einer himmlischen Erscheinung heimgesucht worden war. Der auferstandene Jesus hatte aus der Herrlichkeit mit ihm geredet.

2. Er erlebte einen Sinneswandel im Hinblick auf das Gesetz. Das Gesetz hatte ihn dazu verleitet, den Messias zu verfolgen! Wie war das möglich? Vor allem in seinen Briefen an die Galater und an die Römer bietet Paulus Antworten auf die Fragen, mit denen er mit Sicherheit sofort nach seiner Bekehrung gerungen hatte. Er stellte sowohl seinen Lebensstil als Pharisäer als auch das dazugehörige Verständnis des Alten Testaments in Frage, und zwar so lange, bis er begriffen hatte, wie das Zeugnis der Schrift *für* Jesus und nicht *gegen* ihn sprach.

3. Er erlebte einen Sinneswandel im Hinblick auf das Heil. Dies ist die logische Konsequenz aus dem vorigen Punkt. Bisher hatte Paulus angenommen, das Heil sei unzertrennlich mit seinem Gehorsam als Pharisäer verbunden. Er meinte, sich aufgrund seines Eifers für „die Satzungen meiner Väter“ einen Platz im Reich Gottes gesichert zu haben. Es konnte jedoch im Reich Gottes keinen Raum geben für jemanden, der den Messias verfolgte! Das war die schlimmste Sünde, die man sich vorstellen konnte.

Dennoch hatte Gott ihm – statt ihn zu richten und zu verurteilen – seinen Sohn offenbart und einen besonderen Dienst anvertraut. Wie war das alles möglich? Paulus hatte seine Rechtfertigungslehre – die Botschaft, die ihn durch ganz Kleinasien und Griechenland reisen ließ und zuletzt auch nach Rom brachte – *erlebt.* Gott hatte ihn einfach angenommen und ihm seine Sünde vergeben, und das nicht, weil Paulus etwa im Tempel die richtigen Opfer dargebracht, sondern weil Jesus sein Leben an seiner Statt geopfert hatte.

4. Er erlebte einen Sinneswandel im Hinblick auf die Gemeinde. „Was verfolgst du *mich?*", fragte der auferstandene Jesus. Es ist sicher nicht wirklichkeitsfremd, in dieser Frage den Ursprung des paulinischen Gemeindeverständnisses zu vermuten. Der Herr und seine Gemeinde waren so eng miteinander verbunden, daß ein Angriff auf die Gemeinde einem Angriff auf den Herrn selbst gleichkam. Zuletzt galt die Gemeinde Paulus als „Leib Christi", der mit Jesus verbunden ist durch den Heiligen Geist, ja, der in ihr wohnt und sie beseelt. Wen wundert's, daß er sich lebenslang dafür schämte, daß er diese Christen verfolgte.

5. Er erlebte einen Sinneswandel im Hinblick auf die Heidenvölker. Es ist nicht genau festzustellen, wann Paulus den Auftrag erhielt, unter den Heiden zu missionieren. In einem der Berichte über die Bekehrung des Paulus sagt ihm Ananias, daß Gott ihn erwählt habe, „vor allen Menschen Zeuge [zu] sein von dem, was du gesehen und gehört hast", und kurz darauf empfängt Paulus im Tempel eine

Paulus fordert Timotheus auf, wenn er ihn im Gefängnis besucht, seine Schriftrollen und Pergamente mitzubringen (2. Timotheus 4,13). Paulus konnte beim Schreiben ein Tintenfaß wie das hier abgebildete benutzt haben, das aus römischer Zeit datiert und in Qumran aufgefunden wurde.

Vision, in der Gott ihn „in die Ferne zu den Heiden" schickt (Apostelgeschichte 22,15.21). In den anderen beiden Berichten ist es der auferstandene Jesus selbst, der ihn gleich bei der ersten Erscheinung auf der Straße nach Damaskus beauftragt, den Heiden das Evangelium zu predigen (Apostelgeschichte 26,16-18).

Es besteht diesbezüglich kein Widerspruch. Galater 1,15 f. erinnert sich Paulus an den Augenblick, „als es Gott wohlgefiel, der mich von meiner Mutter Leib an ausgesondert und durch seine Gnade berufen hat, daß er seinen Sohn offenbarte in mir, damit ich ihn durchs Evangelium verkündigen sollte unter den Heiden". Der Ruf zu den Heiden ist von seiner Bekehrung nicht zu trennen, denn wenn Gott Menschen ohne Gegenleistung annimmt und „gerecht spricht", wie er es gerade bei Paulus getan hatte, dann war dies ein Evangelium für die gesamte Menschheit. Jesus war ein Messias für die Welt, nicht nur für die Juden.

Bis dahin war der Pharisäer Saul von einer möglichst klaren Trennung zwischen Israel und den Heiden ausgegangen. Es war Heiden nur unter Schwierigkeiten möglich, zum Heil zu gelangen – dann nämlich, wenn sie die Beschneidung annahmen und „das Joch des Gesetzes" auf sich nahmen. Um errettet zu werden, mußten sie also zum Judentum konvertieren. Doch hatte Saul jetzt zweierlei dazugelernt. Zum einen wurde ihm die entsetzliche Wahrheit klar, daß ihn das Gesetz – wie er es bis dahin aufgefaßt – in die Irre geleitet hatte. Zum anderen wurde ihm unter Staunen bewußt, daß Gott ihn jetzt ohne Gegenleistung, aus lauter „Gnade" und ohne Rücksicht auf seinen Mißbrauch des Gesetzes, angenommen hatte. Diese beiden Erkenntnisse zusammenzubringen, bedeutete, den Unterschied zwischen Israel und den Heidenvölkern aufzuheben, denn: Gott ist „der Eine". Er wird aufgrund des Glaubens sowohl die Beschnittenen wie die Unbeschnittenen gerecht machen" (Römer 3,30 Einheitsübers.).

Dazu bedurfte es nur des Glaubens, der als Antwort auf die Erscheinung Jesu in seinem Herzen bereits geweckt würde. Wie konnte er sich diesem Auftrag verweigern? In Wirklichkeit wollte er gar nicht wider den Stachel löcken!

Paulus, der Briefschreiber

Ehe wir den Versuch unternehmen, die Botschaft des Paulus zusammenzufassen, ist es hilfreich, wenn wir uns zuvor einen Überblick über seine Laufbahn als Briefschreiber sowie über den Inhalt seiner Briefe verschaffen. Die auf Seite 93 abgedruckte Tabelle bietet eine weithin anerkannte Übersicht über das Leben des Paulus, obwohl hinzugefügt werden muß, daß viele Daten und die Reihenfolge der Briefe unter Theologen und Auslegern umstritten sind. Viele bestreiten insbesondere die Echtheit von 1. und 2. Timotheus und Titus, den sogenannten „Pastoralbriefen", und bezweifeln somit das mehrjährige Wirken des Paulus in Griechenland und Kleinasien, worauf diese Briefe schließen lassen. Dennoch setzen wir in der abgedruckten Tabelle die Echtheit dieser Briefe voraus.

Viele Theologen haben der Entwicklung des paulinischen Denkens zwischen den Briefen nachzuspüren versucht. Daß eine solche Entwicklung stattfand, brauchen wir nicht abzustreiten, doch müssen wir bedenken, 1. daß Paulus selbst, wie wir bereits gesehen haben, überzeugt war, auf der Straße nach Damaskus ein volles Evangelium empfangen zu haben; 2. daß sämtliche Paulusbriefe während der zweiten Hälfte seines Wirkens entstanden und nicht während der frühen Entwicklungsphase; und 3. daß seine Briefe einen jeweils konkreten Anlaß hatten, so daß ihr Inhalt sich nach den besonderen Bedürfnissen der Leser richtete. Es ist daher berechtigt, einen Überblick über die Theologie des Paulus zusammenzustellen, die aus allen Paulusbriefen schöpft.

Die Botschaft des Paulus

Bei der Botschaft des Paulus geht es, kurz gesagt, um die Erlösung durch die Gnade Gottes in Christus. „Gnade" ist ein Schlüsselbegriff in der Theologie des Paulus. Er taucht sechsundachtzigmal in seinen Schriften auf. Für Paulus bestand ein Gegensatz zwischen „Gnade" und „Gesetz" (siehe z. B. Römer 6,15 und 5,20; Galater 2,21). Dies entspricht seiner eigenen Erfahrung. Er führte zunächst selbst einen „gesetzlichen" Lebenswandel in der Überzeugung, daß Gott die peinlich genaue Einhaltung von Regeln verlangt, die sich auf jeden Aspekt des täglichen Lebens bezieht. Dann wurde ihm jedoch klar, daß er dadurch vom Wege Gottes abgekommen war und daß Gott selbst eingegriffen und ihn in Jesus Christus angenommen hatte. Dies geschah aus reiner „Gnade" – unverdienter Liebe und Vergebung, die Gott einem Lästerer und Verfolger des Christus erwies.

Die Gnade Gottes ist für Paulus nicht nur eine göttliche Haltung (Gott sieht den Menschen liebevoll an), sondern auch eine göttliche Handlung (Gott ergreift und befreit den Menschen durch Jesus). Diese Handlung wird in zwei Ereignissen deutlich sichtbar: in der Gabe Christi, in dem „erschienen [ist] die heilsame Gnade Gottes allen Menschen" (Titus 2,11), und in der Gabe des Heiligen Geistes, durch den die Gnade Gottes im Leben eines jeden Glaubenden zur Wirklichkeit wird. Paulus drückt dies Titus 3,5-7 folgendermaßen aus: „Er machte uns selig [...] durch das Bad der Wiedergeburt und Erneuerung im Heiligen Geist, den er über uns reichlich ausgegossen hat durch Jesus Christus, unsern Heiland, damit wir, durch dessen Gnade gerecht geworden, Erben des ewigen Lebens würden nach unsrer Hoffnung."

Um diese Botschaft von der Gnade Gottes zu erfassen, können wir uns vier großer theologischer Ausdrücke bedienen, die auch Paulus verwendete.

1. Rechtfertigung – Gott versetzt uns in eine rechte Beziehung zu sich selbst

Um dieses grundsätzliche Thema geht es in den Briefen an die Galater und an die Römer. „Gerechtfertigt" (oder „gerecht gesprochen") zu werden, bedeutet, daß man entweder von einem menschlichen Gericht oder von Gott, dem Richter aller Menschen, freigesprochen oder entlastet wird. Der Ausdruck kommt bereits im Alten Testament vor, wo den Richtern befohlen wird, „den, der im Recht ist, gerecht [zu] sprechen und den Schuldigen schuldig [zu] sprechen" (5. Mose 25,1). Gott bezeugt von sich selbst: „Ich lasse den Schuldigen nicht Recht haben", das heißt: Ich spreche ihn nicht frei (2. Mose 23,7).

Das bereitete Paulus vor seiner Bekehrung keine Schwierigkeiten. Als Pharisäer glaubte er, es sei niemals notwendig, vor Gott schuldig zu sein, weil Gott im Gesetz detaillierte Anweisungen gegeben hat, deren Befolgung den Menschen vor der Sünde bewahren könne. Darunter seien auch Anweisungen, wie man für gelegentlich vorkommende Sünden Sühne leisten kann. Doch jetzt, als Christ, überrascht Paulus seine Leser, indem er Gott als den beschreibt, „der die Gottlosen gerecht spricht" (Römer 4,5). Das war ja seine eigene Erfahrung. Es scheint damit jedoch dem Alten Testament zu widersprechen. Wie ist dies zu erklären?

Dieses Problem erhellen der Römer- und der Galaterbrief. Dort führt Paulus einen Vers aus den Psalmen an, den er als Pharisäer möglicherweise übersehen hatte: „Geh nicht ins Gericht mit deinem Knecht, denn vor dir ist kein Lebendiger gerecht" (Psalm 143,2; Römer 3,20; Galater 2,16). Im Römerbrief steht das Zitat am Ende eines langen Abschnitts (Römer 1,18 – 3,20), in dem Paulus den Nachweis erbringt, daß die gesamte Menschheit, Juden wie Heiden, „unter der Sünde" ist (Römer 3,9). So weit hat seine Einschätzung der Kraft des Gesetzes nachgelassen! Das Gesetz erreicht nur, daß es uns „vor Gott schuldig" macht und

Ungef. Datum	Ereignisse im Leben des Paulus	Briefe	Wichtigste Aussage
5	Geburt in Tarsus		
35	Bekehrung auf der Straße nach Damaskus		
35–38	Wirken in Arabien und Damaskus (Galater 1,17)		
38	Erster Besuch in Jerusalem nach seiner Bekehrung (Apostelgeschichte 9,26; Galater 1,18)		
38–43	Wirken in Syrien und zu Hause in Tarsus (Apostelgeschichte 11,25; Galater 1,21)		
43–46	Wirken in Antiochien zusammen mit Barnabas. Reise nach Jerusalem (Apostelgeschichte 11,26; 12)		
47–49	Erste Missionsreise, danach Apostelkonzil in Jerusalem (Apostelgeschichte 13 – 15)		
50	Nach der ersten Missionsreise verfaßt	Galater	Christus der Befreier: Freiheit vom Gesetz
50–52	Während der zweiten Missionsreise wahrscheinlich in Korinth (Apostelgeschichte 18,11)	1. u 2. Thessalonicher	Christus der kommende Richter
52–55	Während der dritten Missionsreise in Ephesus verfaßt (Apostelgeschichte 19,8 ff.)	1. u 2. Korinther	Christus der Gesetzgeber der Gemeinde, die sein Leib ist
55–56	In Korinth verfaßt (Apostelgeschichte 20,3)	Römer	Christus der Heilsweg Gottes für Juden und Heiden gleichermaßen
56	Reise nach Jerusalem; Verhaftung (Apostelgeschichte 21,27 ff.)		
56–59	Gefangenschaft in Cäsarea; Reise nach Rom (Apostelgeschichte 24–28)		
59–61	Wirken und Gefangenschaft in Rom (Apostelgeschichte 28,30 f.)	Epheser Philipper Kolosser Philemon	Christus der Herr des Alls und der Gemeinde (Epheser, Kolosser); Christus, der im Leid Freude schenkt (Philipper)
61	Befreiung aus der Gefangenschaft (Philipper 1,25; Philemon 22)		
61–65	Wirken in Kleinasien und Griechenland	1. Timotheus Titus	Leben und Dienst innerhalb der Gemeinde Christi
65	Erneute Verhaftung; Prozeß und Märtyrertod in Rom	2. Timotheus	Den Glauben durch Wort und Vorbild schützen

„Erkenntnis der Sünde" schenkt (Römer 3,19 f.). Damit bewirkt es, daß wir „unter dem Fluch" stehen (Galater 3,10). Wenn Gott uns rechtfertigen will, kann das nur dadurch geschehen, uns als „Gottlose gerecht zu sprechen"; es gibt keine andere Alternative.

Und dies ist möglich – um Jesu willen. Galater 2,17 schreibt Paulus: „... wir suchen durch Christus gerecht zu werden." Dieser Ausdruck „durch [oder: in] Christus" kommt in den Paulusbriefen recht häufig vor und bedeutet: mit Christus vereint, unzertrennlich mit ihm verbunden zu sein. Gottlose können „in Christus" gerechtfertigt werden – jedoch nicht nur, weil sie „unzertrennlich" mit dem sündlosen Sohn Gottes „verbunden" und deshalb in seine Sündlosigkeit eingeschlossen sind. Die Theologie des Paulus ist tiefgründiger. Er erkennt eine Art Austausch zwischen uns und Jesus: Gott „hat den, der von keiner Sünde wußte, für uns zur Sünde gemacht, damit wir in ihm die Gerechtigkeit würden, die vor Gott gilt" (2. Korinther 5,21).

An dieser Stelle spielt das Kreuz eine entscheidende Rolle. Am Kreuz wurde Jesus für uns „zur Sünde gemacht". Diesen Ausdruck könnte man übersetzen mit: „zum Sündopfer gemacht", was dem Gedankengang des Apostels eher entspräche. Er äußert sich Galater 3,13 ähnlich: „Christus aber hat uns erlöst von dem Fluch des Gesetzes, da er zum Fluch wurde für uns; denn es steht geschrieben: ‚Verflucht ist jeder, der am Holz hängt.'" Er wurde für uns zur Sünde und zum Fluch, damit wir von beiden befreit würden.

Fragen wir Paulus: Woher kommt es, daß der Tod Jesu ihn in die Lage versetzt, für uns den Fluch zu tragen und zur Sünde zu werden? Er antwortet: Weil der Tod der „Fluch des Gesetzes" und „der Sünde Sold" ist (Römer 6,23). Letzten Endes ist der Tod die von der Sünde verursachte Trennung von Gott. Diesen Tod starb Christus für uns. Er starb unseren Tod. Sind wir mit Christus vereint, trifft die Aussage: „Ich bin in Jesus gestorben" ebenso zu wie die Aussage: „Er ist für mich gestorben." Da Christus meinen Tod starb und ich in ihm bin, sieht mich Gott an, als wäre ich selbst gestorben. Da ich mit Christus gestorben und auferstanden bin, sind die Forderungen des Gesetzes erfüllt, und ich bin frei. Lassen wir Paulus für sich selber sprechen:

- „Ich bin mit Christus gekreuzigt. Ich lebe, doch nun nicht ich, sondern Christus lebt in mir. Denn was ich jetzt lebe im Fleisch, das lebe ich im Glauben an den Sohn Gottes, der mich geliebt hat und sich selbst für mich dahingegeben" (Galater 2,19 f.).
- „Welcher ist um unsrer Sünden willen dahingegeben und um unsrer Rechtfertigung willen auferweckt" (Römer 4,25).
- „Die Liebe Christi drängt uns, zumal wir überzeugt sind, daß, wenn einer für alle gestorben ist, so sind sie alle gestorben. Und er ist darum für alle gestorben, damit, die da leben, hinfort nicht sich selbst leben, sondern dem, der für sie gestorben und auferstanden ist" (2. Korinther 5,14 f.).
- „Denn was er gestorben ist, das ist er der Sünde gestorben ein für allemal; was er aber lebt, das lebt er Gott. So auch ihr, haltet dafür, daß ihr der Sünde gestorben seid und lebt Gott in Christus Jesus" (Römer 6,10 f.).

Die paulinische Rechtfertigungslehre wurde von anderen Judenchristen angegriffen. Paulus mußte auf drei kritische Einwände antworten, die sich allesamt aus dem Argument des Römerbriefs erschließen lassen:

A. Wenn uns das Heil aus lauter Gnade durch den Glauben an Christus zukommt, welchen Sinn macht da noch das Gesetz? Viele Landsleute des Paulus reagierten ebenso, wie er selbst es vor seiner Bekehrung getan hätte. Als er gegen Ende seiner dritten Missionsreise in Jerusalem ankam, sah er sich „Tausenden" von Judenchristen gegenüber, die ihn mit größtem Mißtrauen begegneten. Jakobus beschrieb sie folgendermaßen: „Ihnen ist berichtet worden über dich, daß du

Die Vereinigung mit Christus und die Rolle der Taufe

„Wißt ihr nicht, daß alle, die wir auf Christus Jesus getauft sind, die sind in seinen Tod getauft? So sind wir ja mit ihm begraben durch die Taufe in den Tod, damit, wie Christus auferweckt ist von den Toten durch die Herrlichkeit des Vaters, auch wir in einem neuen Leben wandeln" (Römer 6,3 f.; vgl. Galater 3,26 f.; Kolosser 2,12).
In welchem Sinne verwendet Paulus hier das Wörtchen „durch"? Einige Ausleger meinen, Paulus habe der Taufe eine überaus bedeutende Rolle beigemessen; sie sei das Mittel der Vereinigung mit Christus in seinem Tod und seiner Auferstehung. Es wäre jedoch genauer, sie als das Zeichen und vielleicht auch als den Anlaß dieser rettenden Vereinigung mit Christus zu bezeichnen, aber nicht als das „Mittel". Dies wird deutlich aus dem Vergleich, den Paulus Kolosser 2,11 f. zwischen der Taufe und der Beschneidung kennzeichnet. Seiner Ansicht nach wirken beide auf die gleiche Weise. Die Beschneidung definiert er aber an anderer Stelle als ein „Zeichen [oder] Siegel der Gerechtigkeit, die Abraham durch den Glauben empfing, als er noch unbeschnitten war" (Römer 4,11 nach der New International Version). Abraham empfing als erstes die Rechtfertigung aus dem Glauben, dann erst die Beschneidung dafür als Zeichen und Siegel. Ebenso werden wir durch den Glauben mit Christus vereint und gerecht gesprochen, dann empfangen wir die Taufe als das von Gott geschenkte Zeichen und Siegel unserer Rechtfertigung, das uns die Gewißheit vermittelt, wirklich in den Genuß dieses Segens gekommen zu sein.
In der berühmten Geschichte mit dem Tintenfaß blieb Martin Luther dem paulinischen Taufverständnis treu. Während Luther eines Tages an seinem Schreibtisch arbeitete, empfand er starke Zweifel an seiner Rechtfertigung. Er erkannte die Quelle dieser Anfechtung, packte sein Tintenfaß und schleuderte es nach dem Teufel mit den Worten: *„Baptizatus sum!"* – „Ich bin getauft!"

alle Juden, die unter den Heiden wohnen, den Abfall von Mose lehrst und sagst, sie sollen ihre Kinder nicht beschneiden und auch nicht nach den Ordnungen leben" (Apostelgeschichte 21,21). Dieser Bericht war natürlich übertrieben. Paulus hatte nichts dagegen, wenn Juden weiterhin das Gesetz befolgten (Römer 14,3 f.). Dennoch glaubte er mit Sicherheit, daß die Befolgung des Gesetzes niemanden erretten kann – für damalige Verhältnisse ein radikaler Standpunkt!

Mit dieser Frage ringt Paulus besonders Römer 7,7-14 und Galater 3,19-29. Er hat bereits die kühne Frage gestellt: „Wie? Heben wir denn das Gesetz auf durch den Glauben?" und ebenso entschlossen geantwortet: „Das sei ferne! Sondern wir richten das Gesetz auf" (Römer 3,31). Im Galaterbrief rechtfertigt er diese Feststellung von zwei Bildern: „Ehe der Glaube kam, waren wir unter dem Gesetz verwahrt und verschlossen auf den Glauben hin, der dann offenbart werden sollte. So ist das Gesetz unser Zuchtmeister gewesen auf Christus hin, damit wir durch den Glauben gerecht würden" (Galater 3,23 f.).

Hier vergleicht Paulus das Gesetz zunächst mit einem Wachmann, dann mit einem Führer (Luther: „Zuchtmeister"). Das Gesetz konnte niemanden erretten, doch vermochte es die Menschen so lange in „Schutzhaft" zu nehmen, bis sie das Evangelium hören und auf die Botschaft eingehen konnten. Und es vermochte die Menschen zu Christus zu führen, indem es ihnen zeigte, wie er die alttestamentlichen Erwartungen erfüllt und genau das erreicht, was das Gesetz selbst nicht erreichen konnte. In einer seiner in der Apostelgeschichte überlieferten Predigten drückt sich Paulus folgendermaßen aus: „In all dem, worin ihr durch das Gesetz des Mose nicht gerecht werden konntet, ist der gerecht gemacht, der an ihn [Christus] glaubt" (Apostelgeschichte 13,38 f.).

B. Wenn uns das Heil aus lauter Gnade durch den Glauben zukommt, „was haben dann die Juden für einen Vorzug?" (Römer 3,1). Paulus erweckte den Eindruck, den besonderen Status Israels als des erwählten Gottesvolkes, mit dem Gott den „Bund" geschlossen und dem gegenüber er sich für immer verpflichtet hatte (siehe z. B. 1. Mose 17,7), zu untergraben.

Römer 9 – 11: Gottes Plan für Israel

Es gehört zum eisernen Bestand der paulinischen Rechtfertigungslehre, daß es für alle Menschen nur *einen* Heilsweg gibt, den Weg des Glaubens an Jesus Christus. Deshalb müssen Heiden nicht zum Judentum konvertieren, um errettet zu werden. Vielmehr müssen Juden wie Heiden ihre bisherige Religion aufgeben und Christen werden. Diese Feststellung hat viele Judenchristen empört. Sie waren überzeugt: Aufgrund der besonderen Stellung Israels im Bund Gottes müßten Heiden, die zu Jüngern des jüdischen Messias werden wollten, zum Judentum übertreten. Sie warfen Paulus vor: Du leugnest den Bund Gottes mit Israel, denn du sagst: „Es ist hier kein Unterschied zwischen Juden und Griechen [Heiden]; es ist über alle derselbe Herr, reich für alle, die ihn anrufen" (Römer 10,12). Römer 9 bis 11 geht Paulus auf diesen Vorwurf ein.

Paulus leitet seine Ausführungen damit ein, daß er die These bejaht, die er nach Meinung seiner Gegner geleugnet hatte. Israel ist sehr wohl noch rechtmäßiger Träger der ihm von Gott gewährten Privilegien (9,3-5); das Israel gegebene Wort Gottes kann nicht hinfällig werden (9,6). Paulus hat jedoch Wichtiges zu sagen über die Art und Weise, wie Gott seine Verheißungen an Israel einlösen wird:

A. Daß Gott sein Wort an Israel erfüllt, schließt ein, daß er die Juden aufgrund ihrer Sünde und Rebellion richtet. Gott hat ihnen niemals pauschale Heilsverheißungen zukommen lassen (9,27-29; 11,8-10).

B. Daß Gott sein Wort an Israel erfüllt, bedeutet nicht, daß er verpflichtet ist, jeden einzelnen Juden zu erretten. Daß die Juden von Abraham abstammen, garantiert ihnen nicht automatisch einen Platz im Himmel. Gott trifft eine weitere Auswahl (9,6-13). Es wird zwar „ganz Israel errettet werden" (11,26); ob jedoch der einzelne Jude dazu gehört oder nicht, hängt davon ab, wie er auf das Evangelium reagiert.

C. Daß Gott sein Wort an Israel erfüllt, schließt sein Verlangen nicht aus, die Heiden zu erretten. Im Gegenteil, es gehört beides zusammen – erstens, weil Gott in den heiligen Schriften Israels verspricht, die Heidenvölker zu segnen (9,25; 10,13.20); und zweitens, weil eine der Gründungsurkunden des Volkes Israel, das berühmte Lied des Mose (5. Mose 32), Israel ausdrücklich warnt: Fällt es in Sünde, wird Gott als Reaktion darauf seinen Segen über andere Völker ausgießen (10,19; 11,11-14). Genau das aber ist durch das Wirken des Paulus geschehen.

D. Daß Gott sein Wort an Israel erfüllt, bedeutet nicht, daß er das unter den Juden gängige Verständnis des Gesetzes teilt. Die Juden weisen großen Eifer für das Gesetz auf, haben es aber in Wirklichkeit mißverstanden. Sie haben insbesondere nicht erkannt, daß das Gesetz im christlichen Glauben zur Erfüllung gelangt, weil gläubige Christen, Juden wie Heiden, die Herzenserneuerung erleben, die das Gesetz – meist vergeblich – forderte (10,1-13).

E. Gott erfüllt sein Wort an Israel aus der Gesamtperspektive der Menschheitsgeschichte. Zeitweise entsteht dabei der Eindruck, er habe Israel aufgegeben. Dieser Eindruck besteht gegenwärtig, sagt Paulus, weil „einem Teil Israels Verstockung widerfahren" ist (11,25). Doch gerade diese Verstockung hat nach dem Ratschluß Gottes zur Folge, daß das Evangelium den Heiden in aller Welt verkündigt wird. Am Ende wird Israel von neuem gewonnen werden, so daß auf dem wunderbaren Höhepunkt der Heilsgeschichte „alle Menschen" sich an der Barmherzigkeit erfreuen werden, die Gott ihnen in Christus erwiesen hat (11,25-32).

Paulus glaubte überzeugt, daß es jetzt nur *einen* Heilsweg gab für Juden und Heiden gleichermaßen – den Weg des Glaubens an Christus. Das drückt er im Epheserbrief folgendermaßen aus: Jesus „hat die Barriere, die Trennmauer der Feindschaft, zerstört, indem er in seinem Fleisch das Gesetz mit seinen Geboten und Satzungen abgeschafft hat" (Epheser 2,14 f. nach der New International Version). Bedeutet das, daß Gott damit die Verheißungen, die Israel zu Gottes besonderem Volk machten, für null und nichtig erklärt hat? Diese Frage und ihre Beantwortung bestimmen weite Teile des Römerbriefs. Offensichtlich empfand auch Paulus hier ein Problem.

Römer 3,2 f. besteht Paulus darauf, daß es vorteilhaft ist, ein Jude zu sein, und daß Israels Unglaube Gott nicht veranlassen wird, seine Verpflichtungen diesem Volk gegenüber zu vergessen. Das gleiche Thema greift er in Römer 9 bis 11 – drei anspruchsvollen Kapiteln mit streng logischer Beweisführung – noch einmal auf. Das beweiskräftige Argument des Paulus wird oben zusammengefaßt.

C. Wenn uns das Heil aus lauter Gnade durch den Glauben zukommt, können wir dann nach Lust und Laune weitersündigen? Diesen Einwand führt Paulus Römer 6,1 an. Anscheinend hat man ihn sogar bezichtigt, dies zu lehren: „Laßt uns Böses tun, damit Gutes daraus komme!“ (Römer 3,8). Die Judenchristen waren der Ansicht, die Ablehnung des Gesetzes durch Paulus müsse zwangsläufig zum Verfall jeglicher Moral führen. Und es stimmt tatsächlich, daß einige der durch Paulus bekehrten Heiden einen sehr lockeren Lebenswandel führten (siehe z. B. 1. Korinther 5,1; 6,15). Wie entkräftet Paulus diesen Einwand? Die Antwort auf diese Frage bringt uns zum nächsten großen Thema der Theologie des Paulus:

2. Heiligung – Gott macht uns heilig

Die Rechtfertigung findet in einem Augenblick statt. Sobald ein Sünder sich von seiner Sünde abwendet und sein Leben Jesus Christus übereignet in der Überzeugung, daß dieser für ihn gestorben und auferstanden ist, spricht ihn Gott gerecht. Er ist „gerecht geworden durch den Glauben“ und hat „Frieden mit Gott durch unsern Herrn Jesus Christus“ (Römer 5,1).

Mit Heiligung hingegen ist der Prozeß gemeint, der im Anschluß an die Rechtfertigung einsetzt – ein Prozeß, durch den der Sünder allmählich in das Ebenbild Christi verwandelt wird (2. Korinther 3,18). Rechtfertigung ohne Heiligung ist ebenso unmöglich wie Heiligung ohne vorangehende Rechtfertigung, denn „der in euch angefangen hat das gute Werk, der wird's auch vollenden bis an den Tag Christi Jesu“ (Philipper 1,6). Hat Gott jemand wirklich gerecht gesprochen, dann wird er ihn auch heiligen.

Deshalb ist die Frage von vornherein zu verneinen: „Wie nun? Sollen wir sündigen, weil wir nicht unter dem Gesetz, sondern unter der Gnade sind?“ (Römer 6,15). Wer die Rechtfertigung erlebt hat, lehnt das Gesetz nicht ab, sondern bekommt es entsprechend einer alttestamentlichen Verheißung in sein Herz eingeprägt (siehe Hesekiel 36,26 f.). Sind wir gerechtfertigt, dann hat Gott seine Liebe „ausgegossen in unsre Herzen durch den Heiligen Geist, der uns gegeben ist“ (Römer 5,5). Wir sterben deshalb mit Christus, damit wir zu einer neuen Lebensqualität gelangen – die denen, die sich auf das Gesetz verlassen, versagt bleibt (Römer 6,4-7).

Dies allerdings widerfährt uns nicht automatisch, ohne jegliche Tätigkeit unsererseits; wir müssen daran arbeiten. Darüber äußert sich Paulus sehr deutlich im Philipperbrief: „Darum, meine lieben Freunde [...]: Fahrt fort, euer Heil mit Furcht und Zittern zu verwirklichen, denn es ist Gott, der in euch bewirkt, daß euer Wollen und Handeln seinem Wohlgefallen entspricht (Philipper 2,12 f. nach der New International Version). Gott ist in uns am Werk, doch bedeutet das nicht, daß wir uns zurücklehnen und ihn die ganze Arbeit verrichten lassen dürfen. Wir müssen vielmehr „unser Heil mit Furcht und Zittern verwirklichen“ – beinahe so, als hinge alles von uns selbst ab.

Deshalb findet sich praktische Unterweisung über den christlichen Lebenswandel in den Paulusbriefen. Einige dieser Briefe lassen sich in zwei Teile gliedern; im ersten Teil werden Fragen des christlichen Glaubens, im zweiten Teil Fragen des christlichen Verhaltens abgehandelt: siehe z. B. Römer 1 – 11 und 12 – 16; Galater 1 – 4 und 5 – 6; Epheser 1 – 3 und 4 – 6; Kolosser 1 – 2 und 3 – 4. Die Gebete des Paulus sind besonders aufschlußreich. Er sehnt sich danach, daß die Neubekehrten mit Wahrheit und Liebe, mit Gerechtigkeit und Frieden, mit Freude und Dankbarkeit erfüllt werden (siehe insbesondere Epheser 1,15-23; 3,14-19; Philipper 1,3-11; Kolosser 1,9-14). Der Kasten auf S. 99 bietet einen Überblick über die praktischen Seiten der Lehre dieses Apostels.

Zwei weitere Aspekte der paulinischen Heiligungslehre sind in diesem Zusammenhang zu erwähnen: die *Mittel* und die *Anreize* zur Heiligung.

A. Die Mittel zur Heiligung. Wodurch wird Heiligung verhindert? Paulus zufolge entsprechen die Mittel den Hindernissen.

I. Der Teufel. Deshalb brauchen wir „die ganze Waffenrüstung Gottes" (Epheser 6,11 nach der rev. Elberfelder Übers.). Paulus war der Überzeugung, daß „wir nicht mit Fleisch und Blut zu kämpfen haben, sondern mit Mächtigen und Gewaltigen, nämlich mit den Herren der Welt, die in dieser Finsternis herrschen, mit den bösen Geistern unter dem Himmel" (Epheser 6,12). Hier beschreibt er wahrscheinlich *nicht* – wie einige Ausleger annehmen – eine ganze Hierarchie von bösen Mächten, die über einzelne Orte und Gegenden die Herrschaft ausüben und gegen die wir einen geistlichen Kampf zu führen hätten. Dennoch stimmt es, daß er hier die Gewalt und Bosheit der Finsternismächte unterstreicht, die Krieg gegen uns führen. Sie zu ignorieren, ist gefährlich.

Deshalb brauchen wir die sechsteilige Waffenrüstung, die Gott uns zur Verfügung stellt (Epheser 6,14-17). Sie effektiv einzusetzen verlangt, „allezeit mit Bitten und Flehen im Geist" zu beten (Epheser 6,18). Das Kennzeichen eines effektiven, siegreichen Christenlebens ist anhaltendes Gebet.

II. Das Fleisch. Darum müssen wir „im Geist leben" (Galater 5,16).

Für Paulus ist „Fleisch" ein wichtiger Ausdruck. In vielen modernen Bibelübersetzungen wird dieser Ausdruck allerdings umschrieben, beispielsweise mit: „die sündige Natur". Mit dem „Fleisch" ist das anhaltende Vorhandensein der Sünde und des Todes auch im Leben des Christen gemeint. Zwar herrschen die Sünde und der Tod nicht länger über uns, doch sind sie weiterhin eine Wirklichkeit in unserem Leben.

Das hat zur Folge, daß eine innere Schlacht auszufechten ist. Wir müssen „das Fleisch" in der Kraft des Geistes bekämpfen. Es geht dabei um Leben und Tod: „Denn wenn ihr nach dem Fleisch lebt, so werdet ihr sterben müssen; wenn ihr aber durch den Geist die Taten des Fleisches tötet, so werdet ihr leben. Denn welche der Geist Gottes treibt [eigentlich: leitet], die sind Gottes Kinder" (Römer 8,13 f.). Wollen wir „die Frucht des Geistes" hervorbringen und nicht „die Werke des Fleisches", dann müssen wir „die sündige Natur mit ihren Begierden und Wünschen kreuzigen" und „mit dem Geist Schritt halten" (Galater 5,24 f.). Das alles ist von entscheidender Bedeutung. Paulus machte sich große Sorgen im Hinblick auf die Korinther, weil sie nicht „geistlich", sondern „fleischlich" – die New International Version schreibt: „weltlich" – waren (1. Korinther 3,1). Das ist auch im Hinblick auf die Kirche im zwanzigsten Jahrhundert so. Der Ruf zur Heiligung ist wichtiger als jede Missionsstrategie und jedes Bildungsprogramm, er ist von größerer Tragweite als jede neue Initiative und jedes neue Wagnis und dringender als jedes andere Bedürfnis. Wir sollen „im Geist leben", damit wir „die Begierden des Fleisches nicht vollbringen" (Galater 5,16).

B. Die Anreize zur Heiligung. Paulus ruft selten zu Heiligung auf, ohne ein Motiv hinzuzufügen. Welche Anreize werden genannt?

I. Das Vorbild Jesu. Paulus fordert uns beispielsweise auf,

- uns in Demut zu üben, wie auch Jesus „sich selbst entäußerte" und „sich erniedrigte" (Philipper 2,5-7);
- „in der Liebe zu leben, wie auch Christus uns geliebt hat und hat sich selbst für uns gegeben als Gabe und Opfer, Gott zu einem lieblichen Geruch" (Epheser 5,2);
- „einander anzunehmen, wie Christus euch angenommen hat" (Römer 15,7).

II. Die Gegenwart Jesu.

- „Ordnet euch einander unter in der Furcht Christi" (Epheser 5,21).
- „Laßt uns von aller Befleckung des Fleisches und des Geistes uns reinigen und die Heiligung vollenden in der Furcht Gottes" (2. Korinther 7,1).

Paulus über den christlichen Lebenswandel

Die Paulusbriefe sind so prall gefüllt mit praktischer Unterweisung, daß im vorliegenden Überblick unmöglich alles aufgenommen werden kann. Es soll hier nur etwas von der breiten Vielfalt der Themen deutlich werden, die Paulus aufgreift.

- *Das Familienleben:* Beziehungen zwischen Ehemann und Ehefrau (1. Korinther 7,1-5; Epheser 5,22-33), zwischen Eltern und Kindern (Epheser 6,1-4) sowie zwischen Herren und Sklaven (Epheser 6,5-9; 1. Timotheus 6,1 f.).
- *Die Sexualethik* inner- wie außerhalb der Ehe: Über die in seinen Tagen so weit verbreitete Praxis der Homosexualität fällt Paulus ein besonders scharfes Urteil (Römer 1,24-27; 1. Korinther 6,9-20; 7,25-40; 1. Thessalonicher 4,3-8; 1. Timotheus 5,11-15).
- *Bürgerpflichten:* die christliche Haltung gegenüber der weltlichen Obrigkeit und der Steuerpflicht (Römer 13,1-7; 1. Korinther 6,1-8).
- *Das Reden:* Paulus hat viel darüber zu sagen, wie Christen reden bzw. nicht reden sollten (siehe z. B. Römer 12,14; Epheser 4,25 – 5,4).
- *Das Denken:* Dies folgt aus dem vorigen Punkt. Paulus legt besonderen Nachdruck auf das Denken, weil es unser ganzes Wesen prägt (Römer 8,5-8; 12,1-3; Philipper 4,8; Epheser 4,17-24).
- *Arbeit:* Es ist Christenpflicht, schärft er den Thessalonichern ein, für den eigenen Lebensunterhalt zu arbeiten und sich von der Faulheit abzuwenden (1. Thessalonicher 4,9-12; 2. Thessalonicher 3,6-13).
- *Rache:* In einer Welt, in der die Zulässigkeit persönlicher Rache als selbstverständlich galt, spricht sich Paulus klar und deutlich gegen Rachegedanken aller Art aus. Christen müssen es Gott überlassen, Rache zu üben, und ihre Feinde lieben (Römer 12,17-21).
- *Charakterbildung:* Hier setzt Paulus einen besonderen Akzent, denn er weiß, daß Heiligung in erster Linie Sache des Charakters und erst in zweiter Linie des Verhaltens ist. Er ermahnt deshalb zu Demut und Selbstlosigkeit (Philipper 2,1-11) sowie zu Freude, Fürbitte, Frieden und Zufriedenheit (Philipper 4,4-13); die „Werke des Fleisches" sollen durch die „Frucht des Geistes" ersetzt werden (Galater 5,19-26); als höchste Tugenden gelten ihm Glaube, Hoffnung und Liebe (1. Thessalonicher 1,3; Epheser 4,1-6; 1. Korinther 13,1-13), wobei die Liebe den höchsten Platz einnimmt (Römer 13,8-10; Galater 5,6.13-15).

Paulus schrieb ausführlich an die Korinther über den christlichen Lebenswandel. Die hier abgebildeten eindrucksvollen dorischen Säulen sind Teil des antiken, dem griechischen Gott Apollo geweihten Tempels in Korinth.

Unser Motiv ist in beiden Fällen die von Liebe bestimmte „Furcht", den zu betrüben, in dessen Gegenwart wir leben. Das gleiche Motiv finden wir 1. Korinther 11,29 (ehrfurchtsvolle Teilnahme am Abendmahl) und Epheser 4,29-31 (wir sollen den Geist nicht dadurch betrüben, daß wir Menschen beleidigen, in denen er seine Wohnung genommen hat).

III. Es ist noch häufiger *das Werk Jesu* in und für uns, das uns zur Heiligung motiviert. Es folgen drei Beispiele:

- Wir sind mit Christus gestorben und auferstanden; deshalb: „Haltet dafür, daß ihr der Sünde gestorben seid und lebt Gott in Christus Jesus" (Römer 6,11). Und: „Sucht, was droben ist, wo Christus ist, sitzend zur Rechten Gottes" (Kolosser 3,1).
- Wir haben „den alten Menschen ausgezogen und den neuen angezogen, der erneuert wird zur Erkenntnis nach dem Ebenbild dessen, der ihn geschaffen hat" (Kolosser 3,9 f.). Deshalb müssen wir den Zorn ablegen, mit dem Lügen aufhören und uns mit „herzlichem Erbarmen, Freundlichkeit, Demut, Sanftmut [und] Geduld" ausrüsten (Kolosser 3,12).
- Weil der Geist Christi in uns wohnt, sind unsere Leiber „Glieder Christi" (1. Korinther 6,15) – das heißt: Wir sind Christi Gliedmaßen, seine Arme und Beine. Deshalb müssen wir Gott mit unserem Leib ehren, denn: „Ihr gehört euch selbst nicht" (1. Korinther 6,19).

IV. Häufig motiviert *die Wiederkunft Jesu* zur Heiligung. Paulus arbeitete und betete ständig im Blick auf den großen „Tag", an dem der Herr Jesus wiederkommt. Daß die Christen für diesen Tag bereit sein sollen, ist ihm ein großes Anliegen:

- „Der wird euch auch fest erhalten bis ans Ende, daß ihr untadelig seid am Tag unseres Herrn Jesus Christus" (1. Korinther 1,8).
- „Die Nacht ist vorgerückt, der Tag aber nahe herbeigekommen. So laßt uns ablegen die Werke der Finsternis und anlegen die Waffen des Lichts" (Römer 13,12).
- „Und ich bete darum, daß eure Liebe immer noch reicher werde an Erkenntnis und aller Erfahrung, so daß ihr prüfen könnt, was das Beste sei, damit ihr lauter und unanstößig seid für den Tag Christi, erfüllt mit Frucht der Gerechtigkeit durch Jesus Christus zur Ehre und zum Lob Gottes" (Philipper 1,9-11).

3. Erbauung – Gott baut seine Gemeinde auf

Bei der Rechtfertigung wie der Heiligung geht es auf den ersten Blick ausschließlich um das Werk Gottes im Leben des einzelnen Christen. Dieses Werk hat jedoch einen äußerst wichtigen gemeinschaftlichen Aspekt. So besteht beispielsweise die „Frucht des Geistes" aus neun verschiedenen Eigenschaften, von denen keine einzige von einem isolierten Christen praktiziert werden könnte: „Liebe, Freude, Friede, Geduld, Freundlichkeit, Güte, Treue, Sanftmut, Keuschheit [oder: Selbstbeherrschung]" (Galater 5,22 f.). Alle diese Eigenschaften setzen Beziehungen voraus. Nicht einmal „Freude" läßt sich in der Isolation zum Ausdruck bringen, und „Selbstbeherrschung" setzt die Versuchungen und Anfechtungen voraus, die so häufig innerhalb der menschlichen Gesellschaft entstehen.

Gewiß, die Rechtfertigung war für Paulus in der Hauptsache eine Erfahrung des einzelnen. Schließlich hatte er sie selbst so erlebt, als er allein auf der Straße nach Damaskus dem Herrn begegnete. Doch hatte diese Erfahrung gemeinschaftliche Auswirkungen. Der Herr, der ihm erschien, identifizierte sich mit den Opfern der Verfolgung. Und sobald Paulus getauft worden war und gegessen hatte, verbrachte er „einige Tage bei den Jüngern in Damaskus" (Apostelgeschichte 9,19 b). Er hatte sich in eine neue Gemeinschaft hineinbekehrt.

Es wurde ihm auch schnell klar, daß die „Rechtfertigung aus Glauben" die Entstehung eines neuen „Leibes" bedingte, der aus allen Anhängern Jesu Christi bestand, ohne Rücksicht auf deren unterschiedlichen Hintergrund oder unterschiedliche gesellschaftliche Stellung:

- „Hier ist nicht Jude noch Grieche, hier ist nicht Sklave noch Freier, hier ist nicht Mann noch Frau; denn ihr seid allesamt einer in Christus Jesus“ (Galater 3,28).
- „Da ist nicht mehr Grieche oder Jude, Beschnittener oder Unbeschnittener, Nichtgrieche, Skythe, Sklave, Freier, sondern alles und in allen Christus“ (Kolosser 3,11).

Diese beiden Verse verdeutlichen den Grundgedanken des Paulus. Die alten religiösen, rassischen, gesellschaftlichen und sogar geschlechtlichen Schranken sind aufgrund der Vereinigung der Gemeinde mit Christus gefallen. Die Christen sind „eins“ in Jesus Christus, der ihnen gemeinsam innewohnt. Wie kommt diese Vereinigung mit Christus zustande? Die Antwort des Paulus ist einfach: durch den Heiligen Geist. Wir sind es gewohnt, uns den Heiligen Geist als in jedem einzelnen Christen wohnend vorzustellen, und dies ist sicher ein wichtiger Aspekt paulinischer Lehre. Doch wohnt der Geist Paulus zufolge auch der gesamten Gemeinde inne. „Wißt ihr nicht, daß ihr Gottes Tempel seid und der Geist Gottes in euch wohnt?“ (1. Korinther 3,16). Es handelt sich bei den Korinthern nicht lediglich um einen freiwilligen Zusammenschluß einzelner Christen, sondern vielmehr um einen Tempel, den sich der Geist Gottes als Wohnort erwählt hat.

Darauf wollen wir näher eingehen. Paulus nennt die Gemeinde „den Leib Christi“ (1. Korinther 12,27; Epheser 4,12) beziehungsweise „einen Leib in Christus“ (Römer 12,5). Zugang zu diesem Leib erhält man durch den Geist: „Denn wir sind durch einen Geist alle zu einem Leib getauft, wir seien Juden oder Griechen, Sklaven oder Freie, und sind alle mit einem Geist getränkt“ (1. Korinther 12,13). Und wenn Paulus den Geist als den „Geist Christi“ bezeichnet (Römer 8,9), schließt sich der Kreis seiner Logik. Der Heilige Geist ist der *Geist* Christi, bewohnt den *Leib* Christi und bewirkt die geistliche Vereinigung all der Menschen, denen er innewohnt, sowohl miteinander als auch mit dem auferstandenen, zum Himmel aufgefahrenen Herrn Jesus.

Paulus zufolge bleibt dieser Leib, wenigstens was seine Größe angeht, keineswegs konstant, sondern wächst, genauso wie ein menschlicher Körper. Und ist bei Paulus von Gemeindewachstum die Rede, so ist normalerweise nicht numerisches Wachstum, sondern zunehmende Vertrautheit untereinander gemeint: „Laßt uns aber wahrhaftig sein in der Liebe und wachsen in allen Stücken zu dem hin, der das Haupt ist, Christus, von dem aus der ganze Leib zusammengefügt ist und ein Glied am andern hängt durch alle Gelenke, wodurch jedes Glied das andere unterstützt nach dem Maß seiner Kraft und macht, daß der Leib wächst und sich selbst aufbaut in der Liebe“ (Epheser 4,15 f.). Wachstum dieser Art bezeichnet Paulus als „Erbauung“, vor allem 1. Korinther 14, wo er sich mit dem Zungenreden der Korinther befaßt. Wie war diese Praxis zu regeln? Die Antwort des Apostels basiert auf dem Grundsatz der Erbauung: Alles, was die Gemeinde erbaut – ihr Einsicht vermittelt, den Gottesdienst vertieft, die Liebe untereinander stärkt –, ist zu ermutigen. Alles, was diesen Kriterien nicht entspricht, sollte lieber wegfallen.

Welche praktischen Mittel der Erbauung gibt es? Paulus nennt zwei:

A. Gemeinschaft. Die Einheit der Christen muß nicht erst geschaffen werden. Sie ist vielmehr zu pflegen – da sie bereits vorhanden ist. So fordert Paulus die Epheser auf: „Seid darauf bedacht, zu wahren die Einigkeit im Geist durch das Band des Friedens“ (Epheser 4,3). Diese „Einigkeit im Geist“ bezeichnet er ebenfalls als „Gemeinschaft des Geistes“ (Philipper 2,1) oder als „die Gemeinschaft des Heiligen Geistes“ (2. Korinther 13,14). Er verwendet dabei das griechische Wort *koinonia.* Dieses Wort weist auf den Tatbestand hin, daß wir zueinander gehören, daß wir gemeinsam Anteil haben an ein und demselben Erlöser und daß wir die

Aufgabe haben, füreinander zu sorgen und gegenseitig unsere Nöte zu beheben:

- „Es ist recht und billig, daß ich so von euch allen denke, weil ich euch in meinem Herzen habe, die ihr alle mit mir an der Gnade teilhabt in meiner Gefangenschaft und wenn ich das Evangelium verteidige und bekräftige" (Philipper 1,7).
- „Handelt es sich bei dem Segenskelch, den wir segnen, nicht um eine *Teilhabe* am Blut Christi? Und handelt es sich bei dem Brot, das wir essen, nicht um eine *Teilhabe* am Leib Christi? Da es einen Brotlaib gibt, sind auch wir, die vielen, ein Leib, denn wir alle haben Anteil an dem einen Brotlaib" (1. Korinther 10,16 f.). Das Abendmahl bringt auf anschauliche Weise unsere *koinonia* miteinander und mit Jesus zum Ausdruck.
- Paulus schreibt über den Eifer der mazedonischen Gemeinden bei der Geldsammlung, die er für die armen Gemeinden in Judäa veranstaltet: „Und haben uns mit vielem Zureden gebeten, daß sie mithelfen dürften an der Wohltat und der Gemeinschaft des Dienstes für die Heiligen" (2. Korinther 8,4).
- „Ich bete darum, daß du deinen Glauben aktiv *mitteilst*, damit du all das Gute, das wir in Christus besitzen, wirklich begreifen lernst", schreibt Paulus an Philemon (Philemon 6) und ruft ihn auf, seinen entlaufenen Sklaven Onesimus als „einen lieben Bruder" aufzunehmen (Vers 16). Ihre *koinonia* in Christus ist ihrer früheren Beziehung – die Beziehung zwischen einem Sklaven und seinem Herrn – übergeordnet und macht Vergebung unabdingbar.

B. Dienst. Paulus schildert Epheser 4,1-16 den Prozeß der „Erbauung". Im Mittelpunkt stehen die Dienstgaben, die Christus seiner Gemeinde geschenkt hat: „Und er hat einige als Apostel eingesetzt, einige als Propheten, einige als Evangelisten, einige als Hirten und Lehrer, damit die Heiligen zugerüstet werden zum Werk des Dienstes. Dadurch soll der Leib Christi erbaut werden, bis wir alle hingelangen zur Einheit des Glaubens und der Erkenntnis des Sohnes Gottes, zum vollendeten Mann, zum vollen Maß der Fülle Christi" (Epheser 4,11 ff.). Es fällt auf, daß es nicht die „Amtsträger" der Gemeinde sind, die das „Werk des Dienstes" zu verrichten haben. Die „Amtsträger" haben vielmehr die Aufgabe, die Gemeinde auf dieses „Werk des Dienstes" vorzubereiten („zuzurüsten"). Wenn die ganze Gemeinde auf diese Weise zusammenarbeitet, wird sie „erbaut", was soviel heißt wie: Sie wird Jesus ähnlicher.

1. Korinther 12 beschreibt Paulus denselben Prozeß, aber auf etwas andere Weise. Er geht näher auf das Bild der Gemeinde als „Leib" ein. Jedes Glied der Gemeinde *gehört* allen anderen und hat etwas Einzigartiges zum Ganzen beizutragen. Jedes Glied *braucht* alle anderen und ist von deren einzigartigen Beiträgen abhängig. Und jedes Glied *leidet* mit allen anderen und empfindet ihren Schmerz oder Freude mit. Paulus wendet diese Gedanken allesamt auf die Gemeinde Jesu an. Jeder Christ hat einen einzigartigen, vom Heiligen Geist geschenkten Dienst (1. Korinther 12,7), und die Gemeinde ist nur da lebendig und gesund, wo dieser Tatsache entsprochen wird.

Diese Akzentsetzung steht nicht im Widerspruch zu einer ordinierten oder eingesetzten Geistlichkeit. Paulus hat selbst „Älteste eingesetzt" (Apostelgeschichte 14,23) und beschreibt in seinen Briefen an Timotheus und Titus die Qualifikationen, die Älteste und Diakone aufzuweisen haben, sowie das Verhalten, das von ihnen erwartet wird. Ein Konflikt entsteht nur da, wo der Unterschied zwischen „Geistlichen" und „Laien" überbetont wird. Außerdem möchte uns Paulus sicherlich dahin bringen, die Leiterschaft der Gemeinde nicht mehr als in einer Hand liegend, sondern als die gemeinsame Aufgabe mehrerer Personen zu sehen. Unter der Oberaufsicht des Heiligen Geistes werden einige Mitglieder einen größeren Beitrag zur Leitung und Lenkung des Leibes leisten als andere, doch wird jedes Mitglied etwas beitragen.

In Athen debattierte Paulus täglich mit Epikureern und Stoikern, und zwar in der Agora, dem großen Markt, der vermutlich in einer Säulenhalle wie der Stoa von Attalus (eingefügtes Bild) untergebracht war. Der Gerichtshof vom Areopag, wo Paulus seine Ansichten über Jesus und die Auferstehung verteidigte, tagte wahrscheinlich in der Königshalle.

Der letzte und wichtigste Faktor ist die Liebe, der „noch bessere Weg“ (1. Korinther 12,31), der Mörtel, der die Bausteine zusammenhält, der Saft des Baumes, das Öl in den Gelenken, das Blut, das das Leben Jesu in die Glieder seiner Gemeinde strömen läßt!

4. Verherrlichung – Gott führt uns nach Hause

Aus dem, was Paulus über das Wachstum der Gemeinde sagt, geht hervor, daß dieses Wachstum ein *Ziel* hat. Der Apostel hält uns die Aussicht vor Augen, reif zu werden und so „zum vollen Maß der Fülle Christi zu gelangen“ (Epheser 4,13). Hier begegnen wir einem wesentlichen Aspekt der Theologie des Paulus – der sein Evangelium sehr deutlich sowohl von den verschiedenen heidnischen Philosophien, die er als Jugendlicher in Tarsus kennengelernt hatte, als auch vom sich zum weltweiten Kult entwickelnden Materialismus des zwanzigsten Jahrhunderts absetzt. Die Gegenwart wird durch die Zukunft bestimmt, die Welt hat eine genau festgelegte Bestimmung, Zeit und Geschichte werden ein Ende finden, und Gott wird eines Tages „alles in allem“ sein (1. Korinther 15,28).

Für Christen bedeutet das, sich zu „rühmen der Hoffnung der zukünftigen Herrlichkeit, die Gott geben wird“ (Römer 5,2). Mit anderen Worten: Sie freuen sich darauf, in die unmittelbare Gegenwart Gottes einzutreten, wo sie endgültig und völlig frei von Sünde und Tod und bereit sein werden, die vertraute, familiäre Liebe von Kindern, die endlich mit ihrem Vater vereint sind, in vollkommenem Maße zu erleben.

Der Heilige Geist spielt auch hier eine entscheidende Rolle. Er bringt nicht nur die Frucht der Heiligung in uns hervor und schafft nicht nur erbauliche Gemeinschaft, sondern gibt uns auch Gewißheit über die letzte Stufe des Prozesses, unsere Verherrlichung:

- „Wir selbst, die wir den Geist als Erstlingsgabe haben, seufzen in uns selbst und sehnen uns nach der Kindschaft, der Erlösung unseres Leibes“ (Römer 8,23). Hier wird der Geist mit den „Erstlingen“ der Ernte verglichen, die es uns ermöglichen zu erkennen, wie die Ernte ausfallen wird, und uns zugleich die Gewißheit geben, daß der Rest nachkommt.
- „Wir wollen lieber nicht entkleidet, sondern überkleidet werden, damit das Sterbliche verschlungen werde von dem Leben. Der uns aber dazu bereitet hat, das ist Gott, der uns als Unterpfand den Geist gegeben hat“ (2. Korinther 5,4 f.). Hier wird der Geist mit einem „Unterpfand“ verglichen; er ist gewissermaßen die „Anzahlung“, die uns die Gewißheit gibt, daß wir nach unserem Tode himmlisches Leben erhalten werden.
- „In ihm seid auch ihr, als ihr gläubig wurdet, versiegelt worden mit dem Heiligen Geist, der verheißen ist, welcher ist das Unterpfand unsres Erbes, zu unsrer Erlösung, daß wir sein Eigentum würden“ (Epheser 1,13 f.). Hier wird der Geist mit einem „Siegel“ verglichen, einem Zeichen, das wir Gott gehören und für den Augenblick der „Erlösung“ ausgesondert worden sind.

Die paulinische Eschatologie (Lehre von der Zukunft) umfaßt drei Aspekte:

A. Die Wiederkunft Jesu

- „Denn das sagen wir euch mit einem Wort des Herrn, daß [. . .] er selbst, der Herr, wird, wenn der Befehl ertönt, wenn die Stimme des Erzengels und die Posaune Gottes erschallen, herabkommen vom Himmel“ (1. Thessalonicher 4,15 f.). Zu diesem Zeitpunkt erwartete Paulus, bei der Wiederkunft des Herrn selbst noch am Leben zu sein: „Danach werden wir, die wir leben und übrigbleiben, [. . .] entrückt werden auf den Wolken in die Luft, dem Herrn entgegen“ (1. Thessalonicher 4,17). Etwa zehn Jahre später scheint er diese Hoffnung immer noch zu hegen:

- „Unser Bürgerrecht aber ist im Himmel, woher wir auch erwarten den Heiland, den Herrn Jesus Christus, der unsern nichtigen Leib verwandeln wird, daß er gleich werde seinem verherrlichten Leibe nach der Kraft, mit der er sich alle Dinge untertan machen kann“ (Philipper 3,20 f.).

Allerdings erwartet er bereits zur Zeit der Abfassung der beiden Thessalonicherbriefe damit, daß bestimmte Ereignisse der Wiederkunft des Herrn vorausgehen:

- „Denn zuvor muß der Abfall kommen und der Mensch der Bosheit offenbart werden“ (2. Thessalonicher 2,3).

Als Paulus kurz vor dem Ende seines Lebens den zweiten Timotheusbrief verfaßte, war er allerdings überzeugt, noch vor der Wiederkunft Jesu sterben zu müssen:

- „Denn ich werde schon geopfert, und die Zeit meines Hinscheidens ist gekommen. Ich habe den guten Kampf gekämpft, ich habe den Lauf vollendet, ich habe Glauben gehalten; hinfort liegt für mich bereit die Krone der Gerechtigkeit, die mir der Herr, der gerechte Richter, an jenem Tag geben wird, nicht aber mir allein, sondern auch allen, die seine Erscheinung liebhaben“ (2. Timotheus 4,6-8).

Einige Ausleger vertreten die Ansicht, Paulus habe im Laufe der Zeit seine Vorstellungen über den Zeitpunkt der Wiederkunft Jesu modifiziert. Dies ist jedoch unwahrscheinlich. Vermutlich will er deutlich machen, daß wir Christen zu jeder Zeit mit der Wiederkunft Jesu rechnen sollen. Wir sollen „seine Erscheinung liebhaben“. Wir sollen im Licht dieser Erscheinung die Zeit „auskaufen“. Erst auf dem Sterbebett sollen wir zu dem Schluß kommen, daß Jesus nicht zu unseren Lebzeiten kommen wird!

B. Die Auferstehung der Toten. Paulus erwartete, daß die Toten zum Zeitpunkt der Wiederkunft Jesu auferstehen: „Denn er selbst, der Herr, wird, wenn der Befehl ertönt, wenn die Stimme des Erzengels und die Posaune Gottes erschallen, herabkommen vom Himmel, und zuerst werden die Toten, die in Christus gestorben sind, auferstehen“ (1. Thessalonicher 4,16). Zu diesem Zeitpunkt wird auch das Gericht stattfinden, bei dem wir „alle offenbar werden müssen vor dem Richterstuhl Christi, damit jeder seinen Lohn empfange für das, was er getan hat bei Lebzeiten, es sei gut oder böse“ (2. Korinther 5,10).

Dies wird auch der Moment sein, in dem wir verwandelt und für ein Leben im Himmel tauglich gemacht werden. „Denn es wird die Posaune erschallen, und die Toten werden auferstehen unverweslich, und wir werden verwandelt werden. Denn dies Verwesliche muß anziehen die Unverweslichkeit, und dies Sterbliche muß anziehen die Unsterblichkeit“ (1. Korinther 15,52 f.). Dieses „Anziehen“ der Unsterblichkeit beschreibt Paulus recht zurückhaltend. Mit der Auferstehung der Toten ist nicht etwa die Wiederbelebung unzähliger Leichen gemeint. Er vergleicht sie vielmehr mit dem Vorgang der Keimung. Ebenso wie Samen ihre Existenz einbüßen, wenn sie eine Pflanze hervorbringen, werden sich auch unsere Leiber auflösen, doch wird Gott sie als „Saat“ behandeln und so einen neuen „geistlichen Leib“ erzeugen, der unvergänglich, herrlich und kraftvoll sein wird (1. Korinther 15,35-44).

Es gibt nichts Mechanisches an diesem Vorgang. Die Gnade Gottes erweckt uns aus dem Tod, der unsere physische Bestimmung ist, zu einem Leben, das er uns durch seinen Geist schenkt. Dann „werden wir bei dem Herrn sein allezeit“ (1.Thessalonicher 4,17) und ihn „von Angesicht zu Angesicht“ erkennen (1. Korinther 13,12).

In welchem Zustand existieren die „Toten in Christus“ bis zur Auferstehung? Paulus sagt nur wenig darüber, aber die Antwort geht bereits aus der Frage hervor. Sie sind „in Christus“ oder „mit Christus“, wie er es Philipper 1,23 beim Nachdenken über den eigenen Tod ausdrückt. Mehr brauchen wir nicht zu wissen. „Er ist für uns gestorben, damit, ob wir wachen oder schlafen, wir zugleich mit ihm leben“ (1. Thessalonicher 5,10).

C. Gericht und Wiederherstellung. Für Paulus stand fest, daß das Gericht Gottes die Welt bei der Wiederkunft Jesu treffen wird. Bei Noah hält Gott sein Gericht zurück, um den Menschen Zeit und Gelegenheit zur Buße zu geben (Römer 2,4 f.). Es kommt jedoch ein Tag, an dem „sein gerechtes Gericht offenbar werden wird". An diesem Tag wird er „einem jeden geben nach seinen Werken" (Römer 2,5 f.). Paulus macht im Zusammenhang damit düstere Andeutungen:

- Wenn Jesus wiederkommt, wird er „in Feuerflammen Vergeltung üben an denen, die Gott nicht kennen und die nicht gehorsam sind dem Evangelium unseres Herrn Jesus. Die werden Strafe erleiden, das ewige Verderben, vom Angesicht des Herrn her und von seiner herrlichen Macht, wenn er kommen wird, daß er verherrlicht werde bei seinen Heiligen" (2. Thessalonicher 1,6 ff.).

Die heutige Kirche muß diese Lehre und die Dringlichkeit, die sie dem Wirken des Paulus verlieh, neu entdecken.

Die andere Seite ist die Wiederherstellung aller Dinge. Paulus vertrat eine kosmische Sicht des göttlichen Planes. Gott hat „alles" durch Christus und zu ihm hin geschaffen (Kolosser 1,16). Jetzt besteht „alles" harmonisch in Christus (Kolosser 1,17). Am Ende beabsichtigt Gott, „alles zusammenzubringen unter ein Haupt, nämlich Christus" (Epheser 1,10 nach der New International Version). Deshalb werden beim Kommen Christi nicht nur die Seinen endgültig errettet, sondern wird auch das ganze Universum frei.

- „Denn das ängstliche Harren der Kreatur wartet darauf, daß die Kinder Gottes offenbar werden. Die Schöpfung [...] wird frei werden von der Knechtschaft der Vergänglichkeit zu der herrlichen Freiheit der Kinder Gottes" (Römer 8,19 ff.).

Ein so großes Werk – das Werk der Gnade Gottes in Christus – kann keinen geringeren Ausgang haben.

Dies ist das Evangelium, um dessentwillen Gott Paulus an jenem Tag auf der Straße nach Damaskus ergriff. Nachdem Paulus die Gnade erlebt hatte, wurde ihm eine Theologie der Gnade geschenkt. „Durch Gottes Gnade bin ich, was ich bin" (1. Korinther 15,10). Angesichts der vielen Härten, Gefahren und Unwägbarkeiten, die sein Wirken mit sich brachte, erkannte er, daß Gott ihn „allezeit im Triumphzug" führen werde (2. Korinther 2,14 nach der rev. Elberfelder Übers.). Denn der gleiche gnädige Vorsatz, der ihn zum Zweck der Annahme an Sohnes Statt in Christus hineinversetzt habe und dabei sei, ihn im Rahmen der Gemeinschaft des Leibes Christi von der Macht der Sünde zu befreien, werde ihn sicher bis ans Ende bewahren. Er wird auch uns ebenso bewahren.

Vertiefende Lektüre in Auswahl:

William Barclay, *Brief an die Galater. Brief an die Epheser,* Wuppertal, 3. Aufl. 1982.

Charles K. Barrett, *Der 1. Brief an die Korinther,* Darmstadt 1987.

Werner de Boor, *Die Briefe des Paulus an die Philipper und an die Kolosser,* Wuppertal 1994.

Werner de Boor, *Die Briefe des Paulus an die Thessalonicher,* Wuppertal 1994.

Frederick F. Bruce, *Der Römerbrief,* Darmstadt 1986.

R. Alan Cole, *Der Galaterbrief,* Darmstadt 1986.

Otto Michel, *Der Brief an die Römer,* Göttingen, 5. Ausgabe 1978.

Adolf Pohl, *Der Brief an die Galater,* Wuppertal 1995.

Adolf Schlatter, *Die Briefe an die Thessalonicher, Philipper, Timotheus und Titus,* Stuttgart 1964.

Adolf Schlatter, *Paulus der Bote Jesu: Eine Deutung seiner Briefe an die Korinther,* Stuttgart, 4. Auflage 1969.

Heinrich Schlier, *Der Brief an die Galater,* Göttingen, 6. Auflage 1989.

Peter Stuhlmacher, *Der Brief an die Römer,* Göttingen 1989.

Die Botschaft des Hebräerbriefs

Dieser aber hat ein Opfer für die Sünde dargebracht und sitzt nun für immer zur Rechten Gottes und wartet hinfort, bis seine Feinde zum Schemel seiner Füße gemacht werden. Denn mit einem Opfer hat er für immer die vollendet, die geheiligt werden.
(Hebräer 10,12 ff.)

Das große Thema des Hebräerbriefs ist Jesus Christus. Als Gottes letztes Wort an die Menschheit. Jesus hat sämtliche alttestamentlichen Erwartungen erfüllt; nach ihm kommt nichts mehr. Der Verfasser erläutert dieses Thema mit Hilfe vieler alttestamentlicher Gedanken und Zitate. Dies macht sein Argument für heutige Leser schwer nachvollziehbar. Seine grundlegende Botschaft ist dennoch unmißverständlich: Jesus ist durch sein ewiges Priesteramt und sein einmaliges Opfer zum „Urheber des ewigen Heils" geworden (5,9). Wir sind „gekommen [...] zu Jesus, dem Mittler des neuen Bundes" (12,22 ff.) – eines Bundes, der niemals vergehen wird. Jesus hat „die letzten Tage" (1,2) beziehungsweise „das Ende der Welt" (9,26) eingeleitet. Wir müssen nur noch auf die Vollendung warten, wenn er zum zweiten Mal erscheinen wird, um das Heil abzuschließen und Gericht zu üben (9,28).

Die Botschaft dieses Briefes werden wir nur dann verstehen, wenn wir etwas über die geschichtliche Situation wissen, in der sie entstand. Der Brief richtet sich „an die Hebräer". Diese Überschrift wurde zwar erst später hinzugefügt, doch entspricht sie fast sicher der Wirklichkeit, denn die ausgiebigen alttestamentlichen Bezüge lassen nur *einen* Schluß zu: Beim Verfasser ebenso wie bei den Empfängern handelt es sich um Juden. Der Hebräerbrief fängt zwar nicht wie ein Brief an, doch wird dieser erste Eindruck durch den Briefschluß korrigiert: Der Verfasser redet eine bestimmte, ihm bekannte Gruppe an (13,19.23), die möglicherweise in Rom beheimatet war.

Wir erfahren, daß die Briefempfänger nach ihrer Bekehrung zum Christentum verfolgt wurden (10,32-34) und daß ihnen der Ruf selbstloser Dienstbereitschaft vorauseilte (6,10). Dennoch macht sich der Verfasser jetzt ernsthafte Sorgen um sie. Er bezeichnet sie als „träge" und „harthörig" (6,12; 5,11) und fordert sie wiederholt auf, „vom lebendigen Gott nicht abzufallen" (3,12), sondern „sich der vollen Reife zuzuwenden" (6,1 nach der rev. Elberfelder Übers.).

Einige Ausleger erklären diese Ermahnung mit der Annahme, die judenchristlichen Empfänger des Briefes seien der Versuchung ausgesetzt gewesen, dem christlichen Glauben den Rücken zu kehren und sich wieder dem Judentum zuzuwenden. Andere führen die Sorgen des Verfassers darauf zurück, daß er bei den Empfängern einen Mangel an Wachstum oder eine gewisse Laschheit in der Nachfolge wahrzunehmen meinte. Wie dem entgegenzuwirken war, lag auf der

Hand: Wenn sie Jesus betrachteten und die Endgültigkeit seines Priestertums, seines Opfers und seines Bundes begriffen, würden ihr Glaube und ihr Eifer sicher neu entfacht.

Wer war der Verfasser des Hebräerbriefs? Der Kirchenvater Origenes bemerkte dazu trocken: „Gott allein weiß es." In der frühen Kirche wie auch später haben viele Ausleger den Hebräerbrief Paulus zugeschrieben. Der puritanische Theologe John Owen, der im siebzehnten Jahrhundert einen siebenbändigen Kommentar zum Hebräerbrief verfaßte, widmete einen ganzen Band dem Nachweis der paulinischen Verfasserschaft, die er nach seinen eigenen Worten „ebensowenig bezweifelt, wie wenn der Brief die eigenhändige Unterschrift des Apostels trüge". Sein Eifer, diesen Nachweis zu erbringen, wurde zweifellos dadurch entfacht, daß der Reformator Johannes Calvin eine andere Meinung vertrat („Ich vermag in der Tat keinerlei Beweise für die Verfasserschaft des Paulus beizubringen") und als mögliche Verfasser Lukas und den gegen Ende des ersten Jahrhunderts als Bischof von Rom amtierenden Klemens nannte. Fest steht nur, daß Hebräer 2,3 f. eine Verfasserschaft des Paulus auszuschließen scheinen, denn der Autor gibt sich dort als Christ der zweiten Generation zu erkennen.

Die vielleicht beste Vermutung äußerte Martin Luther: Apollos. Der wird Apostelgeschichte 18,24 als „ein beredter Mann und gelehrt in der Schrift" bezeichnet, was ihn durchaus geeignet machen würde; und seine Herkunft – er stammte aus Alexandrien – könnte die gedanklichen Verbindungen erklären, die nach Ansicht mancher Theologen zwischen dem Hebräerbrief und der für Alexandrien typischen Ausprägung des hellenistischen Judentums bestehen.

Alles, was wir mit Sicherheit über den Verfasser erfahren können, müssen wir seinem Brief entnehmen. Auch eine flüchtige Lektüre macht deutlich, daß der Verfasser mit dem Alten Testament wie mit dem Evangelium von Jesus Christus bestens vertraut war und daß es sein Anliegen war, die beiden zusammenzubringen und aufzuzeigen, daß das eine ohne das andere nicht zu verstehen ist. Der Textkasten „Das Alte Testament im Hebräerbrief" macht deutlich, wie ausgiebig er in diesem einen „kurzen Brief" (13,22) vom Alten Testament Gebrauch machte. Sein Umgang mit dem Alten Testament ist allerdings einzigartig, denn er betrachtet es *durch Jesus:* Seine Auffassung von Person und Werk Jesu gestaltet die jüdische Schriftauslegung, wie sie auf ihn überkommen war, radikal um.

Er beinhaltet ebenfalls eine tiefe, geistliche Erkenntnis Jesu, die ihn in dessen Menschwerdung (2,14), Gehorsam (10,5-7), Leiden (5,7 f.), Tod (2,9), Auferstehung (13,20), Himmelfahrt (4,14), Erhöhung (1,3) und Wiederkunft (9,28) das Mittel erkennen läßt, dessen Gott sich bedient hat, um zwei Geißel der Menschheit, die Sünde und den Tod, zu überwinden. Dennoch stülpt er dem Alten Testament nirgendwo sein persönliches Jesusverständnis einfach über. Er läßt vielmehr zu, daß sein Verständnis des Heils, das Gott durch seinen Sohn geschenkt hat, durch das Alte Testament geformt wird.

Dieser Verfasser ist daher vorzüglich geeignet, uns zu einem besseren Verständnis des Alten Testaments zu verhelfen – oder anders ausgedrückt: uns zu zeigen, was der neue Wein aus den alten Schläuchen gemacht hat.

Wir können die Botschaft des Hebräerbriefs mit Hilfe von vier Überschriften zusammenfassen:

1. Die Überlegenheit Jesu

Es ist das eine große Anliegen des Verfassers aufzuzeigen, daß Jesus in den Augen Gottes größer ist als jeder andere. Er schlägt diesen Ton bereits in der wunderschönen Vorrede am Anfang des Briefes an (1,1-4), wo er Jesus als den größten aller Offenbarer herausstellt. Trotz seiner Liebe zum Alten Testament bezeichnet

Das Alte Testament im Hebräerbrief

Folgende Listen sind nicht vollständig. Sie wollen nur die vielseitige Verwendung des Alten Testaments in diesem einen kurzen Buch anschaulich machen.

1. Zitate

1. Mose (4,4)
2. Mose (8,5)
3. Mose (9,7)
4. Mose (3,5)
5. Mose (10,30)
2. Samuel (1,5)
(Es wird aus insgesamt elf Psalmen zitiert)
Sprüche (12,5 f.)
Jesaja (2,13)
Jeremia (8,8-12)
Hesekiel (13,20)
Hosea (13,15)
Habakuk (10,37 f.)
Haggai (12,26)
Sacharja (13,20)

2. Personen

Kain und Abel (11,4; 12,24)
Henoch, der mit Gott wandelte (11,5 f.)
Noah (11,7)
Die drei Patriarchen
Abraham (7,1-10; 11,8-19)
Isaak (11,21)
Jakob (11,21)
Esau (12,16)
Josef (11,22)
Mose (3,1-6; 11,23 ff.)
Aaron (5,4; 9,4)
Rahab (11,31)
Viele Richter und Propheten (11,23-38)

3. Ereignisse

Die Schöpfung (11,3; 4,4)
Der Sündenfall (6,8)
Mose in Ägypten (11,24-27)
Das Passah (11,28)
Der Exodus (3,16; 11,29)
Ereignisse am Berg Sinai (9,18-21; 12,18-21)
Einzug in das gelobte Land (3,18 f,; 11,30)

4. Verordnungen und Riten

Die Stiftshütte (9,1-5)
Der große Versöhnungstag (9,7)
Das Priestertum (5,1-3; 10,11)
Die Opfer (7,27; 8,3)
Die Reinigungsriten (9,13)
Das Gesetz (7,28; 8,4)
Der Bund ((9,15-20)

er es kühn als „fragmentarisch und vielschichtig" (1,1 nach der New English Bible) im Vergleich mit der Offenbarung, die Gott uns jetzt in seinem Sohn geschenkt hat (1,1 f.). Im Gegensatz zu den Propheten ist der Sohn Gottes nicht nur dessen Sprachrohr, sondern vielmehr „der Abglanz seiner Herrlichkeit" (was die Gewähr dafür bietet, daß er ebenso wie der Vater göttlicher Natur ist) und „das Ebenbild seines Wesens" (was die Gewähr dafür bietet, daß seine Person von der des Vaters unterschieden ist). Als „Erbe über alles", als der, durch den alle Dinge geschaffen wurden und durch den das gesamte Universum in seiner Existenz erhalten wird, aber auch als der, der von Sünde reinigt, sitzt er jetzt zur Rechten der Majestät in der Höhe (1,2 f.). Es ist dieser erhöhte Sohn, dessen Person und Werk in ihrer Würde unvergleichlich sind und durch den uns die endgültige Offenbarung geschenkt worden ist.

Nach dieser kühnen Einleitung macht sich der Verfasser daran, die Überlegenheit Jesu im Vergleich zu den großen Gestalten des Alten Testaments darzulegen. Er zeigt nacheinander auf, daß er den Engeln (1,4 — 2,18), Mose (3,1 — 4,13) und Aaron (4,14 — 10,39) überlegen ist. Diese werden aufgrund ihrer Stellung im Plan Gottes ausgewählt: die Engel, weil sie häufig als „Söhne Gottes" bezeichnet wurden und als Übermittler des Gesetzes galten (2,2); Mose, weil er der große „Knecht" (3,5) war, durch den Gott Israel zum Volk geschmiedet und ihm das Gesetz gegeben hatte; und Aaron, weil er der Hohepriester war, der durch seine Mittlerdienste die Sündenvergebung erwirkte.

Jesus ist größer als die Engel, 1,3 – 2,18

Um zu beweisen, daß Jesus eine höhere Stellung einnimmt als alle anderen Wesen im Himmel und auf der Erde, verwendet der Verfasser eine ganze Reihe alttestamentlicher Zitate, die er in der Hauptsache den Psalmen entnimmt (1,5-14). Die

Art, wie er die Psalmen verwendet, wird besonders deutlich, wenn man sich näher mit dem 2,5-9 wiedergegebenen Zitat aus Psalm 8 befaßt. Dieser Psalm verkündet, daß Gott den Menschen „ein wenig niedriger als die Engel" gemacht hat, um ihn „mit Preis und Ehre zu krönen" und „alles unter seine Füße zu tun". Das könne sich auf den Menschen in seinem gegenwärtigen Zustand nicht beziehen, argumentiert unser Verfasser, weil ihm keineswegs alle Dinge unterworfen seien. Deshalb müsse in dem Psalm der Mensch Christus Jesus gemeint sein, den wir in der Tat „gekrönt mit Preis und Ehre" sehen (2,9).

Der Verfasser verfolgt diesen Interpretationsansatz weiter und findet in dem Ausdruck „niedriger als die Engel" aus Psalm 8 eine Bezugnahme auf die Menschwerdung Jesu. Gott beabsichtigt, viele weitere „Söhne" zur Herrlichkeit zu führen (2,10); das hat er bereits dadurch erreicht, daß er Jesus zu unserem älteren Bruder gemacht hat (2,11), der an unserem Fleisch und Blut und sogar an unserem Tod Anteil hat, damit er den Teufel zerstöre, der uns bisher mit Hilfe des Todes gefangengehalten hat (2,14). Indem er also geringer wurde als die Engel, ist Jesus allen, die sich bereits in dieser Stellung befanden, zum „Urheber des Heils" geworden (2,10 nach der Einheitsübers.). Er wurde nicht trotz, sondern aufgrund seines Leidens erhöht!

Jesus ist größer als Mose, 3,1 – 4,13

Der Verfasser fordert uns 3,1 auf: „Schaut auf den Apostel und Hohenpriester, den wir bekennen, Jesus." Das Thema des hohepriesterlichen Wirkens Jesu taucht 2,17 zum erstenmal auf, wo Jesus bezeichnet wird als „ein barmherziger und treuer Hohepriester im Dienste Gottes" (nach der New International Version). Es fällt auf, daß das Thema der Treue Jesu hier in einem Vergleich mit Mose, das seiner Barmherzigkeit aber erst im nächsten Abschnitt aufgegriffen wird, der einem Vergleich zwischen Jesus und Aaron gewidmet ist (siehe 4,14-16).

Mose war treu „in Gottes ganzem Hause" (3,2), ebenso auch Jesus. Mose war aber selbst nur ein Teil dieses Hauses, wenn auch ein sehr wichtiger Teil, Jesus hingegen ist „der Erbauer des Hauses" (3,3 f.). Mose erwies die Treue eines Knechtes, Jesus hingegen die Treue eines Sohnes. Das Wirken des Mose war auf die Zukunft ausgerichtet; an der Frucht des Wirkens Jesu hingegen dürfen wir uns jetzt schon erfreuen (3,5 f.).

Dieser Vergleich leitet einen langen, tiefempfundenen Appell des Verfassers ein. Diejenigen, die zur Zeit Moses aufbegehrten, wurden von drastischen Strafen getroffen; deshalb dürfen wir auf gar keinen Fall unser Herz vor Jesus verschließen, denn er ist größer als Mose. „Denn [das Evangelium] ist auch uns verkündigt wie ihnen" (4,2). Jene sind um ihres Unglaubens willen nicht in die Ruhe Gottes eingegangen; deshalb müssen wir „bemüht sein, zu dieser Ruhe zu kommen, damit nicht jemand zu Fall komme durch den gleichen Ungehorsam" (4,11). Der Verfasser empfindet zutiefst den warnenden Charakter der Exodus-Erzählung. Die damalige Generation hat von Gott sehr viel empfangen, aber alles wieder verloren. Der Verfasser des Hebräerbriefs schreckt nicht davor zurück, seine Leser eindrücklich, zu warnen, daß sie sich in der gleichen Gefahr befinden.

Jesus ist größer als Aaron, 4,14 – 10,39

Wir nähern uns jetzt dem Kern des Arguments. Nach einem einleitenden Absatz beginnt und endet dieser lange, zentrale Abschnitt mit kraftvollen Ermahnungen, in denen der Verfasser seine Warnung unterstreicht (5,11 – 6,1; 10,19–39). Dazwischen liegen zwei längere Passagen, in denen er zunächst auf die Person des Hohenpriesters Jesus (6,13 – 7,28) und dann auf dessen Werk eingeht (8,1 – 10,18).

Im einleitenden Absatz (4,14 – 5,10) wird zum erstenmal eine herausragende Persönlichkeit erwähnt, die in diesem Abschnitt des Briefes besonders bedeu-

Modell des herodianischen Tempels in Jerusalem. Deutlich zu erkennen: das grandiose Hauptgebäude, in dem das Allerheiligste untergebracht war.

tungsvoll ist: Melchisedek. Dieser tritt im Alten Testament nur als Nebenfigur auf (er wird dort nur zweimal erwähnt: Psalm 110,4, zitiert Hebräer 5,6, und 1. Mose 14,17–24, die Geschichte, auf die Hebräer 7,1-10 anspielt), doch für den Verfasser des Hebräerbriefs ist er eine äußerst bedeutende Gestalt, und das aus zwei Gründen. Erstens: Daß er im Alten Testament überhaupt erwähnt wird, obwohl sein Priesteramt völlig anders geartet war als das Priesteramt Aarons, zeigt, daß dem Alten Testament die Unvollständigkeit und Unvollkommenheit des von Aaron und dessen Söhnen ausgeübten Priesterdienstes durchaus bewußt war: „Wäre nun die Vollendung durch das levitische Priestertum gekommen [. . .], wozu war es dann noch nötig, einen andern als Priester nach der Ordnung Melchisedeks einzusetzen, anstatt einen nach der Ordnung Aarons zu benennen?" (7,11).

Zweitens erweist sich die Person Melchisedeks, wie sie uns in den beiden ihn betreffenden alttestamentlichen Abschnitten gezeigt wird, in mehrfacher Hinsicht als auf die Person Jesu hinweisendes Schattenbild:

1. Melchisedek war ein „königlicher Priester" – ein „König Salems" (= Jerusalems), der auch „Priester Gottes des Höchsten" war (7,1). Dadurch, daß der Verfasser in seinem ersten Kapitel mehrere königliche Psalmen auf Jesus deutet, bereitet er uns darauf vor, Jesus als den zu würdigen, der auf dem Thron Davids sitzt und die alttestamentliche Ankündigung eines Königs erfüllt, der auch als Gott bezeichnet wird (siehe z. B. Hebräer 1,8). Der Verfasser geht ausführlicher auf die priesterlichen Aktivitäten des Königs von Jerusalem ein. David und seine Nachfolger scheinen in der Tat im Rahmen ihres Königsamtes einen gewissen Priesterdienst ausgeübt zu haben (siehe 2. Samuel 24,25; 1. Könige 9,25).

2. Melchisedek taucht in der Genesis-Erzählung ohne jegliche Vorrede auf. Wir lesen dort nichts über seine Geburt oder seinen Tod, über seine Eltern oder Vorfahren. Dadurch bildet er, so folgert der Verfasser des Hebräerbriefs, symbolhaft das „unzerstörbare Leben" des Sohnes Gottes ab (7,3.16).

3. Aaron war ein Nachkomme Levis und Levi seinerseits ein Nachkomme Abrahams. Als Melchisedek Abraham segnete und von ihm den Zehnten entgegennahm, ordnete sich gewissermaßen das „levitische Priestertum" in der Person seines Vorfahren Melchisedek unter. Die Leviten sollten vom Volk Israel den Zehnten einsammeln und dann selbst ein Zehntel des eingesammelten Betrags an Gott abgeben (4. Mose 18,26). Der Verfasser des Hebräerbriefs vertritt die Auffassung, diese Abgabe sei 1. Mose 14 vorbildhaft abgebildet, was den Status Melchisedeks unterstreicht, dem göttliche Ehren zustanden (7,4-10).

4. Melchisedek gehörte also nicht zum priesterlichen Stamm Levi und wies somit auf Jesus hin, der wie David ein Priester war, obwohl er dem Stamm Juda angehörte (7,13 f.).

5. Im Gegensatz zu den levitischen Priestern wurde Melchisedek nach Psalm 110 durch einen göttlichen Eid eingesetzt: „Der Herr hat geschworen, und es wird ihn nicht gereuen: Du bist ein Priester in Ewigkeit" (7,21). Dieser Schwur galt nicht dem levitischen Priestertum, weil die levitischen Priester nicht „ewig blieben": „Der Tod verhinderte, daß sie im Amt blieben" (7,23 nach der New International Version). Jesus hingegen übt, wie Melchisedek, ein bleibendes Priesteramt aus, weil er ewig lebt. Folglich „kann er auch für immer selig machen, die durch ihn zu Gott kommen; denn er lebt für immer und bittet für sie" (7,25). Der Verfasser des Hebräerbriefs geht äußerst geschickt vor. Erst entdeckt er im Alten Testament etwas, was sich unter alttestamentlichen Voraussetzungen nicht erklären läßt (in diesem Fall die Existenz Melchisedeks und seines Priesteramtes); dann erklärt er es unter neutestamentlichem Vorzeichen als schattenbildhaften Hinweis auf Jesus.

8,1 wendet sich der Verfasser einem neuen Aspekt seines Arguments zu. „Jeder Hohepriester wird eingesetzt, um Gaben und Opfer darzubringen. Darum muß auch dieser etwas haben, was er opfern kann" (8,3). In den folgenden Versen geht es nicht mehr um die Person des Priesters, sondern um die Art seines Opfers, das sich als ebenso einzigartig erweist wie seine Person.

2. Das Opfer Jesu

Dieser neue Abschnitt des Briefes ist „konzentrisch" aufgebaut (siehe folgenden Textkasten).

Dieser Aufbau veranschaulicht, mit welcher Sorgfalt der Verfasser den Abschnitt durchkomponiert hat, und macht zugleich seine wichtigsten Gedanken deutlich. Es geht ihm hier um drei Gegensätze: den Gegensatz zwischen der irdischen und der himmlischen „Hütte" oder „Heiligtum" (dem *Ort* des priesterlichen Wirkens), den Gegensatz zwischen dem alten und dem neuen Bund (der *Grundlage* des priesterlichen Wirkens) und den Gegensatz zwischen den alten Opfern und dem neuen Opfer (hier geht es um die *Aufgabe* der Priester). Unter dem alten Bund brachte der Hohepriester einmal im Jahr – am großen Versöhnungstag – das Blut eines Opfers in das Allerheiligste der Stiftshütte; Jesus aber

8,1-6 [A] Der Ort des Wirkens Jesu
8,7-13 [B] Die Verheißung des neuen Bundes
9,1-10 [C] Der alte Versöhnungstag
9,11-14 [C] Der neue Versöhnungstag
9,15-22 [B] Der neue Bund durch Jesu Blut
9,23-28 [A] Der Ort des Wirkens Jesu

ist in das himmlische Heiligtum eingegangen, wo Gott selbst wohnt. Dabei trug er sein eigenes Blut – den Nachweis eines Opfers, das nicht wiederholt werden muß, weil es die Sünde ein für allemal „aufhebt“ (9,26). Das Ergebnis ist ein ganz „neuer Bund“, das heißt: Die Beziehung zwischen Gott und seinem Volk steht jetzt auf einer ganz anderen Grundlage. Im Verlauf dieses Abschnitts bezieht sich der Verfasser immer wieder auf das 3. Mose 16 geschilderte Ritual des großen Versöhnungstags und bemüht sich aufzuzeigen, wie das vollkommene Opfer Jesu einen Punkt nach dem anderen das unvollkommene Schattenbild des großen Versöhnungstages erfüllt hat.

Wir wollen uns hier auf den Tod Jesu und dessen Bedeutung konzentrieren. Dabei können wir auf vier Bereiche verweisen, in denen Jesus die Grenzen des „ersten Bundes“ überwindet:

1. Der Einflußbereich des Opfers

Es handelte sich beim Tod Jesu nicht um ein rituelles, sondern um ein die innere sittliche Verfassung des Menschen beeinflussendes Opfer. Dies wird vom Verfasser nachdrücklich dargelegt. Die alttestamentlichen Opfer dienten der Heiligung der „rituell Unreinen“. Wörtlich heißt es, daß sie sich „zur Reinheit des Fleisches“ heiligten (9,13 nach der rev. Elberfelder Übers.). Benötigt wird jedoch ein Opfer, das „den, der Gottesdienst übt, im Gewissen vollkommen“ zu machen vermag (9,9) – also: eine echte, persönliche, innere Veränderung zustande bringen kann. Die alttestamentlichen Opfer mußten ständig wiederholt werden, weil sie die Teilnehmer am Gottesdienst nie von dem Gefühl befreiten, schuldig zu sein, um ihrer Sünden willen (10,2).

Doch jetzt haben wir im „Blut Christi“ ein Opfer, das „unser Gewissen von toten Werken reinigen [kann], damit wir dem lebendigen Gott dienen“ (9,14 nach der Einheitsübers.). Deshalb macht sich der Verfasser Sorgen über das mangelnde geistliche Wachstum seiner Leser: Allem Anschein nach haben sie die neutestamentliche Sündenvergebung nicht in der Fülle erlebt, die er von ihnen hätte erwarten dürfen.

2. Die Art des Opfers

Es war kein irdisches, sondern ein himmlisches Opfer. Jesus starb zwar auf Erden, doch „brachte er sich selbst Gott durch den ewigen Geist als Opfer ohne Fehl dar“ (9,14). Über dieses Opfer macht der Verfasser des Hebräerbriefs mehrere wichtige Aussagen:

Es war vollkommen. Es ist „unmöglich, durch das Blut von Stieren und Böcken Sünden wegzunehmen“. Jesus hingegen war wirklich „ohne Fehl“ und daher in der Lage, „durch sein eigenes Opfer die Sünde aufzuheben“ (9,26).

Es war geistlicher Art. Mit dem Ausdruck „durch den ewigen Geist“ (9,14) ist wahrscheinlich gemeint, daß Jesus sich selbst in völliger Eintracht mit Gott als Opfer darbrachte und für seinen Kampf mit dem Tod und der Sünde mit dem Geist gesalbt wurde. Dies bedeutet wiederum, daß er durch sein Opfer das himmlische Heiligtum zu reinigen vermochte (9,23). Er hat uns sündigen Menschen damit möglich gemacht, uns Gott zu nähern, ohne daß wir das Heiligtum – den Wohnort Gottes – entweihen.

Es hatte stellvertretenden Charakter. Dies ist der wirklich entscheidende Punkt. Jesus vermochte trotz seiner umfassenden Erfahrung der Versuchung und der Anfechtung, der Sünde und des Todes eine dermaßen vollendete geistliche Harmonie mit Gott aufrechtzuerhalten, daß es ihm möglich war, „die Sünden vieler wegzunehmen“ (9,28). Der Hebräerbrief führt nicht weiter aus, wie Jesu Tod ihn für andere zum „Urheber des ewigen Heils“ (5,9) macht. Doch wird dieser Tod 9,28 eindeutig als stellvertretendes Sühnopfer bezeichnet, durch das die Sünden anderer weggenommen werden. Der Verfasser bezieht sich dabei auf das prophetische Lied vom Gottesknecht aus Jesaja 53 (siehe insbesondere Vers 11), wahrscheinlich auch auf das am großen Versöhnungstag durchzuführende Ritual vom „Sündenbock". Hier mußte der Priester dem Bock die Hand auflegen und die Sünden Israels bekennen, dann wurde das Tier in die Wüste gejagt, um „alle ihre Sünden auf sich zu tragen" (3. Mose 16,22).

3. Die Einzigartigkeit des Opfers

Dieses Opfer findet nur einmal statt; es wird niemals wiederholt. „Ein für allemal" oder „einmal" ist ein Lieblingsausdruck unseres Verfassers und kommt zwischen 9,11 und 10,14 viermal vor (siehe untenstehenden Textkasten), wobei stets der Tod Jesu und dessen Folgen gemeint sind. Hier wird der Gegensatz herausgearbeitet zwischen dem einen, einzigartigen, unwiederholbaren Opfer Jesu und den ständig wiederholten Opfern, die sowohl am großen Versöhnungstag als auch täglich im Tempel dargebracht wurden. Der Verfasser des Hebräerbriefs behauptet: Diese ständige Wiederholung macht ihre Wirkungslosigkeit für alle sichtbar.

4. Die Wirkung des Opfers

Es handelte sich beim Tod Jesu nicht um ein vorübergehendes, sondern um ein dauerhaft gültiges Opfer. Die alttestamentlichen Opfer boten eine vorübergehende, äußerliche, rituelle Reinheit; das Opfer Jesu hingegen versetzt uns in die Lage, ihm auch ins Heiligtum zu folgen. Er ist nicht nur unser Stellvertreter, sondern auch unser Vorläufer (6,20). Jetzt dürfen auch wir vor Gott hintreten, „besprengt in unsern Herzen und los von dem bösen Gewissen und gewaschen am Leib mit reinem Wasser" (10,22). Der Verfasser wendet hier auf dramatische Weise die 2. Mose 29,21 und 3. Mose 16,4 der Einsetzung des Hohenpriesters vorbehaltenen Begriffe auf „uns" an. Ebenso wie Aaron auf seinen jährlichen Gang ins Allerheiligste vorbereitet wurde, sind auch wir zum Eingang bereit. Wir stehen an der Schwelle und warten nur noch auf den „Tag", an dem wir „unserem großen Hohenpriester" hinter den Vorhang werden folgen dürfen (10,19-25).

Das Nachdenken über die Wirkung des Opfers Jesu leitet zu einem weiteren, für den Hebräerbrief äußerst wichtigen Gedanken über:

3. Der neue Bund in Jesus

Das Hebräer 8,8-12 angeführte Zitat aus Jeremia 31,31-34 ist das längste zusammenhängende Zitat aus dem Alten Testament im Neuen Testament. Es handelt sich um den berühmten Abschnitt über den „neuen Bund", in dem Jeremia die Verderbtheit des Herzens, die Israel in den Ruin getrieben hat,

„Ein für allemal" – das einzigartige Opfer Jesu Christi

„Er ist auch nicht durch das Blut von Böcken oder Kälbern, sondern durch sein eigenes Blut ein für allemal in das Heiligtum eingegangen und hat eine ewige Erlösung erworben" (9,12).
„Nun aber, am Ende der Welt, ist er ein für allemal erschienen, durch sein eigenes Opfer die Sünde aufzuheben" (9,26).

„So ist auch Christus einmal geopfert worden, die Sünden vieler wegzunehmen; zum zweiten Mal wird er nicht der Sünde wegen erscheinen, sondern denen, die auf ihn warten, zum Heil" (9,28).
„Nach diesem Willen sind wir geheiligt ein für allemal durch das Opfer des Leibes Jesu Christi" (10,10).

Die Stiftshütte

Der Verfasser des Hebräerbriefs geht davon aus, daß die Anlage der Stiftshütte seinen Lesern vertraut ist. Die Stiftshütte bestand aus zwei Kammern. Die erste und größere dieser beiden Kammern wurde als „das Heilige“ bezeichnet, das kleinere, dahinterliegende innerste Heiligtum als „das Allerheiligste“. Hier stand die Bundeslade, bedeckt durch eine goldene Platte, den „Gnadenstuhl“, wo die Schekhina-Herrlichkeit erschien, das sichtbare Zeichen der Gegenwart Gottes.
Die beiden Kammern der Stiftshütte waren durch einen dicken Vorhang voneinander getrennt. Durch diese Anordnung machte der Heilige Israels deutlich, daß er zwar mitten unter seinem Volk wohnte, daß es jedoch keinen Zugang zu ihm hatte. Gott war nahe und zugleich fern; Sünder konnten sich ihm nähern, durften jedoch nicht hinter den Vorhang in seine heilige Gegenwart eindringen. Der Zugang zu Gott war an vier, Hebräer 9,7 aufgezählte Bedingungen geknüpft: Es durfte *nur der Hohepriester* in das Allerheiligste eintreten, das *nur einmal im Jahr,* am großen Versöhnungstag, und *nur, wenn er Opferblut mitnahm,* mit dem er den Gnadenstuhl zu besprengen hatte. Dadurch erwirkte er für das Volk nur die Vergebung *der „unwissentlich begangenen Sünden“.*
Diese Einschränkungen machten nach Ansicht unseres Verfassers deutlich, „daß der Weg ins Heilige noch nicht offenbart“ war (9,8). Hier zeigt sich noch einmal die Unzulänglichkeit des Alten Bundes, dem Jesus fehlt. Jesus ist im Gegensatz zum alttestamentlichen Hohenpriester „durch sein eigen Blut ein für allemal in das Heiligtum eingegangen und hat eine ewige Erlösung erworben“ (9,12).

Rekonstruktion der Stiftshütte, gezeichnet nach den im Pentateuch vorliegenden Schilderungen. Vor dem Zelt sind das goldene Waschbecken und die Opferstätte, im Heiligtum der siebenarmige Leuchter und im Allerheiligsten die Bundeslade zu sehen.

beklagt und eine gnädige, dreifache Verheißung verkündet: daß Gott seinem Volk das Gesetz in Herz und Sinn schreiben, daß er sich jedem einzelnen offenbaren und daß er ihnen ihre Sünden vergeben werde. Dieses innere Heiligung, persönliche Gotteserkenntnis und vollständige Sündenvergebung verheißende Wort ist, so glaubt unser Verfasser, durch den Opfertod Jesu in Erfüllung gegangen.

Darum ist Jesus „der Mittler eines neuen Bundes“ (9,15). Und dieser neue Bund ist dem alten überlegen, denn er ist „auf bessere Verheißungen gegründet“ (8,6). Er verspricht eine echte Verwandlung des Herzens. Der alte Bund war letztlich unwirksam: „Denn wenn der erste Bund untadelig gewesen wäre, würde nicht Raum für einen andern gesucht. [...] Indem er sagt: ‚einen neuen Bund‘, erklärt er den ersten für veraltet. Was aber veraltet und überlebt ist, das ist seinem Ende nahe“ (8,7.13).

Der Verfasser stützt seine These mit drei Argumenten: zunächst mit einem *Beispiel aus dem täglichen Leben.* Das griechische wie das hebräische Wort für „Bund“ bedeutet zugleich auch „Testament“. Wie ein Testament nur nach dem Tod des Erblassers in Kraft tritt, so trat auch das Neue Testament erst nach dem Tod Jesu in Kraft (9,15-17).

Als zweites verwendet er eine *biblische Analogie.* Er erklärt: Wie der erste Bund durch Blutvergießen in Kraft gesetzt wurde, so wird auch der neue Bund durch das Blut Jesu, das als „Blut des Bundes“ bezeichnet wird, in Kraft gesetzt (9,18-21; 10,29; 13,20; vgl. Matthäus 26,28).

An dritter Stelle verwendet er ein *Argument, das von der christlichen Erfahrung ausgeht.* „Denn mit einem Opfer hat er für immer die vollendet, die geheiligt werden“ (10,14). Wo die Sündenvergebung bereits geschenkt und erlebt worden ist, bedarf es keines weiteren Opfers (10,17 f.): Der neue Bund ist in Kraft!

Diese Endgültigkeit des neuen Bundes ist für den Verfasser der entscheidende Punkt. Gleich zu Anfang seines Briefes ruft er aus: „Wie wollen wir entrinnen, wenn wir ein so großes Heil nicht achten?“ (2,3). Er befürchtet, daß seine Leser im Begriff sind, genau das tun: Sie ignorieren oder mißachten, was Gott durch Jesus für die Welt getan hat. Als Judenchristen waren sie vielleicht der Versuchung erlegen, Jesus könne ihrem jüdischen Glauben am Ende doch nicht allzuviel hinzufügen. Dieser Annahme widersteht der Verfasser des Hebräerbriefs leidenschaftlich. Jesus ist einzigartig. Gott hat durch die Person, das Werk und den Bund Jesu Christi abschließend geredet und gehandelt.

Im Sinne des Opferkultes kann es neben Jesus keine weiteren „Priester“ geben, denn unser „großer Hohepriester“ hat uns bereits unmittelbaren Zugang zu Gott verschafft. Einen weiteren Mittler brauchen wir nicht. Als Christen bringen wir *nur* noch das „Lobopfer“ dar (13,15); wir brauchen „kein Opfer mehr für die Sünde“ (10,18). Der neue Bund ist zugleich der letzte Bund und wird niemals durch etwas anderes ersetzt: Es handelt sich um einen „ewigen Bund“ (13,20), der dem Volk Gottes „ewiges Heil“ (5,9), eine „ewige Erlösung“ (9,12) und ein „ewiges Erbe“ (9,15) bringt.

Die Botschaft des Hebräerbriefs läßt keine Kompromisse zu. Kirche und Gesellschaft werden hier aufs schärfste zurechtgewiesen, wenn sie behaupten, es würden viele Wege zu Gott führen, und das Christentum sei nur eine Religion unter vielen. Wer eine solche Ansicht vertritt, der leugnet, was Gott in Jesus Christus für die Welt getan hat. Der Verfasser dieses Briefes ruft seine Leser auf, unter allen Umständen – und wenn sie darüber ihr Blut vergießen müßten (12,4) – an der Einzigartigkeit und Endgültigkeit Jesu Christi festzuhalten, der nach Schande und Tod „sich gesetzt hat zur Rechten des Thrones Gottes“ (12,2). Wir müssen auch heute diesen Aufruf hören.

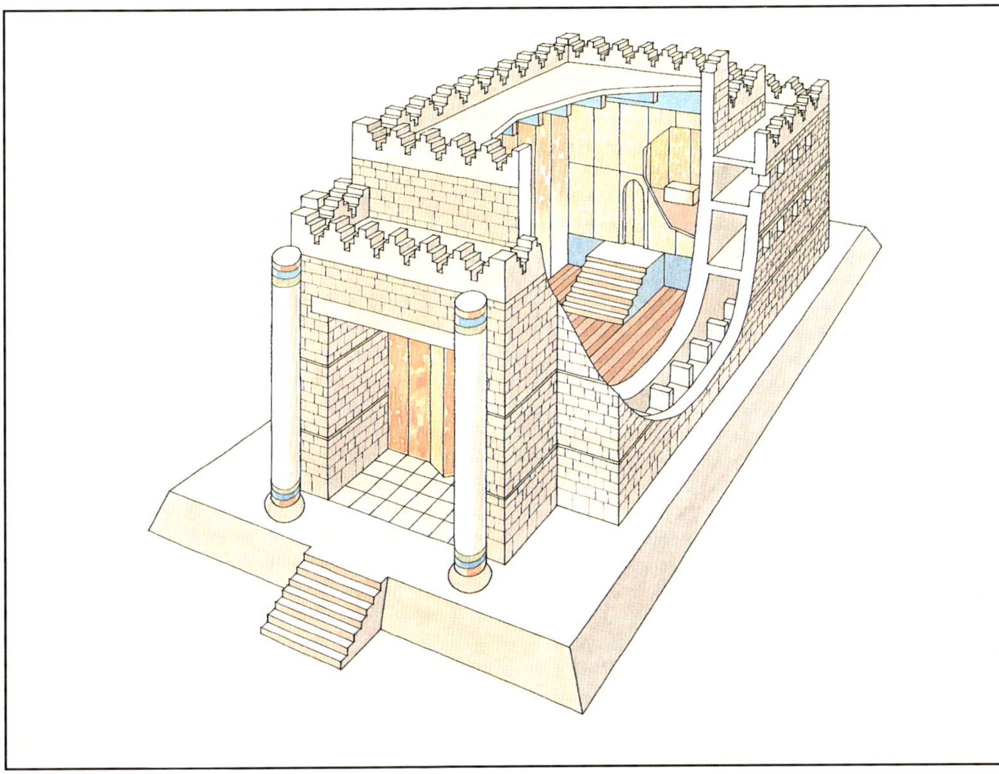

Rekonstruktion des salomonischen Tempels nach alttestamentlichen Beschreibungen. Im Tempel sind das Allerheiligste und die Bundeslade zu sehen.

4. Die Disziplin Jesu

Mit der Formel: „Weil wir denn nun, liebe Brüder . . ." (10,19) leitet der Verfasser die Reihe von praktischen Folgen ein, die er aus seiner Darstellung Jesu ableitet. Der Abschnitt 10,19-39 erinnert an die Ermahnung 5,11 – 6,12 und ist deren Gegenstück. Hier werden wir sowohl ermutigt als auch nüchtern gewarnt. Wir werden aufgefordert, festzuhalten am Glauben (10,22), an der Hoffnung (10,23) und an der Liebe (10,24), den charakteristischen Merkmalen der Nachfolger Jesu, des großen „Hohenpriesters über das Haus Gottes" (10,21). Wir werden aber auch vor den schrecklichen persönlichen Folgen gewarnt, die eintreten werden, wenn wir Jesus nicht ernst nehmen, sondern „mutwillig [weiter]sündigen, nachdem wir die Erkenntnis der Wahrheit empfangen haben" (10,26). Es gibt nur *ein* Opfer für die Sünde, wenn wir dieses Opfer verachten, „haben wir hinfort kein anderes Opfer mehr für die Sünden, sondern nur ein schreckliches Warten auf das Gericht" (10,26 f.). Der Verfasser war offensichtlich überzeugt, daß seine Leser ihre Errettung verlieren und wieder unter das Gericht Gottes fallen können.

Die Mahnrede des Verfassers setzt sich in den drei herrlichen Schlußkapiteln seines Briefes fort. In diesen Kapiteln wird das 10,22-24 angesprochene Thema weiter ausgeführt: Kapitel 11 wird die Bedeutung des Glaubens, Kapitel 12 der Hoffnung und Kapitel 13 der Liebe hervorgehoben.

Mit „Glauben" ist gemeint: „Überzeugtsein von dem, was wir hoffen, und Gewißheit über das, was wir nicht sehen" (11,1 nach der New International Version). Undenkbar, daß Menschen, die an der Schwelle zum Heiligtum stehen und auf das Wiedererscheinen des Hohenpriesters warten (9,28), nicht mit dem Unsichtbaren rechnen. Deshalb wird uns gesagt, daß wir nicht „zurückweichen", sondern „glauben und errettet werden" sollen (10,39) wie die Helden des Alten

Testaments, die ebenfalls aus Glauben leben mußten, weil sie „den Unsichtbaren sahen" (11,27). Diese Helden früherer Zeiten waren nicht nur Männer des Glaubens, sondern auch der Hoffnung. Wegen ihres Glaubens erfüllten sich an ihnen noch zu ihren Lebzeiten Verheißungen Gottes. Dennoch heißt es hier: Keiner von ihnen „erlangte, was verheißen war" (11,39). Die irdischen Segnungen, die sie empfingen, versinnbildlichten den geistlichen Segen, den sie nicht erhielten. Auf diesen Segen warteten sie voller Hoffnung, das heißt: in freudiger, zuversichtlicher Erwartung. Deshalb hielten sie auch angesichts unermeßlichen Leids an Gott fest.

Wir sind aufgefordert, es ihnen gleichzutun. Von „einer solchen Wolke von Zeugen" umgeben, müssen wir „alles ablegen, was uns beschwert, und die Sünde, die uns ständig umstrickt" und „laufen mit Geduld in dem Kampf, der uns bestimmt ist".Wir müssen „unseren Blick auf Jesus richten, den Anfänger und Vollender unseres Glaubens". Wie die Helden des Alten Testaments erduldete auch er „um der vor ihm liegenden Freude willen" das Kreuz; deshalb sollen wir „an den gedenken, der [. . .] erduldet hat", damit wir „nicht matt werden und den Mut sinken lassen" (12,1 ff.).

Nach diesem bewegenden Aufruf geht der Verfasser im zwölften Kapitel näher ein auf die Themen Disziplin und Ausdauer im Licht der Hoffnung, die uns beflügelt: die Hoffnung, eines Tages in das „himmlische Jerusalem" einzugehen und so endlich „zu Jesus [zu kommen], dem Mittler des neuen Bundes" (12,22 ff.).

Im letzten Kapitel wird auf verschiedene Aspekte der „brüderlichen Liebe" (13,1) eingegangen, die unser Leben prägen soll, während wir auf den großen Tag warten. Wir sollen Fremden gegenüber gastfreundlich sein (13,2), an Gefangene denken (13,3), die Ehe in Ehren halten (13,4), lieber zufrieden sein statt habgierig (13,5) und unsere geistlichen Leiter achten (13,7-9.17.24). Zusammen mit dem übrigen Gottesvolk ertragen wir um Jesu willen „Schmach" und gesellen uns so zu ihm „außerhalb des Lagers" – das heißt: außerhalb der Normen und Wertvorstellungen einer Welt, die nur nach irdischer Sicherheit trachtet. „Denn wir haben hier keine bleibende Stadt, sondern die zukünftige suchen wir" (13,13 f.).

Bis dahin sollen wir ein Leben voller Gotteslob führen (13,15), Gutes tun und unser Hab und Gut mit den Notleidenden teilen (13,16). Darüber hinaus sollen wir füreinander beten (13,18 f.) und es Gott zutrauen, uns so zuzurüsten, daß wir seinen Willen tun und ihm zu Gefallen leben können (13,20 f.).

Der Verfasser des Hebräerbriefs stellt unsere „Trägheit" in Frage (5,11; 6,12) und meint damit sowohl unsere geistige Trägheit als auch unseren Mangel an Selbstdisziplin. Er erweitert unseren geistigen Horizont mit seiner Schilderung von Jesus, dem Sohn Gottes, der, obwohl er der „Erbe über alles" ist, den Gehorsam lernte an dem, was er litt, und als unser „große Hohepriester" die Sündenvergebung erwirkte. Und er macht uns Mut zur Selbstdisziplin mit seiner kraftvollen Aufforderung, gemeinsam in Jesu Fußstapfen zu wandeln und so durch Leiden und Tod hindurch zur Rechten Gottes zu gelangen.

Vertiefende Lektüre in Auswahl:

Roy Hession, *Vom Schatten zur Wirklichkeit,* Marburg 1978.
Fritz Laubach, *Der Brief an die Hebräer,* Wuppertal 1994.
Otto Michel, *Der Brief an die Hebräer,* Göttingen, 8. Auflage 1984.

Die Botschaft des Jakobus

Denn wie der Leib ohne Geist tot ist, so ist auch der Glaube ohne Werke tot.
(Jakobus 2,26)

Der Jakobusbrief ist der erste der sogenannten „katholischen Briefe". Diese werden deshalb so bezeichnet, weil sie sich nicht an eine bestimmte Gemeinde oder Einzelperson richten, sondern gewissermaßen an die „Allgemeinheit" (der griechische Begriff *katholikós* bedeutet: „das Ganze betreffend", „allgemein"). Entsprechend ist der Jakobusbrief ein allgemeines Rundschreiben „an die zwölf Stämme in der Zerstreuung" (1,1). Der Verfasser wendet sich an alle Judenchristen, wo sie sich auch immer befinden. Sein Brief ist in lebhaftem, elegantem Griechisch abgefaßt unter Verwendung zahlreicher Bilder und Vergleiche und nimmt unter den Schriften des Neuen Testaments einen einzigartigen Platz ein. Christen haben ihn von jeher wegen des Nachdrucks geschätzt, den er auf den praktischen Gehorsam legt. Martin Luther bezeichnete ihn allerdings als eine „recht stroherne Epistel", weil 2,14-26 scheinbar der paulinischen Rechtfertigungslehre widersprechen. Auf dieses Problem werden wir unten näher eingehen.

Der Mensch Jakobus

Im Neuen Testament werden mindestens drei Männer namens Jakobus erwähnt. Da ist zunächst Jakobus, der Sohn des Zebedäus und Bruder des Johannes, einer der zwölf Apostel. Dieser Jakobus wurde auf einen Befehl Herodes Agrippas I. hin enthauptet (Apostelgeschichte 12,1 f.) und scheidet daher als möglicher Verfasser des Briefes aus. Dann gab es ein zweites Mitglied des Zwölferkreises, das ebenfalls den Namen Jakobus trug. Er wird „Sohn des Alphäus" genannt (siehe z. B. Markus 3,18) und ist wahrscheinlich mit „Jakobus dem Kleinen" (Markus 15,40) gleichzusetzen. Über diesen zweiten Jakobus wissen wir so gut wie gar nichts, und es ist kaum anzunehmen, daß eine derartige Person im Hintergrund ein allgemeines Rundschreiben verfaßt und sich dabei lediglich mit den Worten vorstellt: „Jakobus, ein Knecht Gottes und des Herrn Jesus Christus" (1,1), ohne seinen Status oder seine Person näher zu beschreiben.

Übrig bleibt als dritter Jakobus einer der Brüder des Herrn Jesus (Matthäus 13,55 f.; Markus 6,3). Möglicherweise handelt es sich um den ältesten Bruder, denn er führt die Liste an: „Jakobus und Josef und Simon und Judas." Jedenfalls wurde er – nach dem Herrn selbst – zum bedeutendsten Mitglied dieser Familie.

Der Jakobusbrief wurde bereits gegen Ende des zweiten Jahrhunderts ihm zugeschrieben und als heilige Schrift angeführt. Unter den möglichen Kandidaten für die Verfasserschaft scheint deshalb dieser dritte Jakobus vor anderen der beste zu sein. Was wissen wir über ihn?

Als Jesus mit seinem öffentlichen Wirken begann, glaubten Jakobus und seine anderen Brüder nicht an ihn (Johannes 7,5; vgl. Markus 3,21), möglicherweise weil Jesus aus ihrer Sicht einige Gebote des heiligen Gesetzes, das zu lieben und zu ehren sie erzogen worden waren, zu mißachten schien. Zwar begleiteten sie Jesus während seines Wirkens, sowohl in Galiläa (Johannes 2,12) als auch in Jerusalem (Johannes 7,1-10), doch waren sie nicht verbindlich in seine Nachfolge getreten.

Es ist deshalb erstaunlich, daß Lukas in seiner Beschreibung der zehntägigen Übergangsphase zwischen Himmelfahrt und Pfingsten ausdrücklich die Brüder des Herrn zur gläubigen, erwartungsvollen Schar der betenden Christen zählt (Apostelgeschichte 1,14). Vielleicht liefert Paulus, zumindest was Jakobus betrifft, den entscheidenden Hinweis, wenn er in sein Verzeichnis der Personen, denen der auferstandene Herr erschienen war, den Satz aufnimmt: „Danach ist er gesehen worden von Jakobus" (1. Korinther 15,7). Es ist leider kein ausführlicher Bericht über diese Begegnung auf uns überkommen, doch ist die Begegnung selbst als Erklärung für das Christsein des Jakobus ausreichend.

Jakobus scheint das Vertrauen der anderen sehr schnell gewonnen zu haben und tritt binnen verhältnismäßig kurzer Zeit als Leiter der Jerusalemer Gemeinde auf (Apostelgeschichte 12,17). Paulus bezeichnet ihn als einen „Apostel" und erklärt, daß er ihn noch keine drei Jahre nach seiner Bekehrung bei seinem ersten Besuch in Jerusalem kennengelernt habe, als er fünfzehn Tage lang bei Petrus zu Gast gewesen sei (Galater 1,18 f.).

Galater 2,1-10 schildert Paulus einen zweiten Besuch in Jerusalem, bei dem er noch einmal dem Jakobus begegnete. Wir können kaum feststellen, ob es sich hierbei um den Apostelgeschichte 11,30 oder den Apostelgeschichte 15,2 erwähnten Besuch handelte, weil Paulus beidemal mit Barnabas zusammen hinreiste (siehe Galater 2,1). Doch kam es während des Apostelgeschichte 15 beschriebenen Besuches zu einer wichtigen Begegnung zwischen Paulus und Jakobus, ähnlich der Galater 2 geschilderten. Dort erklärt Paulus, daß er zusammen mit Barnabas nach Jerusalem hinaufzog, um sich mit den Aposteln über die Frage der Beschneidung von Christen mit heidnischem Hintergrund zu beratschlagen. Paulus hatte die Neubekehrten nicht zur Beschneidung gezwungen; es gab jedoch eine starke judenchristliche Interessengruppe, die auf dem Standpunkt beharrte: „Wenn ihr euch nicht beschneiden laßt nach der Ordnung des Mose, könnt ihr nicht selig werden" (Apostelgeschichte 15,1). Zum Schluß der einberufenen Versammlung „gaben Johannes und Kephas [Petrus] und Johannes [...] mir und Barnabas die rechte Hand der Gemeinschaft, da sie die Gnade erkannten, die mir gegeben war. Sie wurden mit uns eins, daß wir unter den Heiden, sie aber unter den Juden predigen sollten" (Galater 2,9).

Genau diese Frage wurde auf der Apostelgeschichte 15 beschriebenen Konferenz verhandelt. Jakobus übernahm dort den Vorsitz und vermochte die Teilnehmer mit Hilfe seiner scharfsinnigen Schriftauslegung und seiner großen Erfahrung davon zu überzeugen, daß es nicht notwendig sei, den Heidenchristen die Beschneidung aufzuerlegen (Apostelgeschichte 15,19). Der daraufhin abgefaßte Brief nahm sich allerdings wie ein Kompromiß aus: Die Heidenchristen wurden aufgefordert, „sich vom Götzenopfer und vom Blut und vom Erstickten und von Unzucht zu enthalten" (Apostelgeschichte 15,29). Eine Beschneidung nach dem Gesetz wurde also nicht von ihnen verlangt; dennoch sollten sie sich einigen kulturellen Regeln des Gesetzes unterordnen.

Ehe wir Jakobus Inkonsequenz vorwerfen, sollten wir bedenken, weshalb gerade diese Regeln ausgewählt wurden. Es war zweifellos Zweck dieser Aufforderung, eine Tischgemeinschaft zwischen Heiden- und Judenchristen zu ermöglichen. Manche Judenchristen hielten sich noch peinlich an die alttestamentlichen Speisegebote. Daher war die Tischgemeinschaft, zu der natürlich auch die Feier des Abendmahls zählte, nur möglich, wenn heidenchristliche Teilnehmer sich bereit erklärten, „koscher" zu essen. Das stimmt haargenau mit dem von Paulus dargelegten Prinzip überein, die eigene Freiheit um „schwächerer" Gewissen willen einzuschränken (siehe 1. Korinther 8,4-13). Deshalb wäre es voreilig, Jakobus Inkonsequenz vorzuwerfen. Es ging ihm darum, seinen judenchristlichen Landsleuten die Aufnahme heidenchristlicher Neubekehrter in die eine christliche Gemeinschaft zu erleichtern.

Es ist allerdings unschwer zu erkennen, daß man die Position des Jakobus leicht mißdeuten konnte. Galater 2,11-21 schildert Paulus einen Zwischenfall aus dem Gemeindeleben in Antiochien, der sich vor der Jerusalemer Konferenz zugetragen haben wird. „Einige von Jakobus" kamen nach Antiochien und veranlaßten sogar Petrus, sich von der Tischgemeinschaft mit den Heidenchristen zurückzuziehen, „weil er die aus dem Judentum fürchtete" (2,12). Es sieht so aus, als hätten einige Judenchristen die eigentlich unbedeutenden Zugeständnisse des Jakobus und des Petrus dem Gesetz gegenüber als Ablehnung des von Paulus vertretenen Grundsatzes gedeutet, Heidenchristen zur vollen Gemeinschaft zuzulassen, ohne den Übertritt zum Judentum von ihnen zu verlangen.

Der gleiche Eifer für das Gesetz Moses prägt den einzigen anderen Abschnitt der Apostelgeschichte, in dem Jakobus eine Rolle spielt: Apostelgeschichte 21,17-26. Es sind etliche Jahre ins Land gegangen, und Paulus hat seit der Konferenz in Jerusalem zwei weitere Missionsreisen abgeschlossen. Es haben sich Hunderte von Heiden bekehrt und der christlichen Gemeinde angeschlossen; sie sind getauft, aber nicht beschnitten worden. Paulus ist nun nach Jerusalem zurückgekehrt. Am Tage nach seiner Ankunft besuchen er und seine Mitstreiter Jakobus und erzählen ihm vom Wirken Gottes unter den Heiden. Jakobus freut sich und lobt Gott darüber. Er fügt jedoch eine Warnung hinzu; er erinnert Paulus daran, daß es auch Tausende von Judenchristen gibt, die allesamt „Eiferer für das Gesetz" sind (Vers 20). Diese sind überzeugt, daß Paulus die Juden, die sich unter seinem Dienst bekehren, zum Abfall von Mose verführt. Jakobus schlägt deshalb vor, daß Paulus sich in den Tempel begebe und öffentlich die vom Gesetz vorgeschriebenen Reinigungsriten vollziehe, um seine Treue dem heiligen Gesetz Gottes gegenüber zu beweisen.

Paulus stimmt bereitwillig zu, doch tritt hier der Unterschied in der Akzentsetzung der beiden christlichen Leiter deutlich zutage. Jakobus wird in der Apostelgeschichte als ein Judenchrist dargestellt, dem es in erster Linie darum geht, zu verhindern, daß die Annahme des neuen Glaubens zur völligen Verwerfung des bisherigen führt. Das Evangelium von Jesus habe das mosaische Gesetz erfüllt, aber nicht aufgehoben.

Daher überrascht es nicht, daß Jakobus sich den Beinamen „der Gerechte" verdiente. Der Kirchenhistoriker Euseb schrieb im vierten Jahrhundert: „Die Liebe zur Weisheit und die Gottseligkeit, die er in seinem Leben in so herausragender Weise an den Tag legte, riefen die allgemeine Überzeugung hervor, daß er der gerechteste aller Menschen sei." Im weiteren führt er Hegesipp an, der gegen Ende des zweiten Jahrhunderts lebte und Jakobus für einen Nasiräer hielt: „Er hatte die Gewohnheit, allein in den Tempel zu gehen, und wurde häufig auf den Knien angetroffen, wo er um Vergebung für das Volk flehte, so daß seine Knie hart wurden wie die eines Kamels, weil er sie ständig im Dienst Gottes beugte und für das Volk um Vergebung flehte. Seiner großen Gerechtigkeit wegen erhielt er den Beinamen ‚der Gerechte' ..."

Dem jüdischen Geschichtsschreiber Josephus zufolge starb Jakobus im Jahre 62 n. Chr. als Märtyrer in Jerusalem. Die Begleitumstände seines Martyriums sind bewegend und werfen ein bezeichnendes Licht auf seinen Charakter wie auf seinen Brief. Die Einwohner Jerusalems achten ihn zwar, doch wurde Jakobus offenbar von der priesterlichen Aristokratie gefürchtet und gehaßt. Der Hohepriester Ananus ergriff eine Gelegenheit, Jakobus vor dem Hohen Rat den Prozeß zu machen und steinigen zu lassen (siehe Textkasten). Josephus erzählt weiter, daß es zu dieser Zeit eine erhebliche Auseinandersetzung gab zwischen der wohlhabenden Aristokratie, der Ananus angehörte, und den ärmeren Bevölkerungsschichten. Liest man die feurigen Worte, mit denen Jakobus die Ausbeutung der Armen durch die Reichen anprangerte (siehe z. B. Jakobus 5,1-6), so versteht man, wie sehr er den Haß von Männern wie Ananus auf sich gezogen haben muß. Die „Gerechtigkeit", die Jakobus dem Volk durch sein Vorbild vor Augen führte, wird der Haltung des Propheten Amos geähnelt haben, der ebenfalls kein Blatt vor den Mund nahm, wenn es galt, im Namen Gottes gegen wirtschaftliche Ausbeutung vorzugehen.

Der Jakobusbrief

So sah der Charakter des Mannes aus, der das vermutlich älteste Schriftstück zum Neuen Testament beisteuerte. Viele Ausleger nehmen für den Jakobusbrief ein Abfassungsdatum um das Jahr 50 n. Chr. an, einige sind sogar der Meinung, er sei um 45 n. Chr. entstanden. Bei der Entscheidung, wann der Brief geschrieben wurde, sind 2,14-26 wichtig. Ob Jakobus seine Worte so gemeint hat oder nicht, dieser Abschnitt läßt sich als Angriff auf die paulinische Lehre von der Rechtfertigung aus Glauben deuten. So hat ihn jedenfalls Martin Luther aufgefaßt. Doch haben wir bereits gesehen, daß es Jakobus keine Probleme bereitete, Paulus die „rechte Hand der Gemeinschaft" zu reichen (Galater 2,9), auch wenn er in seinem eigenen Dienst einen anderen Akzent setzte. Man kann sich deshalb leichter vorstellen, daß Jakobus 2,14-26 zu einem eher frühen Zeitpunkt abfaßte, noch bevor Paulus so erfolgreich unter den Heiden missionierte, statt zu einem späteren Zeitpunkt, als seine Worte zwangsläufig als Kritik an Paulus hätten aufgefaßt werden müssen.

Zu diesem früheren Zeitpunkt waren viele Judenchristen weiterhin aktive Mitglieder ihrer örtlichen Synagoge – wie Jakobus selbst in Jerusalem. Es ist daher möglich, daß es sich bei der „Synagoge" (Luther: „Versammlung"), auf die sich Jakobus 2,2 bezieht, buchstäblich um die Synagoge handelte, in der Judenchristen ihren Gottesdienst neben Juden verrichteten, die Jesus noch nicht als Messias anerkannt hatten. Daher ist es denkbar, daß Jakobus – obwohl er Christen ansprach und seine eigene Hingabe an Jesus entschieden bezeugte – die Hoffnung hegte, sein Brief werde auch von anderen Juden gelesen, und daß er bei der Abfassung zumindest teilweise an sie dachte. Auf jeden Fall weist der Inhalt des Briefes in diese Richtung, der von seinem Tenor her nicht nur durch und durch christlich, sondern auch zutiefst jüdisch ist.

Merkmale des Jakobusbriefs

1. Er legt großen Nachdruck auf praktischen Gehorsam

Das Hauptmerkmal des Briefes ist, wie wir es bei einem Verfasser wie Jakobus nicht anders erwarten würden, der Nachdruck, den er auf die Notwendigkeit praktischer Gerechtigkeit im geistlichen Leben legt. Der Brief atmet den gleichen Geist wie die Schriften der alttestamentlichen Propheten. Hinzu kommt, daß Jakobus sich als einziger neutestamentlicher Verfasser ausgiebig mit dem Thema

Der Tod des Jakobus nach Darstellung des Josephus

Ananus, der zum Hohenpriester bestellt worden war, war von seinem Temperament her unbesonnen und ungewöhnlich wagemutig. Er hing der Lehre der Sadduzäer an, die in der Tat herzloser sind als alle anderen Juden, wenn sie zu Gericht sitzen. Da er einen solchen Charakter hatte, dachte Ananus, ihm sei die Zeit günstig, weil Festus tot war und Albinus noch unterwegs [das heißt: Es war zwischen den Amtsperioden zweier römischer Statthalter ein Machtvakuum entstanden]. Also rief er die Richter des Hohen Rats zusammen und führte ihnen einen Mann namens Jakobus vor, den Bruder des Jesus, der als der Christus bezeichnet wurde, sowie einige andere. Er bezichtigte sie, das Gesetz übertreten zu haben, und ließ sie zur Steinigung abführen. Diejenigen unter den Einwohnern der Stadt, die als die aufrichtigsten galten und sich strikt an das Gesetz hielten, nahmen daran Anstoß.

Josephus, *Jüdische Altertümer* 20: 199-201 (gekürzt)

„Weisheit" befaßt (3,13-18) und auf einige der großen Themen der alttestamentlichen Weisheitsschriften anspielt (insbesondere aus den Sprüchen Salomos und dem Buch Hiob).

Jakobus verwendet in seinen fünf kurzen Kapiteln über fünfzigmal den Imperativ. Er liebt auch kernige Sprüche wie: „Des Menschen Zorn tut nicht, was vor Gott recht ist" (1,20) oder: „Wer der Welt Freund sein will, der wird Gottes Feind sein" (4,4). Im gesamten Verlauf seines Briefes macht er von einprägsamen Metaphern und Bildreden Gebrauch, die in gewisser Weise an die Gleichnisse Jesu erinnern.

Die Schwierigkeiten, die 2,14-26 aufwerfen, hängen im wesentlichen mit dem Nachdruck zusammen, den Jakobus auf ein praktisches, tätiges Christentum legt. Einige Ausleger folgen Luther in der Annahme, dieser Abschnitt stehe im krassen Widerspruch zur Lehre des Paulus:

Paulus: „So halten wir nun dafür, daß der Mensch gerecht wird ohne des Gesetzes Werke, allein durch den Glauben" (Römer 3,28).

Jakobus: „So seht ihr nun, daß der Mensch durch Werke gerecht wird, nicht durch Glauben allein" (Jakobus 2,24).

Paulus und Jakobus verwenden sogar beide Abraham als Beispiel, um ihre scheinbar gegensätzlichen Standpunkte zu veranschaulichen (Römer 4,1-5; Jakobus 2,21-23).

Es handelt sich hier wohl eher um eine unterschiedliche Akzentsetzung, nicht jedoch um zwei unterschiedliche Botschaften. Nach einer Erklärung muß man auch nicht weit suchen. Jeder dachte an eine andere Gruppe von Irrlehrern. Die Gegner des Paulus waren jüdische Gesetzesfanatiker, die des Jakobus jüdische Aristokraten wie Ananus. Der Heilsweg der Gesetzesfanatiker hieß „Werke" – sittliches Verhalten und rituelle Handlungen nach den Vorgaben des Gesetzes. Der Heilsweg der Aristokraten hingegen hieß „Glauben", das heißt, bloße Rechtgläubigkeit, Festhalten am Judentum ohne praktischen Gehorsam.

Den Gesetzesfanatikern gegenüber stellt Paulus fest, daß wir nicht durch unsere guten Werke gerechtfertigt werden, sondern durch den *Glauben* an Jesus Christus. Den Aristokraten gegenüber stellt Jakobus fest, daß wir nicht durch trockene, tatenlose Rechtgläubigkeit – einen rechten Glauben dieser Art haben auch die Dämonen und zittern (2,19) – gerechtfertigt werden, sondern durch Werke, insbesondere durch Fürsorge für die Notleidenden. Allerdings ergänzt Paulus schnell, daß rettender Glaube unweigerlich zu guten Werken führt (Epheser 2,8 ff.; Galater 5,6), während Jakobus bestätigt, daß rettende Werke die selbstverständliche Folge echten Glaubens sind (2,15), so daß man durchaus vom Fehlen guter Werke auf das Fehlen echten Glaubens schließen kann (2,17).

Wir werden in der Tat weder durch „toten" Glauben (Jakobus 2,17) noch durch „tote" Werke (Hebräer 6,1; 9,14) gerettet, sondern durch einen lebendigen

Glauben, der „zur Liebe und zu guten Werken" führt (Hebräer 10,24). Wir können weder durch Werke noch ohne Werke gerettet werden. Werke sind nicht dazu da, uns das Heil zu verdienen, sondern dazu, das Heil, das wir bereits durch Gnade empfangen haben, sichtbar zu machen. Die Echtheit unseres Glaubens erweist sich in der Qualität unseres Lebens; und darin sind sich Paulus und Jakobus von Herzen einig. Beide weisen zu Recht auf Abraham hin, der auf die Verheißungen Gottes vertraute und somit dem Gebot Gottes gehorchte.

2. Er stützt sich auf die Lehre Jesu

Aus dem Text des Jakobusbriefs geht deutlich hervor, daß Jakobus mit der Bergpredigt wie mit anderen Reden Jesu vertraut war. An vielen Stellen scheint er die Lehre Jesu mit eigenen Worten wiederzugeben. Zitieren wir einen früheren Ausleger: „Wenn Johannes sich dem Heiland an die Brust gelehnt hat, so hat Jakobus zu seinen Füßen gesessen." Dieses Thema ist so aufschlußreich, daß es sicherlich von Nutzen ist, den Vergleich zwischen der Lehre des Jakobus und der Lehre Jesu weiter auszuführen: siehe Textkasten.

Jakobus schöpft vor allem aus der ethischen Unterweisung Jesu. Da er seinen Brief abfaßte, ehe eines unserer vier Evangelien veröffentlicht wurde, wird hier mehr als deutlich, daß die Lehre Jesu den ersten Christen in Fleisch und Blut eingegangen war. Jakobus zitiert nirgendwo ausdrücklich die Worte Jesu; er hatte sich aber so sehr in die Lehre seines Herrn vertieft, daß er sich bei seiner eigenen Lehrtätigkeit eng an die Worte Jesu anlehnte.

3. Er zeigt die Harmonie zwischen Gesetz und Evangelium auf

Dieser Punkt ergibt sich aus dem vorigen. Neben der stillschweigenden Abhängigkeit von der Lehre Jesu finden wir eine ausdrückliche Abhängigkeit vom „königlichen Gesetz nach der Schrift" (2,8). Dabei denkt Jakobus, wie es scheint, eher an das Sittengesetz als an die im Gesetz verankerten Riten. Das Sittengesetz ist in jedem einzelnen Punkt zu befolgen; es handelt sich um das „Gesetz, das Freiheit bringt", und wir werden eines Tages durch dieses Gesetz gerichtet werden (2,12).

Für Jakobus gehen Gesetz und Evangelium ineinander über. Als Christen sind wir durch „das Wort der Wahrheit" von neuem geboren worden (1,18). Dieses Wort muß für uns zu einem neuen Lebensprinzip werden, das in unser Herz gepflanzt ist (1,21). Nur so werden wir uns davor bewahren, das Wort zwar zu hören, es aber nicht in die Praxis umzusetzen. Wenn das Wort in uns gepflanzt ist, werden wir wie ein Mann sein, der „durchschaut in das vollkommene Gesetz der Freiheit und dabei beharrt und ist nicht ein vergeßlicher Hörer, sondern ein Täter" (1,25). Mit dem Evangelium verknüpft wird das Gesetz Moses wirklich zum „vollkommenen Gesetz, das Freiheit bringt".

Christen müssen vor allem das „königliche Gesetz" erfüllen (2,8), das das Leben der Bürger des Reiches Gottes bestimmen soll (2,5): „Liebe deinen Nächsten wie dich selbst" (2,8). Dieses Gesetz, das zunächst von Mose verkündet (3. Mose 19,18) und dann von Jesus bestätigt wurde (Markus 12,31), ist immer noch in Kraft. Wenn wir Parteigeist aufkommen lassen und die Armen ausbeuten (2,9), zeigen wir nur, daß wir wie der Besitzer eines Spiegels sind, der zwar erkennt, es nötig zu haben, sich zu waschen, doch weggeht, ohne es zu tun. „Wer nun weiß, Gutes zu tun, und tut's nicht, dem ist's Sünde" (4,17)!

4. Er warnt vor den Gefahren des Reichtums

Auch diese Haltung teilte Jakobus mit seinem Herrn, wie wir aus vier kraftvollen Abschnitten erkennen können. Jakobus lehrt, daß Reichtum nicht von Dauer sein wird (1,9-11) und daß Gott die Diskriminierung der Armen verabscheut

Das geistliche Leben nach Jesus und Jakobus

Es lassen sich mindestens zwanzig Punkte aufzählen, in denen die Lehre des Jakobus auf Aussagen Jesu zurückzugehen scheint:

1. Wer als Christ Anfechtungen zu erleiden hat, der ist „selig“: Jakobus 1,2; Matthäus 5,10-12.
2. Gott beabsichtigt, daß wir vollkommen werden: Jakobus 1,4; Matthäus 5,48.
3. Gott ist freigebig gegen alle, die ihn darum bitten: Jakobus 1,5; 4,2; Matthäus 7,7 f.
4. Der Vater beschenkt uns jedoch nur mit guten Gaben: Jakobus 1,17; Matthäus 7,9-11 ...
5. ... und zwar nur dann, wenn wir Glauben haben: Jakobus 1,6; Markus 11,22-24.
6. Die Jünger Jesu müssen sein Wort nicht nur hören, sondern auch in die Tat umsetzen: Jakobus 1,22-25; Matthäus 7,21-27.
7. Sie müssen sich vor dem Reichtum vorsehen, weil es die Armen sind, die das Reich ererben werden: Jakobus 2,5; Matthäus 5,3; Lukas 6,20.
8. Sie müssen ihren Nächsten lieben wie sich selbst: Jakobus 2,8; Markus 12,31.
9. Sie müssen auch das geringste Gebot einhalten und dürfen in keinem einzigen Punkt versagen: Jakobus 2,10; Matthäus 5,19.
10. Sie müssen selbst Barmherzigkeit üben, wenn sie Barmherzigkeit empfangen wollen: Jakobus 2,13; Matthäus 5,7; 18,33-35.
11. Sie müssen daran denken, daß die Art des Baumes über seine Frucht entscheidet: Jakobus 3,12; Matthäus 7,15-20.
12. Friedensstifter werden als „selig“ oder „gesegnet“ bezeichnet: Jakobus 3,18; Matthäus 5,9.
13. Niemand kann zwei Herren dienen. Jeder muß sich persönlich entscheiden, ob er Gott oder dieser Welt, ob er Gott oder dem Geld dienen will: Jakobus 4,4; 4,13-15; Matthäus 6,24.
14. Wer sich erniedrigt, der wird erhöht werden: Jakobus 4,6.10; Lukas 18,14; vgl. Jakobus 1,9 f.; Lukas 1,52.
15. Christen dürfen weder Böses übereinander reden noch einander richten: Jakobus 4,12; Matthäus 7,1.
16. Sie dürfen keine ehrgeizigen, weltlichen Pläne schmieden, um Gewinn zu erzielen: Jakobus 4,13-17; Lukas 12,16-21.
17. Denn Wohlstand wird nicht fortbestehen. Reichtum verfault, Gewänder werden von Motten zerfressen, und Gold läuft an wie mit Rost: Jakobus 5,1-3; Matthäus 6,19-21.
18. Deshalb: Wehe den Reichen! Jakobus 5,1; Lukas 6,24; 16,19-31.
19. Der Christ soll geduldig auf das Kommen des Herrn warten und sich bereit halten, denn der Herr ist nahe – er steht sogar vor der Tür: Jakobus 5,7-9; Lukas 12,35-40; Markus 13,29.
20. Christen sollten nicht schwören, weder beim Himmel noch bei der Erde, noch dürfen sie irgendwelche anderen Eidesformeln verwenden. Auf ihr Wort muß Verlaß sein. Ihr Ja muß ein Ja, ihr Nein ein Nein sein: Jakobus 5,12; Matthäus 5,33-37.

(2,1-11). Später greift er Geschäftsleute an, die ihre Pläne schmieden, ohne den Willen Gottes zu berücksichtigen (4,13-17), aber auch Grundeigentümer, die ihre Arbeiter erbarmungslos ausbeuten (5,1-6). Hier wird Jakobus in seiner Ausdrucksweise so heftig, daß Pedrito Maynard-Reid (*Poverty and Wealth in James*, Maryknoll 1987) sich zu der Behauptung verstieg, es sei für Jakobus unvorstellbar, daß Reiche errettet würden.

Das geht zu weit, denn Jakobus erwähnt 1,10 den „reichen Bruder“. Seine Botschaft an diesen Bruder lautet: Er solle sich nicht seiner hohen Stellung rühmen, sondern seiner Niedrigkeit! Denn er werde wie Hiob feststellen, daß er „wie eine Blume des Grases“ in der Mittagshitze vergeht. Bis dahin hat er die Aufgabe, seinen Reichtum zugunsten der Armen einzusetzen (2,14-16).

Im allgemeinen scheint Jakobus hier an Leute wie den Hohenpriester Ananus zu denken, der am Ende seinen Tod einfädeln konnte: reiche sadduzäische Aristokraten, denen riesige Ländereien gehörten und die sich kaum um das Wohlergehen der grundbesitzlosen Armen kümmerten, die für sie arbeiteten. Ein solcher Mann müsse – wie Zachäus – auf seinen Reichtum verzichten, wenn er errettet werden wolle.

5. Die drei Säulen des geistlichen Lebens

Verschiedene Ausleger haben erkannt, daß die letzten beiden Verse des ersten Kapitels, 1,26-27, eine Zusammenfassung der Botschaft des Jakobus darstellen. Jakobus stellt in diesen Versen einen Vergleich zwischen echter und unechter

Frömmigkeit an und nennt den Maßstab, mit dessen Hilfe wir beides erkennen können. Wir meinen, gläubig zu sein, doch wenn unsere Frömmigkeit gewisse eindeutige Merkmale nicht aufweist, betrügen wir uns nur selbst, und unser Gottesdienst ist „nichtig".

Jakobus nennt die drei Merkmale echter Frömmigkeit, die er als „rein" und „unbefleckt" bezeichnet: „die Zunge im Zaum zu halten", „sich um Waisen und Witwen in ihrer Trübsal zu kümmern" und „sich selbst von der Welt unbefleckt halten". Es handelt sich hier um eine Analyse unserer sittlichen Pflicht. Sie umfaßt unsere dreifache Pflicht gegen Gott, gegen unseren Nächsten und gegen uns selbst. Die Beherrschung der Zunge dient als Gradmesser der Selbstbeherrschung. Das Besuchen von Waisen und Witwen ist ein Beispiel für geschwisterliche Liebe. Sich selbst von der Welt unbefleckt zu halten, bildet das gleichsam negative Pendant zum rechten Gottesdienst.

Im Verlauf seines Briefes greift Jakobus diese drei Themen der Reihe nach auf, behandelt sie ausführlicher und setzt sie zueinander in Beziehung. So geht es in Kapitel 3 um die Zunge, in Kapitel 2 um Fürsorge für die Notleidenden und in den Kapiteln 4 und 5 um den Widerstand gegen den Geist dieser Welt. Wir werden seine Ausführungen zu diesen Themen kurz erläutern, während wir zunächst versuchen, seine Botschaft zusammenzufassen.

Die Botschaft des Jakobus

1. Selbstbeherrschung

Nachdem er seine Leser im ersten Kapitel aufgefordert hat, „schnell zum Hören", aber „langsam zum Reden" zu sein (1,19), äußert sich Jakobus in dem berühmten Abschnitt 3,1-12 über den gefährlichen Einfluß der Zunge. Er fügt mit einprägsamen Worten ein Bild an das andere und unterstreicht so ihren verderblichen, in keinem Verhältnis zu ihrer Größe stehenden Einfluß.

Jakobus hält also unser *Reden* für außerordentlich wichtig – für einen Prüfstein echter Nachfolge. Doch ist die Zunge an sich nicht die Quelle der Versuchung. Versuchungen entstehen als Folge unserer inneren Begierden, die zunächst die Sünde, danach aber den Tod gebieren können (1,15). Jakobus sagt:

Die Zunge im Zaum halten: Jakobus 3,1-12

Liebe Brüder, nicht jeder von euch soll ein Lehrer werden, und wißt, daß wir ein desto strengeres Urteil empfangen werden. Denn wir verfehlen uns alle mannigfaltig. Wer sich aber im Wort nicht verfehlt, der ist ein vollkommener Mann und kann auch den ganzen Leib im Zaum halten. Wenn wir den Pferden den Zaum ins Maul legen, damit sie uns gehorchen, so lenken wir ihren ganzen Leib. Siehe, auch die Schiffe, obwohl sie so groß sind und von starken Winden getrieben werden, werden sie doch gelenkt mit einem kleinen Ruder, wohin der will, der es führt. So ist auch die Zunge ein kleines Glied und richtet große Dinge an. Siehe, ein kleines Feuer, welch einen Wald zündet's an! Auch die Zunge ist ein Feuer, eine Welt voll Ungerechtigkeit. So ist die Zunge unter unsern Gliedern: sie befleckt den ganzen Leib und zündet die ganze Welt an und ist selbst von der Hölle entzündet.

Denn jede Art von Tieren und Vögeln und Schlangen und Seetieren wird gezähmt und ist gezähmt vom Menschen, aber die Zunge kann kein Mensch zähmen, das unruhige Übel, voll tödlichen Giftes. Mit ihr loben wir den Herrn und Vater, und mit ihr fluchen wir den Menschen, die nach dem Bilde Gottes gemacht sind. Aus einem Munde kommt Loben und Fluchen. Das soll nicht so sein, liebe Brüder. Läßt auch die Quelle aus einem Loch süßes und bitteres Wasser fließen? Kann auch, liebe Brüder, ein Feigenbaum Oliven oder ein Weinstock Feigen tragen? So kann auch eine salzige Quelle nicht süßes Wasser geben.

Jedes Verlangen, das nicht in der Liebe zu Gott wurzelt, vermag uns in die Irre zu führen und muß daher bekämpft werden.

Jakobus macht sich besonders viele Gedanken über die Beherrschung von Zorn (siehe 1,19 f.; 3,9; 3,14; 4,1-3) sowie über dessen Gegenteil, friedfertiges Reden (3,17 f.). Ein solches Reden ist eine Folge gottgegebener *Weisheit.*

2. Das königliche Gesetz

Der zweite Bestandteil „reiner und unbefleckter" Frömmigkeit ist Liebe. Jakobus weist in seinen Darlegungen zu diesem Thema auf zwei Merkmale hin:

Erstens *führt Liebe zum Handeln.* Frommes Wohlwollen ist kein Ersatz für praktische Güte. Es hat keinen Sinn, mit Witwen und Waisen zu sympathisieren; wir müssen uns um sie kümmern (1,27). Und es ist sinnlos, zu einem Bettler zu sagen: „Wärm dich, und sättige dich!"; wir müssen ihm Nahrung und Kleidung geben (2,15 f.). Christliche Nächstenliebe besteht nicht in Rührseligkeit, sondern im Dienst, nicht in Zuneigung, sondern im Handeln.

Die Liebe ist – zweitens – unparteiisch. Die Liebe kennt kein „Ansehen der Person"; sie verabscheut den „Parteigeist". Jakobus schildert seinen Lesern eine Szene, wie sie sich damals überall in den Synagogen abspielen konnte: Der Reiche nimmt wie selbstverständlich einen der besten Plätze ein, während schäbig angezogene Gottesdienstbesucher auf dem Fußboden sitzen müssen. Derartige Klassenunterschiede stehen im krassen Widerspruch zum königlichen Gesetz. So überträgt J. B. Phillips 2,1 folgendermaßen: „Versucht niemals, meine Brüder, den Glauben an unseren Herrn Jesus Christus mit Snobismus zu verbinden!"

3. Gott die Treue halten

Der dritte Bestandteil einer „reinen und unbefleckten" Frömmigkeit ist, „sich selbst von der Welt unbefleckt zu halten" (1,27). Das meint, positiv ausgedrückt, trotz aller Versuchungen und des von der Welt ausgeübten Druckes Gott die Treue halten. Mit „der Welt" meint Jakobus die gottlose, materialistisch eingestellte Gesellschaft mit ihrer Botschaft: Wenn du es nicht hast, hol es dir!

Das aber ist nicht der christliche Weg, sagt Jakobus. Der christliche Weg ist der Weg Hiobs, der im Leiden geduldig blieb (5,10 f.), oder der Weg Elias, der seine ganze Energie dem Gebet widmete (5,16-18). Gott wacht „eifrig" über uns und sehnt sich nach unserer ungeteilten Liebe (4,5). Er möchte uns vor geistlichem Ehebruch bewahren, wie ihn den Propheten zufolge Israel beging (4,4). Gerade hier kann uns das Geld zur Falle werden. Ob arm oder reich, wir richten allzuleicht unser Verlangen auf materielle Dinge und werden dadurch „wankelmütig" (4,8; vgl. 1,8), das heißt: dem Herrn untreu.

Christen sollen „im Glauben reich" sein, sich darüber freuen, daß sie „Erben des Reichs" sind (2,5) und ihren Reichtum in Gott suchen. Sie sollen sich vor dem Herrn demütigen (4,10), sich Gott unterordnen (4,7), sich dem Gebet und dem Lobpreis hingeben (5,13-18) und geduldig sein „bis zum Kommen des Herrn" (5,7).

Das Christenleben ist also – Jakobus „dem Gerechten" zufolge – im wesentlichen ein Leben praktischer Heiligung. Es nimmt zwar seinen Anfang mit dem Glauben an unseren Herrn Jesus Christus (2,1), doch fügt der Christ hinzu: „Ich will dir meinen Glauben zeigen aus meinen Werken" (2,18).

Vertiefende Lektüre in Auswahl:

Fritz Grünzweig, *Der Brief des Jakobus,* Wuppertal 1994.

Die Botschaft des Petrus

Freut euch, daß ihr mit Christus leidet, damit ihr auch zur Zeit der Offenbarung seiner Herrlichkeit Freude und Wonne haben mögt. Selig seid ihr, wenn ihr geschmäht werdet um des Namens Christi willen, denn der Geist, der ein Geist der Herrlichkeit und Gottes ist, ruht auf euch.
(1. Petrus 4,13 f.)

Die drei überragenden christlichen Tugenden sind Paulus zufolge Glaube, Hoffnung und Liebe (1. Korinther 13,13). War Paulus der Apostel des Glaubens und Johannes der Apostel der Liebe, so war Petrus der Apostel der Hoffnung.

Doch der erste Petrusbrief hat eine umfassendere Botschaft. Der bedeutende britische Ausleger E. G. Selwyn hat sich einmal folgendermaßen geäußert: Der erste Petrusbrief sei „ein Mikrokosmos christlichen Glaubens und christlicher Pflichten, ein vorbildliches Modell pastoraler Belehrung, zusammengesetzt aus unterschiedlichen Stoffen und vielen verschiedenen Themen". Dennoch akzentuiert der Brief in erster Linie die christliche Hoffnung, eine herrliche, sichere Hoffnung, die uns in die Lage versetzt, Leiden geduldig und sogar mit Freuden zu ertragen. Wie unser Meister, der uns vorangegangen ist, müssen wir leiden, ehe wir in die Herrlichkeit eingehen.

Petrus als Verfasser

Der erste Petrusbrief wurde bereits in frühester Zeit als echt anerkannt. Klemens aus Rom (Clemens Romanus) zitiert in seinem Schreiben an die Korinther, das üblicherweise auf das Jahr 96 n. Chr. datiert wird, aus diesem Brief, allerdings ohne Petrus ausdrücklich als Verfasser zu nennen. Seit Irenäus jedoch wird der erste Petrusbrief regelmäßig als ein Werk des Petrus angeführt, und Euseb nahm ihn in sein Verzeichnis unumstrittener neutestamentlicher Bücher auf.

Dennoch wird die Verfasserschaft des Petrus heute in Frage gestellt, meistens seines ausgezeichneten griechischen Stils wegen, der, so lautet das Argument, kaum aus der Feder eines ungebildeten galiläischen Fischers stammen könne. Die unbezweifelbaren literarischen Qualitäten des ersten Petrusbriefs erklärt man jedoch am besten mit der Annahme, der 5,12 erwähnte Silas sei für Petrus nicht lediglich ein Begleiter gewesen. Petrus gibt dort an, „mit Silas' Hilfe" (wörtlich: „durch Silvanus") geschrieben zu haben, und es ist durchaus vorstellbar, daß Silas an der Abfassung des Briefes beteiligt war. Möglicherweise rundete er Notizen ab, die Petrus ihm diktiert hatte.

Die Echtheit des Briefes erweist sich weiter an zahlreichen Textstellen, die auf persönliche Erinnerungen zurückgehen könnten. So hatte der Verfasser eine

Silas

Silas (oder Silvanus) gehörte unter den ersten Christen offensichtlich zur Prominenz. Er begleitete Paulus streckenweise auf dessen zweiter Missionsreise (Apostelgeschichte 15,40; 16,19.25; 17,4.10.14; 18,5) und galt als Prophet (Apostelgeschichte 15,32). Er tat sich ebenfalls mit Paulus und Timotheus zusammen bei der Abfassung der beiden Thessalonicherbriefe (1. Thessalonicher 1,1; 2. Thessalonicher 1,1). Petrus hielt offenbar große Stücke auf ihn, denn er bezeichnet ihn als einen „treuen Bruder" (1. Petrus 5,12).

Es ist kaum wahrscheinlich, daß Petrus eine so berühmte und begabte Persönlichkeit lediglich als Glaubensgenossen oder Kopist herangezogen haben wird. Allerdings nimmt Petrus den Namen Silas nicht in seinen Eröffnungsgruß auf (1. Petrus 1,1). Daraus können wir entnehmen: Auch wenn Silas bei der Abfassung mitgewirkt hatte, betrachtete Petrus den Brief als sein eigenes Werk. Der erste Petrusbrief trägt das Siegel der Autorität des Petrus (siehe u. a. 5,1).

markante Erfahrung mit der „lebendigen Hoffnung" gemacht, die „durch die Auferstehung Jesu Christi von den Toten" geschenkt wird (1. Petrus 1,3). Er war auch ein „Zeuge der Leiden Christi" (5,1) und erinnerte sich noch an die Schläge Jesu (2,20 f.) sowie an dessen Schweigen, als er gefoltert wurde (2,22 f.). Er hat auch nie die dreifache Aufforderung des guten Hirten vergessen: „Weide meine Schafe" (Johannes 21,15-17; vgl. 1. Petrus 5,2).

Was die Verfasserschaft des zweiten Petrusbriefes angeht, wurden seit frühester Zeit weitaus ernstere Bedenken angemeldet. Er erweckt gewiß den Eindruck, als wäre er von Petrus geschrieben (1,1), und scheint sich auf den ersten Brief zu beziehen (3,1), der Stil ist jedoch abrupter und komplizierter. Ausleger haben sich zudem gefragt, ob die Briefe des Paulus schon zu Lebzeiten des Petrus neben dem Alten Testament als „Schriften" hätten bezeichnet werden können (3,16).

Diese und andere Argumente müssen zwar ernstgenommen werden, doch sind sie nicht schlüssig. War Silas für den geschliffenen Stil des ersten Briefes verantwortlich, dann könnte das holprige Griechisch des zweiten von Petrus selbst stammen. Außerdem sollte man der Behauptung des Verfassers, bei der Verklärung Jesu anwesend gewesen zu sein (1,16-18), eine Prophetie über den eigenen Tod von den Lippen Jesu empfangen zu haben (1,13 f.; vgl. Johannes 21,18 f.) und mit „unserem lieben Bruder Paulus" bekannt gewesen zu sein (3,15), ihr volles Gewicht beimessen.

Wenn der Brief nicht von Petrus stammt, handelt es sich bei diesen Anspielungen um Fiktionen, die vom Verfasser vorsätzlich eingebracht wurden, um den Anschein der Echtheit zu erwecken.

Nun war man zwar in der Antike für sogenannte „Pseudepigraphen" offen, doch gibt es Belege dafür, daß die Praxis der Pseudepigraphie in der Frühkirche abgelehnt wurde. Michael Green („Der 2. Petrusbrief neu betrachtet" in: Carsten Peter Thiede, Hrsg., *Das Petrusbild in der neueren Forschung,* Wuppertal 1987, S. 36) erwähnt den von Tertullian überlieferten Fall der *Paulusakten,* einer Schrift aus dem zweiten Jahrhundert. Obwohl das Werk nicht ketzerischen Inhalts war, wurde der Autor von seinem Amt als Presbyter abgesetzt, weil er seine Schrift unter dem Namen des Paulus verbreitete. Zudem läßt sich die Praxis der Pseudepigraphie kaum mit dem Gewicht vereinbaren, das im Brief selbst auf „Frömmigkeit" und „Wahrheit" gelegt wird (siehe z. B. 1,5-7; 2,2 f.). Nach einer ausführlichen Analyse der Beweislage kommt Michael Green zu folgendem Schluß: „Die Argumente gegen den Brief sind keineswegs zwingend. Es kann nicht mit letzter Sicherheit nachgewiesen werden, daß Petrus der Verfasser war, aber es steht noch der Beweis aus, daß er es nicht war" (ebd. S. 41).

Der Mensch Petrus

Simon Petrus ist vielleicht der sympathischste unter den neutestamentlichen Verfassern. Er spielt eine große Rolle in den Evangelien und im ersten Teil der Apostelgeschichte, und seine offenkundigen Schwächen wie seine überragenden Stärken beeindrucken den christlichen Leser.

Simon war, wie sein Bruder Andreas, Fischer von Beruf. Sie waren Partner jenes anderen Bruderpaares Johannes und Jakobus, der Söhne des Zebedäus (Lukas 5,10). Sie stammten aus Betsaida am Nordufer des Sees Genezareth (Johannes 1,44). Später ließ sich Simon in Kapernaum am Nordwestufer nieder (Markus 1,21.29), wo er zusammen mit seiner Frau, seiner Schwiegermutter und Andreas wohnte (Markus 1,29 f.; vgl. 1. Korinther 9,5).

Man kann sich das Temperament des Simon in jenen frühen Tagen leicht vorstellen. Als Jünger neigte er zu starken Gefühlsausbrüchen (siehe z. B. Johannes 13,6-9; Matthäus 26,33) und wurde wie selbstverständlich zum Leiter der ganzen Gruppe. Er wird in allen Apostelverzeichnissen an erster Stelle genannt und tritt in den Evangelien als Wortführer der anderen Jünger auf (siehe z. B. Matthäus 16,15 f.). Wir dürfen ihn uns als jungen, ungestümen Hitzkopf aus dem Norden vorstellen. Es ist daher um so bedeutender, daß Jesus ihn als „der Fels" bezeichnete. Dieser impulsive junge Mann sollte zum festen, unerschütterlichen Fundament der Kirche werden (Matthäus 16,18).

Das ist aber längst nicht alles. Simon war Galiläer, und Galiläa war eine berüchtigte Brutstätte revolutionärer messianischer Hoffnungen. Dort klammerte man sich mehr als in Jerusalem an die Prophetien, die eine Schicksalswende für Israel und die Errichtung des Reiches Gottes verhießen. Man sehnte sich nach dem Tag, an dem der Messias der römischen Besatzung des Landes ein Ende setzen würde. Der hitzköpfige Simon wird diese revolutionäre Sehnsucht geteilt haben. Sein Temperament und seine Umwelt machten ihn zu einem jener Juden, die eifrig auf „die Erlösung Jerusalems" (Lukas 2,38), auf „den Trost Israels" (Lukas 2,25) und auf „das Reich Gottes" warteten (Markus 15,43).

Es ist daher nicht verwunderlich, daß Simon und seine Freunde, als sie die Nachricht erreichte, daß in der Wüste Judäa ein Prophet aufgetreten sei, ihrem Fischerdasein vorübergehend den Rücken kehrten und in den Süden zogen, um ihn zu hören. Johannes der Täufer zog zweifellos viele Hörer an, die die Erwartung hegten, er werde ein prophetischer Befreier sein und einen Aufstand gegen Rom anzetteln. Von seinem revolutionären Eifer angetrieben, ließ sich Simon von Johannes taufen und trat in dessen Jüngerkreis ein. Johannes aber wies von sich selbst weg auf einen anderen – wie Simon feststellte, als sein Bruder Andreas ihn mit der begeisternden Nachricht aufsuchte: „Wir haben den Messias gefunden!" (Johannes 1,41), womit er nicht Johannes, sondern Jesus meinte.

Daraufhin machte Simon die Bekanntschaft dessen, der zum Inhalt aller seiner Hoffnungen werden sollte. Er begleitete ihn, hörte ihm zu, beobachtete ihn und wunderte sich über ihn. Allmählich wuchs in ihm ein Funke der Überzeugung, der dann in Cäsarea Philippi unterhalb des Hermongebirges aufloderte, als er sein großartiges Glaubensbekenntnis aussprach: „Du bist der Christus, der Sohn des lebendigen Gottes!" (Matthäus 16,16). Seine Hoffnung hatte sich erfüllt. Dies war der schönste Augenblick seines Lebens. Der Messias war gekommen. Jesus wies diese Betitelung nicht zurück, sondern erklärte, der Vater habe Simon diese Wahrheit offenbart; dann verbat er den Jüngern, irgend jemandem davon zu erzählen, daß er der Christus sei (Matthäus 16,20), und begann zu lehren, daß er „nach Jerusalem gehen und viel leiden müsse [...] und getötet werden" würde (Matthäus 16,21).

Der Name Petrus

Petrus trug ursprünglich den griechischen Namen *Simon.* Es war nichts Ungewöhnliches, daß ein Jude einen griechischen Namen hatte, besonders in Galiläa; schließlich hatte auch Simons Bruder Andreas einen griechischen Namen. Johannes 1,42 zufolge legte Jesus Simon den markanten Namen „Petrus" bei, als sie einander zum erstenmal begegneten. Dieser Name hatte sowohl eine griechische („Petros") als auch eine aramäische Form („Kephas"). In beiden Sprachen bedeutet er: „der Fels".
Erst später verlieh Jesus diesem Namen eine tiefere Bedeutung, indem er auf die Bedeutung des Petrus als Fundament der Kirche hinwies. In den ersten Kapiteln der Apostelgeschichte ist Petrus tatsächlich der Leiter der Jerusalemer Gemeinde (Apostelgeschichte 1,15; 2,14; 5,3; vgl. Galater 1,18; 2,9).
Paulus gewöhnte sich an, die aramäische Form des Namens Petrus zu verwenden (siehe z. B. 1. Korinther 1,12; 3,22; 9,5). Vielleicht wollte er damit zum Ausdruck bringen, wie sehr er es schätzte, daß Petrus mit Jesus persönlich vertraut gewesen war – eine Bekanntschaft, die bis in die Tage zurückreichte, als Aramäisch und nicht Griechisch die gemeinsame Sprache Jesu und seiner Jünger war.

Diese Lektion zu lernen, erwies sich für Simon als ungeheuer schwierig. Auf die Leidensankündigung Jesu reagierte er zunächst mit Abscheu und Ablehnung. Der Messias durfte sich doch nicht umbringen lassen! War er doch gekommen, um zu herrschen und nicht um zu sterben! Deshalb platzte Simon gleich mit den Worten heraus: „Gott bewahre dich, Herr! Das widerfahre dir nur nicht!" (Matthäus 16,22). Jesu Antwort war jedoch noch schroffer, noch leidenschaftlicher: „Geh weg von mir, Satan! Du bist mir ein Ärgernis; denn du meinst nicht, was göttlich, sondern was menschlich ist" (Matthäus 16,23).

Für Jesus war bereits die Vorstellung, ein Messias von der Art zu sein, wie Petrus sie wollte – siegreich, herrschend, erhöht –, eine *Versuchung.* Ausgerechnet der Jünger, der kurz zuvor eine Offenbarung des Vaters empfangen hatte, war von Satan betrogen worden. Denn Jesus war nicht gekommen, um die römischen Legionen aus dem Gelobten Land zu vertreiben; er war gekommen, um für die Sünden der Welt zu sterben. Der Weg zum Thron führte über Golgatha. Er *mußte* leiden, ehe er in seine Herrlichkeit einging; ohne Kreuz würde es keine Krone geben.

Petrus aber konnte das nicht begreifen und hatte auch nicht vor, seine Ansichten zu ändern. Erst eine Woche später wurde er Zeuge der Verwandlung Jesu; er sah ihn in seine wahre Herrlichkeit gekleidet – und seine Vorurteile schienen sich zu bestätigen. Und das, obwohl Jesus mit Mose und Elia „von seinem Ende redete, das er in Jerusalem erfüllen sollte" (Lukas 9,31), und auch später wiederholt von seiner bevorstehenden Passion sprach (Markus 8,31; 9,31; 10,33 f.; 10,45).

Deshalb leistete Petrus, als es soweit war, Widerstand. Im Obergemach wollte er es seinem Herrn zunächst verwehren, Sklavenarbeit zu verrichten und ihm die Füße zu waschen (Johannes 13,6 ff.). Im Garten Gethsemane trat er der Schar entgegen, die zur Verhaftung Jesu ausgezogen war, zückte das Schwert, wagte im Dunkeln einen wilden Hieb und schnitt Malchus, einem Knecht des Hohenpriesters dabei ein Ohr ab (Johannes 18,10). Er konnte den König doch nicht kampflos in die Hände seiner Gegner fallen lassen! Er wird sicher frustriert und verwirrt gewesen sein, als Jesus auf seine Heldentat mit den Worten reagierte: „Steck dein Schwert in die Scheide! Soll ich den Kelch nicht trinken, den mir mein Vater gegeben hat?" (Johannes 18,11).

Vielleicht kamen erste Zweifel in seinem Herzen auf, als er Jesus „von ferne" (Markus 14,54) zum Prozeß folgte. Hatte er sich geirrt? War Jesus vielleicht doch nicht der Messias? Er hatte damit geprahlt, daß er bereit sei, für Jesus in den Tod zu gehen (Markus 14,31), doch wie konnte er einem besiegten König die Treue halten, der sogar vom eigenen Volk abgelehnt wurde?

Die Grabeskirche in Jerusalem. Sie steht vermutlich an der Stelle, wo Jesus starb und begraben wurde.

Die letzte Prüfung kam, und Petrus verleugnete seinen Herrn – nicht nur einmal, sondern dreimal. Dann ging er hinaus in die Nacht, um bittere Tränen zu weinen. Es waren keine Tränen der Reue, sondern der maßlosen Enttäuschung. Zweifellos folgte er der Menge nach Golgatha. Er wurde Zeuge der Kreuzigung. Die Flamme der Hoffnung, die Jesus genährt hatte, wurde gelöscht. Der Messias war tot.

Man kann sich kaum vorstellen, wie höllisch die nächsten beiden Tage für Simon Petrus gewesen sein müssen. Dagegen fällt es uns nicht schwer, die überwältigende Begeisterung nachzuempfinden, die sich zu Ostern einstellte. Petrus lief zusammen mit Johannes zum Grab Jesu (Johannes 20,1-10). Es war leer. Der Leichnam war verschwunden. Dann begegnete Petrus dem Herrn (1. Korinther 15,5). Wir wissen nicht, worüber sie miteinander sprachen. Wir wissen nur, daß Petrus „wiedergeboren [wurde] zu einer lebendigen Hoffnung durch die Auferstehung Jesu Christi von den Toten" (1. Petrus 1,3). Er fühlte sich buchstäblich wie „von neuem geboren".

Wir wissen ebenfalls, daß der Herr am Abend jenes ersten Ostersonntags den Aposteln in Jerusalem erschien und wiederholte, was er bereits einmal auf der Straße nach Emmaus gesagt hatte. „Wie töricht seid ihr!", hatte er den beiden Emmausjüngern zugerufen. „Ihr seid zu trägen Herzens, um an all das zu glauben, was die Propheten geredet haben! Mußte nicht Christus dies erleiden und in seine Herrlichkeit eingehen?" Und dann lesen wir: „Er fing an bei Mose und allen Propheten und legte ihnen aus, was in der ganzen Schrift von ihm gesagt war" (Lukas 24,25 ff.). Ebenso wies er jetzt im Obergemach nachdrücklich darauf hin, daß die Schrift durch seinen Tod und seine Auferstehung *in Erfüllung gegangen war.*

Daß Petrus diese Lektion gelernt hatte, bezeugen seine in den ersten Kapiteln der Apostelgeschichte überlieferten Predigten. „Ihr habt ihn umgebracht – Gott hat ihn auferweckt – wir sind die Zeugen", so könnte man seine Botschaft zusammenfassen. Er schämte sich nicht mehr wegen der Leiden des Messias, denn obwohl diese „durch die Hand gottloser Menschen" zustande kamen, entsprachen sie zugleich „Gottes Ratschluß und Vorsehung" (Apostelgeschichte 2,23). Dem Hohen Rat verkündigte Petrus: „So hat Gott erfüllt, was er durch

Die Schrift war in Erfüllung gegangen

Der Kummer der beiden Jünger nach Emmaus wäre sofort verflogen, wenn Jesus ihnen seine wahre Identität offengelegt hätte. Lukas schildert Jesu überraschende Zurückhaltung: „Aber ihre Augen waren gehindert, ihn zu erkennen" (Lukas 24,16). Dies dauerte solange, bis er ihnen eine Unterweisung gegeben hatte, die die *aus der Schrift hergeleitete Notwendigkeit* seines Todes und seiner Auferstehung aufzeigte. Seine Worte sind an die gesamte Gruppe in Jerusalem gerichtet: „Das sind meine Worte, die ich zu euch gesagt habe, als ich noch bei euch war: Es muß alles erfüllt werden, was von mir im Gesetz des Mose, in den Propheten und in den Psalmen geschrieben steht. Da öffnete er ihnen das Verständnis, so daß sie die Schrift verstanden, und sprach zu ihnen: So steht's geschrieben, daß Christus leiden wird und am dritten Tage von den Toten auferstehen; und daß in seinem Namen Buße zur Vergebung der Sünden gepredigt wird unter allen Völkern – angefangen mit Jerusalem" (Lukas 24, 44-47).
Am ersten Brief des Petrus können wir erkennen, daß er diese Lektion gelernt hat: Er ist in fünf kurze Abschnitte unterteilt, und es gibt nicht weniger als vierzehn Zitate aus dem Alten Testament und viele weitere Verweise dorthin. Petrus veränderte sein gesamtes Verständnis des Alten Testaments, als er erkannte, daß es keinen kämpferischen, siegreichen Messias verkündigt, sondern einen, der sterben und wieder auferstehen muß. Er drückte es so aus: „Nach diesem Heil haben die Propheten gesucht und geforscht, als sie von der Gnade geweissagt haben, die für euch bestimmt ist; sie haben geforscht, auf welche Zeit und welche Umstände der Geist Christi deutete, der in ihnen war und der die Leiden ankündigte, die über Christus kommen sollten, und auch die Herrlichkeit danach" (1. Petrus 1, 10-11).

sämtliche Propheten hat voraussagen lassen: daß sein Christus leiden sollte" (Apostelgeschichte 3,18 nach der New International Version). Doch jetzt ist er auferstanden und „erhöht zum Fürsten und Heiland" – und für alle, die Buße tun und glauben, zur Quelle der Sündenvergebung geworden (Apostelgeschichte 5,31; vgl. 2,38; 3,19; 4,12; 10,43). Es stimmt, daß dieser „Fürst" eines Tages eingreifen wird, um sein Volk zu retten und die Welt zu richten (Apostelgeschichte 3,19 ff.; 10,42), doch müssen seine Nachfolger in der Zwischenzeit nicht zum Schwert greifen. Sie müssen nur warten – und das bezeugen, was sie erlebt haben.

So stand der leidenschaftliche, unbeherrschte Apostel, der seinen Herrn zunächst verteidigt und dann verleugnet hatte, unerschrocken vor dem Hohen Rat und ließ sich demütig ins Kreuzverhör nehmen. Er wurde daraufhin ausgepeitscht und inhaftiert. Am Abend vor der vorgesehenen Hinrichtung schlief er (Apostelgeschichte 12,6). Und wenn wir der Überlieferung Glauben schenken können, starb er am Ende den gleichen Tod wie sein Meister, denn er wurde gekreuzigt während der durch den Kaiser Nero angezettelten Christenverfolgung (vgl. Johannes 21,18 f.). Der alte, feurige, kämpferische Geist des Simon wurde durch die neue und lebendige Hoffnung des Petrus ersetzt. Wie sein Meister gelangte er durch das Kreuz zur Herrlichkeit.

Dies war eine schwierige Lektion – und ist es bis heute geblieben. Die Versuchung, die Notwendigkeit des Leidens zu leugnen, ist für die Kirche verlockend. Es ist weitaus attraktiver, an einen Christus zu glauben, der uns nicht *im* Leiden, sondern *vor* dem Leiden bewahrt. Doch weist uns Petrus mit großer Festigkeit auf die erste dieser beiden Möglichkeiten hin. Von der zweiten hatte er geträumt, doch war dieser Traum am ersten Ostersonntag zerplatzt, als der Tod von einem Messias überwunden wurde, der ihn nicht nur aus der Ferne besiegt, sondern ihn auch selbst ertragen hatte.

Die ersten Leser des Petrus brauchten diese Botschaft ebensosehr wie auch wir.

Die Botschaft des Petrus

Die von Petrus angeschriebenen Christen wohnten verstreut in den fünf Provinzen Kleinasiens (1. Petrus 1,1). Sie lebten offensichtlich im Schatten einer drohenden Verfolgung. Wahrscheinlich handelte es sich hierbei nicht um eine „offizielle" Verfolgung; dennoch konnte Petrus von einer „schmerzlichen Prüfung" (4,12; Luther: „Hitze") sprechen, die nicht auf eine bestimmte Gegend beschränkt war (vgl. 5,9). Petrus selbst befand sich zur Zeit der Abfassung in „Babylon" (5,13) – wahrscheinlich ein Deckname für Rom. Wie das alte Babel war jetzt Rom zum Mittelpunkt des weltlichen Widerstands gegen Gott geworden.

Die Leser des Petrus werden gewußt haben, was er damit sagen wollte. Da sie in Kleinasien lebten, werden viele unter ihnen den Druck des Kaiserkultes, der in jener Gegend besonders heftig war, zu spüren bekommen haben. Früher glaubte man, der Kaiserkult sei auf Anordnung Roms eingeführt worden. Um die Bürger zur Treue anzuhalten, hätten die römischen Behörden Tempel der Göttin „Roma" errichten lassen und im gesamten Reich verlangt, dem Kaiser Weihrauch zu opfern.

In letzter Zeit hat die Forschung jedoch festgestellt, daß der Kaiserkult von den Behörden zwar gefördert wurde, aber vom Volk selbst ausging. Um sich für die Errungenschaften der römischen Herrschaft zu bedanken, brachten die Einwohner mancher Orte die nötigen Gelder auf, um diese Tempel zu bauen, und veranstalteten Feste, bei denen der Kaiser als Gott angebetet wurde. Entsprechend betrachtete man jeden mit Argwohn, der nicht mitzumachen bereit war. Das konnten vor allem die Christen nicht, selbst auf die Gefahr hin, als Staatsfeinde eingestuft zu werden, hielten sie sich von allem fern. Petrus bestärkt sie in dieser Haltung: „Denn es ist genug, daß ihr die vergangene Zeit zugebracht habt nach heidnischem Willen, als ihr ein Leben führtet in Ausschweifung, Begierden, Trunkenheit, Fresserei, Sauferei und greulichem Götzendienst. Das befremdet sie, daß ihr euch nicht mehr mit ihnen stürzt in dasselbe wüste, unordentliche Treiben, und sie lästern; aber sie werden Rechenschaft geben müssen dem, der bereit ist, zu richten die Lebenden und die Toten" (1. Petrus 4,3 ff.).

Wie sollen sich Christen unter solchen Umständen verhalten? Welche Haltung zu unverdientem Leid soll ein Christ einnehmen? Wie werden Christen mit der Anfeindung durch die sie umgebende Gesellschaft fertig? Das sind die praktischen Fragen, auf die Petrus insbesondere in seinem ersten Brief eingeht. Welche Antworten gibt er darauf?

1. Das Vorbild Jesu

Petrus lenkt die Aufmerksamkeit seiner Leser auf Jesus Christus. In seinem ersten Brief verwendet er siebenmal den Begriff „leiden" im Zusammenhang mit „Christus" (1,11; 2,21.23; 3,18; 4,1.13; 5,1). Er scheint sich dessen zu rühmen, was er einst ablehnte. Wollen die Christen dem Beispiel Jesu folgen? Dann müssen auch sie leiden. Petrus bezieht den gleichen Begriff – „leiden" – insgesamt neunmal auf Christen (2,19.20; 3,14.17; 4,1.15 f. 19; 5,9.10). So schreibt er 1. Petrus 2,21: „Denn dazu seid ihr berufen, da auch Christus gelitten hat für euch und euch ein Vorbild hinterlassen, daß ihr sollt nachfolgen seinen Fußtapfen."

Das Wort, das hier mit „Vorbild" übersetzt wird, ist einmalig im griechischen Neuen Testament. Es meint das Schönschreibheft eines Lehrers oder die exemplarischen Buchstaben, die Kinder durchpausen mußten, um sich deren Form einzuprägen. In ähnlicher Weise müssen wir uns das Abc der Jüngerschaft aneignen, indem wir dem Vorbild des Lebens Jesu nacheifern. Das sind wahrhaft beredte Worte aus der Feder eines Jüngers, der einst gesagt hatte: „Herr, ich bin bereit, mit dir ins Gefängnis und in den Tod zu gehen" (Lukas 22,31), ihm aber schließlich nur „von ferne folgte" (Lukas 22,54). Später hatte Petrus am Ufer des Sees Genezareth noch einmal den Ruf des Meisters gehört: „Folge mir nach!" (Johannes 21,19), und jetzt gibt er diesen Ruf an seine Leser weiter. „Er wurde geschmäht, schmähte aber nicht; er litt, drohte aber nicht, sondern überließ seine Sache dem gerechten Richter" (1. Petrus 2,23 nach der Einheitsübers.). Sie sollen es ihm gleichtun.

2. Der Grund, weshalb Jesus leiden mußte

Das alles wirft die Frage auf: *Weshalb* hat Jesus ein derartiges Vorbild hinterlassen? Wenn Christen nur deshalb leiden müssen, weil sie Jesus nachfolgen, und wenn Jesus nur deshalb litt, weil die Welt ihn haßte, dann handelt es sich beim Christsein um eine armselige, unattraktive Angelegenheit. Petrus lenkt die Aufmerksamkeit seiner Hörer auf den wunderbaren Grund für das Leiden Jesu – einen Grund, der ihr eigenes Leiden durchaus lohnenswert macht.

Der Tod Jesu war kein schrecklicher Unfall. Er hat vielmehr „einmal für die Sünden gelitten, der Gerechte für die Ungerechten, damit er euch zu Gott führte" (3,18). Es war der große Zweck seines Leidens, ein Sühnopfer darzubringen und so die Kluft zwischen Sündern und Gott zu überbrücken. „Er hat unsere Sünden mit seinem Leib auf das Holz des Kreuzes getragen, damit wir tot seien für die Sünden und für die Gerechtigkeit leben" (2,24 Einheitsübers.).

Hier zahlt sich das Bibelwissen des Petrus wirklich aus. Der Ausdruck: „Er hat unsere Sünden getragen" erinnert an das alttestamentliche Sündopfer und an den

Die Verwendung von Jesaja 53 durch Petrus

1. Petrus 2	Jesaja 53
22 in dessen Mund sich kein Betrug fand	9 und kein Betrug in seinem Munde gewesen ist
23 als er geschmäht wurde	3 Er war der Allerverachtetste und Unwerteste
24 der unsre Sünde selbst hinaufgetragen hat	12 und er die Sünden der Vielen getragen hat
24 Durch seine Wunden seid ihr heil	5 durch seine Wunden sind wir geheilt worden
25 Denn ihr wart wie die irrenden Schafe	6 Wir gingen alle in die Irre wie Schafe

Petrus fügt diese Zitate zu einem wunderschönen Absatz zusammen, der nach Meinung einiger Ausleger eine Hymne ist.

Sündenbock, der jedes Jahr am großen Versöhnungstag in die Wüste geschickt wurde. Darüber hinaus erinnert er an Jesaja 53, jene Ankündigung eines „leidenden Gottesknechts“, der für die Sünden anderer sterben sollte. Petrus wird gewußt haben, daß Jesus diese Prophetie auf sich selbst bezog und daß er seinen Tod im Licht ihrer Aussagen deutete (siehe z. B. Lukas 22,37). Petrus verwendet 2,22-25 fünf Ausdrücke, die sich auf Jesaja 53 zurückverfolgen lassen. Sie werden in einem eingerahmten Feature übersichtlich dargestellt.

Neben dem großen Versöhnungstag und Jesaja 53 gebrauchte Petrus auch das Passahfest, um den Tod Jesu begreiflich zu machen und zu deuten. „Denn ihr wißt, daß ihr nicht mit vergänglichem Silber oder Gold erlöst worden seid von eurem nichtigen Wandel nach der Väter Weise, sondern mit dem Blut Christi als *eines unschuldigen und unbefleckten Lammes*“ (1,18 f.). Durch das Blut des physisch vollkommenen Passahlammes wurden die Israeliten aus der Sklaverei in Ägypten gerettet. Und jetzt werden wir durch das kostbare Blut des sündlosen Christus, mit dem wir „besprengt“ worden sind (1,2), aus der noch schlimmeren Sklaverei eines „nichtigen Wandels“ erlöst.

So wird der Zweck des Leidens Jesu deutlich. Nur durch dieses Leiden konnte er in seine Herrlichkeit eingehen, als Gott „ihn von den Toten auferweckte und verherrlichte“ (1,21 nach der New International Version). Jesus begründet ein Lebensrettungsprinzip, das Petrus bereits in der Geschichte von der Sintflut abgebildet sieht (3,20 f.). Das Wasser, das den Rest der Welt vernichtete, wurde für Noah und seine Familie in der Arche zur Rettung. So bildet sich jetzt der Tod mit Jesus – der einzige Tod, der zum Leben führt – in der Taufe ab. Mit Christus vereint, dürfen wir wissen, daß er in unserem Leiden mit uns mitleidet; und deshalb, sagt Petrus, dürfen wir uns nicht wundern, wenn Gott uns beruft, eine „schmerzliche Prüfung“ zu ertragen (4,12). „Freut euch, daß ihr mit Christus leidet, damit ihr auch zur Zeit der Offenbarung seiner Herrlichkeit Freude und Wonne haben mögt“ (4,13). Der in der Taufe abgebildete Tod wird zum täglichen Lebensprinzip, wenn wir Jesus unser Leiden anbefehlen und uns darüber freuen, daß – in ihm –, „wer im Fleisch gelitten hat, mit der Sünde aufgehört hat“ (4,1). Das endgültige Heil ist unterwegs.

Dies ist eine trostreiche und zugleich provozierende Botschaft. Sie bringt denen Trost, die bereits leiden, und ist eine Herausforderung für alle, die leidensscheu sind oder die Notwendigkeit des Leidens leugnen.

3. Gottes Volk sein

Gleich zu Anfang des Briefes bezeichnet Petrus seine Leser als „Fremdlinge in dieser Welt, die verstreut wohnen" (1,1). Diese Beschreibung wiederholt er zweimal (1,17; 2,11). Damit sprach er ihr Problem an. Sie waren der Welt entfremdet, gehörten ihr nicht mehr an und erlitten die Ablehnung, die „Fremden" so oft zuteil wird. Doch kann man diese Entfremdung aus einem anderen Blickwinkel betrachten und anders bezeichnen: Erwählung! Was die Christen in Wirklichkeit von anderen unterscheidet, ist die Tatsache, daß Gott sie erwählt hat, um sein Volk zu sein. Aus diesem Blickwinkel betrachtet sind sie nicht verstreut, isoliert und verachtet, sondern „ein auserwähltes Volk, eine königliche Priesterschaft, eine heilige Nation, ein Volk, das Gott gehört. [...] Einst wart ihr nicht ein Volk, nun aber seid ihr das Gottesvolk; einst hattet ihr kein Erbarmen empfangen, nun aber habt ihr Barmherzigkeit empfangen" (2,9 f. nach der New International Version). Petrus nimmt hier einige der großartigen alttestamentlichen Bezeichnungen für Israel (siehe z. B. 2. Mose 19,5 f.) und bezieht sie auf seine verstreuten Leser. Es gibt kaum eine kraftvollere Beschreibung der Gemeinde Jesu.

Da sie gemeinsam dem einen Volk Gottes angehören, können sie einander in den Prüfungen, denen sie sich jetzt gegenübersehen, gegenseitig unterstützen:

- „Habt ihr eure Seelen gereinigt im Gehorsam der Wahrheit zu ungefärbter Bruderliebe, so habt euch untereinander beständig lieb aus reinem Herzen" (1,22).
- „Seid allesamt gleichgesinnt, mitleidig, brüderlich, barmherzig, demütig" (3,8).
- „Vor allen Dingen habt untereinander beständige Liebe; denn die Liebe deckt auch der Sünden Menge. Seid gastfrei untereinander ohne Murren. Und dient einander, ein jeder mit der Gabe, die er empfangen hat, als die guten Haushalter der mancherlei Gnade Gottes" (4,8 ff.).

Christen brauchen sich also nicht zu fürchten. Gott ist dabei, ein Haus zu bauen, dessen Eckstein Jesus ist. Wer zu Jesus gehört, ist wie ein „lebendiger Stein [...], erbaut zum geistlichen Hause und zur heiligen Priesterschaft, zu opfern geistliche Opfer, die Gott wohlgefällig sind durch Jesus Christus" (2,5). Sie mögen zwar in der Welt verstreut wohnen, doch sie sind der Tempel, der Wohnort Gottes. Deshalb brauchen sie im Leiden nicht zu verzweifeln. Sie können sich vertrauensvoll „dem treuen Schöpfer anbefehlen" (4,19).

4. In Hoffnung leben

Die vierte Antwort des Petrus auf die Frage, wie man mit dem Leiden fertig werden kann, heißt „Hoffnung" –, die allerdings dann am schwierigsten festzuhalten ist, wenn man leidet. Doch handelt es sich bei der von Petrus verkündigten Hoffnung weder um ein verschwommenes, irrationales Gefühl noch um den festen Entschluß, „die Ohren steifzuhalten". Im Mittelpunkt dieser Hoffnung steht vielmehr Jesus Christus; sie ist zudem in der Geschichte verankert. Es handelt sich um eine „lebendige Hoffnung", die durch die Auferstehung Jesu Christi entstand (1,3) und die sich bei seiner Wiederkunft erfüllt (1,7). Wenn er „offenbart wird" (1,7), wird auch unser endgültiges Heil „offenbar werden" (1,5). In der Zwischenzeit werden wir „aus Gottes Macht durch den Glauben bewahrt" (1,5). Solange Jesus noch nicht erschienen ist, gilt es an den Unsichtbaren zu glauben und ihn zu lieben. Daher können wir „mit aussprechlicher und herrlicher Freude" erfüllt werden (1,8). „Deshalb", schreibt Petrus, „umgürtet euch, und macht euch bereit! Seid nüchtern, und setzt eure Hoffnung ganz auf die Gnade, die euch bei der Offenbarung Jesu Christi geschenkt wird" (1,13 nach der Einheitsübers.).

Diese Hoffnung kann uns keiner nehmen. Wenn wir mit Christus leiden (4,13), werden wir gewiß auch an seiner Herrlichkeit teilhaben (5,1). Außerdem können wir sicher sein, daß unsere Leiden unseren Glauben läutern, wie Gold durch Feuer geläutert wird (1,7). Das ist echte Hoffnung! Gegenwärtige Schwä-

Die hier abgebildete Statue des guten Hirten, eines frühchristlichen Symbols, datiert aus der byzantinischen Epoche und wurde bei Al-Minah in der Nähe von Gaza gefunden.

che ist lediglich ein Hinweis auf künftige Stärke: „Der Gott aller Gnade, der euch berufen hat zu seiner ewigen Herrlichkeit in Christus Jesus, der wird euch, die ihr eine kleine Zeit leidet, aufrichten, stärken, kräftigen, gründen" (5,10).
Auf die Zukunft, die Gott für uns bereithält, legt Petrus in seinem zweiten Brief besonderen Nachdruck, vor allem im dritten Kapitel. Hier wendet er sich gegen „Spötter" (3,3), die die Wirklichkeit des Jüngsten Gerichts in Zweifel ziehen. Petrus betont zunächst, daß es tatsächlich ein Endgericht geben wird (3,3-7). Dann erklärt er die scheinbare Verzögerung (3,8-10): Sie ist begründet durch die „Geduld" Gottes, der möglichst vielen Menschen Gelegenheit zur Buße einräumt, ehe das Gericht über sie kommt. Zum Schluß nennt Petrus die praktischen Folgen für Christen: „Wenn nun das alles so zergehen wird, wie müßt ihr dann dastehen in heiligem Wandel und frommem Wesen, die ihr das Kommen des Tages Gottes erwartet und erstrebt" (2. Petrus 3,11 f.). Die Gewißheit des künftigen Gerichts motiviert zu einem heiligen Lebenswandel in der Gegenwart.

Hinweise auf das Gericht sind auch im ersten Brief vorhanden. „Denn die Zeit ist da, daß das Gericht anfängt am Hause Gottes", ruft Petrus aus (4,17). Er hat keine Angst vor dem Gericht Gottes, weil er weiß, daß auf ihn als Christen die „Seligkeit" wartet (1,5). Dennoch müssen wir bereit sein – und damit haben wir die fünfte Antwort des Petrus auf das Leiden.

5. Heilig leben und Gutes tun

Die 1. Petrus 1,13-16 überlieferte Ermahnung hat besonderes Gewicht, denn es handelt sich um die erste sittliche Aufforderung des Petrus an seine Leser. Nachdem er sie zur Hoffnung aufgerufen hat (13), fährt Petrus folgendermaßen fort: „Als gehorsame Kinder gebt euch nicht den Begierden hin, denen ihr früher in der Zeit eurer Unwissenheit dientet; sondern wie der, der euch berufen hat, heilig ist, sollt auch ihr heilig sein in eurem ganzen Wandel. Denn es steht geschrieben: „Ihr sollt heilig sein, denn ich bin heilig" (14-16). Ihre Absonderung von der Welt soll durch einen auffällig anderen Lebensstil signalisiert werden, einen Lebensstil, der auf den Charakter Gottes hinweist.

Im mittleren Abschnitt des Briefes wiederholt sich die Aufforderung, „Gutes zu tun":

- „Führt unter den Heiden ein so rechtschaffenes Leben, daß sie, obwohl sie euch als Übeltäter verleumden, eure guten Werke sehen und Gott preisen am Tage der Heimsuchung" (2,12).
- „Denn es ist der Wille Gottes, daß ihr durch eure guten Taten die Unwissenheit unverständiger Menschen zum Schweigen bringt" (2,15 nach der Einheitsübers.).
- „Wenn ihr um guter Taten willen leidet und es ertragt, das ist Gnade bei Gott" (2,20).
- Christinnen sollen wie Sara „recht [wörtlich: *Gutes*] tun und der Furcht nicht nachgeben" (3,6 nach der New International Version).
- „Wer ist's, der euch schaden könnte, wenn ihr dem Guten nacheifert?" (3,13).

Mit dieser Frage beschließt Petrus ein längeres Zitat aus Psalm 34, in dessen Verlauf die Leser aufgefordert werden, „sich vom Bösen abzuwenden und Gutes zu tun, Frieden zu suchen und ihm nachzujagen" (3,11).
Auch wenn ihnen möglicherweise eine feindliche Haltung Rom gegenüber vorgeworfen wird, müssen die Christen „untertan [sein] aller menschlichen Ordnung um des Herrn willen, es sei dem König als dem Obersten oder den Statthaltern als denen, die von ihm gesandt sind zur Bestrafung der Übeltäter und zum Lob derer, die Gutes tun" (2,13 f.). Möglicherweise werden sie dann immer noch verfolgt, doch geben sie sich wenigstens alle erdenkliche Mühe, „mit [ihrem] Glauben die Tugend zu verbinden" (2. Petrus 1,5 nach der Einheitsübers.). Diese Mühe bildet den Anfang einer goldenen Kette, in der neben der Tugend auch Er-

kenntnis, Selbstbeherrschung, Ausdauer, Heiligkeit, Fürsorglichkeit und Liebe aneinandergereiht werden. Wenn die Leser das alles bestimmt, besteht keinerlei Zweifel: „Dann werdet ihr nie vom rechten Weg abkommen, und Gott bereitet euch einen herrlichen Empfang in dem ewigen Reich unseres Herrn und Retters Jesus Christus“ (1,10 f. nach der Guten Nachricht).

In seinem letzten „Rezept“ für leidende Christen fordert Petrus sie auf, sich vom aktiven, verbindlichen Ausleben ihres Glaubens nicht abbringen zu lassen. Was auch immer ihr erdulden müßt, sagt Petrus, hört nie auf, Gutes zu tun!

Zuletzt bleibt noch ein charakteristisches Thema des zweiten Petrusbriefs zu besprechen. Einen Großteil dieses Schreibens widmet Petrus einer Warnung vor „falschen Lehrern“, die „verderbliche Irrlehren“ eingeführt haben (2,1). Es scheint sich bei dieser Irrlehre um ein Gemisch aus Skepsis und sittlichem Laisser-faire gehandelt zu haben. Man bestritt die Wirklichkeit der Wiederkunft Jesu und des künftigen Gerichts (3,3-13) und gab sich sinnlichen Vergnügungen hin (2,13-22). Hier lodert das frühere Feuer des jungen Petrus noch einmal auf, während er voller Entrüstung die Schamlosigkeit und Gottlosigkeit dieser Ketzer und ihr schreckliches Schicksal schildert (2,1-10).

Er weist ebenfalls darauf hin, wie seine Leser nach seinem Hinscheiden ohne Wanken an der Wahrheit festhalten können (1,13-21). Ihnen stehen weiterhin zwei Quellen autoritativer Lehre zur Verfügung: die *apostolischen* Schriften (15), die nicht auf ausgeklügelte Mythen zurückgehen, sondern auf das von ihnen bezeugte Geschehen (16-18), und die Schriften der *Propheten* (19-21). Die neutestamentlichen Apostel haben die alttestamentlichen Propheten bestätigt. Diese Propheten redeten „im Namen Gottes“ (das heißt: sie waren von ihm bevollmächtigt) – nicht aus eigenem Antrieb, sondern unwiderstehlich „getrieben von dem Heiligen Geist“, der sie dabei inspirierte (21).

Petrus möchte seine Leser vor der schlimmsten aller Katastrophen bewahren: dem Verlust des Evangeliums. Denn nur das Evangelium kann ihnen in einer Welt voller Leiden eine sichere Hoffnung vermitteln. „Ihr aber, meine Lieben, weil ihr das im voraus wißt, so hütet euch, daß ihr nicht durch den Irrtum dieser ruchlosen Leute samt ihnen verführt werdet und fallt aus eurem festen Stand. Wachset aber in der Gnade und Erkenntnis unseres Herrn und Heilands Jesus Christus. Ihm sei Ehre jetzt und für ewige Zeiten! Amen“ (2. Petrus 3,17 f.). Aus diesen abschließenden Worten seines zweiten Briefes leuchten die tiefe Liebe des Petrus zu seinem Herrn und seine leidenschaftliche Entschlossenheit, für ihn allein zu leben.

Vertiefende Lektüre in Auswahl:

Uwe Holmer und Werner de Boor, *Die Briefe des Petrus und der Brief des Judas*, Wuppertal 1994.

Adolf Schlatter, *Petrus und Paulus nach dem 1. Petrusbrief*, Stuttgart 1937.

Carsten Peter Thiede (Hrsg.), *Das Petrusbild in der neueren Forschung*, Wuppertal 1987.

Die Botschaft der Offenbarung

Es sind die Reiche der Welt unseres Herrn und seines Christus geworden, und er wird regieren von Ewigkeit zu Ewigkeit.
(Offenbarung 11,15)

Die Offenbarung hat als Abschnitt der Bibel den ihr angemessenen Platz erhalten, denn vermutlich wurde sie als eine der letzten neutestamentlichen Schriften abgefaßt. Sie beschäftigt sich mehr als jedes andere biblische Buch mit der Zukunft, die Gott für die Welt wie für die Kirche geplant hat. Sie bietet eine faszinierende Zusammenfassung der neutestamentlichen Aussagen über Jesus Christus. Während die meisten anderen neutestamentlichen Schriften für bestimmte christliche Gruppen verfaßt wurden, scheint der Verfasser der Offenbarung sich bewußt an die Gesamtkirche zu allen Zeiten und an allen Orten zu wenden. Aus allen diesen Gründen hat das Neue Testament in der Offenbarung einen passenden und zugleich äußerst anregenden Abschluß gefunden.

Die Offenbarung hat eine bewegte Vergangenheit gehabt. Anfangs schien alles eindeutig, denn bereits Mitte des zweiten Jahrhunderts waren die Christen überzeugt, daß es sich bei dem Verfasser Johannes (1,4.9) um den Apostel gleichen Namens handelt. Im dritten Jahrhundert kamen jedoch Zweifel auf. Die Offenbarung unterscheidet sich ganz erheblich vom Johannesevangelium, sowohl stilistisch als auch im Inhalt. Konnte sie wirklich vom selben Verfasser stammen? Hinzu kam, daß um diese Zeit verschiedene christliche „Randgruppen" sich auf die Offenbarung beriefen, um ihre exzentrischen Theorien über Gott und die Welt zu belegen – ein Vorgang, den man bis heute nicht verhindern konnte. Rechtgläubige Christen begannen deshalb die Offenbarung für gefährlich zu halten. So war sie – neben dem 2. und vom 3. Johannesbrief – die neutestamentliche Schrift, die der Reformator Johannes Calvin nicht kommentierte. Auch Martin Luther hielt mit seiner Kritik an der Offenbarung nicht zurück. Sein abfälliges Urteil lautete, Christus werde in ihr weder gelehrt noch erkannt.

Im zwanzigsten Jahrhundert ist es unter Bibelwissenschaftlern, aber auch in der Christenheit allgemein zu einem Wiederaufleben des Interesses an diesem erstaunlichen Buch gekommen, das heute eine Achtung genießt, die ihm in früheren Jahrhunderten versagt blieb. In letzter Zeit wurde eine wahre Flut von Untersuchungen veröffentlicht, die ungemein viel Licht auf Hintergrund, Zweck und Interpretation der Offenbarung geworfen hat. Bei unserem Überblick über die Botschaft des Buches werden wir uns zwangsläufig auch mit der Frage nach angemessenen Kriterien der Interpretation befassen müssen.

Der Verfasser: „Johannes“

Die Identität des „Johannes“, der die Offenbarung verfaßte, ist heute ebenso rätselhaft wie vor eintausendachthundert Jahren. Allerdings lassen sich einige diesbezügliche Informationen dem Buch selbst entnehmen:

1. Der Verfasser nimmt den Hinweis des Engels auf „deine Brüder, die Propheten“ (22,9) in seinen Bericht auf – und gibt somit zu verstehen, daß er selbst ein Prophet ist. Sein Buch bezeichnet er zweimal als „Weissagung“ oder „Prophetie“ (1,3; 22,10). Daraus können wir entnehmen, daß ihm seine Berufung durchaus bewußt war, das Wort Gottes an seine Leser weiterzugeben.

2. Zugleich möchte er einfach als „Bruder“ seiner Leser gelten sowie als deren „Mitgenosse an der Bedrängnis und am Reich und an der Geduld in Jesus“ (1,9).

3. Er befindet sich zur Zeit der Abfassung auf der Insel Patmos in der Ägäis, wohin er um seines Predigens und seines Jesuszeugnisses willen verbannt worden ist (1,9).

4. Seine Prophetie richtet sich an die sieben wichtigsten Gemeinden der römischen Provinz Asien (1,11) auf dem Festland unweit der Insel Patmos (1,9). Er ist offensichtlich sowohl mit ihrer geographischen Lage als auch mit ihrem geistlichen Zustand vertraut und vermag sie mit einer Autorität anzusprechen, die sie anerkennen werden.

5. Er verwendet ein außerordentliches Griechisch, das den Lesern seit jeher Rätsel aufgibt. Einige Ausleger sind zu dem Schluß gelangt, Griechisch sei nicht seine Muttersprache gewesen, andere hingegen vertreten die Ansicht, er übertrete bewußt die Regeln griechischer Grammatik, weil das von ihm Geschilderte die Ausdrucksfähigkeit menschlicher Sprache übersteige.

6. Er war mit den Schriften des Alten Testaments bestens vertraut, weshalb angenommen werden kann, daß er Jude war. Darüber hinaus war er offenkundig in der „apokalyptischen“ Tradition bewandert, denn die Offenbarung gehört zu einer Art von prophetischen Büchern, die häufig als „Apokalypsen“ bezeichnet werden. Zu den alttestamentlichen Beispielen dieser Gattung zählen die Bücher Daniel und Sacharja, es sind aber auch weitere jüdische Apokalypsen aus der Zeit zwischen den Testamenten beziehungsweise aus neutestamentlicher Zeit auf uns überkommen. Die Offenbarung hat vieles mit diesen Schriften gemeinsam; dennoch unterscheidet sie sich erheblich von ihnen.

Mehr können wir dem Buch selbst nicht entnehmen. Auf den ersten Blick scheinen diese Punkte durchaus mit der traditionellen Annahme vereinbar zu sein, der Verfasser des Buches sei der Apostel und Zebedaide Johannes. Aus dem fünften Punkt jedoch ergeben sich besondere Schwierigkeiten. Es war Dionysios, Bischof von Alexandrien (247–265 n. Chr.), der als erster die Verfasserschaft des Apostels Johannes in Frage stellte. Er berief sich dabei auf die sprachlichen und inhaltlichen Unterschiede zwischen der Offenbarung und dem anderen johanneischen Schrifttum: „Sie haben kaum eine Silbe miteinander gemein!“ Daraus schloß er: „Ich vermag der Auffassung nicht ohne weiteres zuzustimmen, der Verfasser sei der Apostel, der Sohn des Zebedäus, der Bruder des Jakobus.“

Dies veranlaßte den Kirchenhistoriker Euseb, der die Ansichten des Dionysios überlieferte, auf eine Äußerung des Papias (um 125 n. Chr. Bischof von Smyrna) zurückzugreifen, nach der es unter den ersten Christen zwei führende Persönlichkeiten namens Johannes gegeben habe: den Apostel Johannes und einen gewissen „Johannes den Ältesten“. Euseb vertrat die Ansicht, dieser zweite Johannes sei der Verfasser der Offenbarung, und viele heutige Ausleger sind ihm darin gefolgt.

Allerdings kann man das Problem auch aus einem anderen Blickwinkel betrachten. Es gibt zwischen dem Johannesevangelium und der Offenbarung sehr wohl Unterschiede, aber auch ausgesprochene Parallelen. Im folgenden einige Beispiele:

- Nur in diesen beiden neutestamentlichen Büchern wird Jesus als „das Wort" bezeichnet (Johannes 1,14; Offenbarung 19,13). Und nur hier wird die Bezeichnung „das Lamm" hervorgehoben (Johannes 1,29; Offenbarung 5,6 usw.; achtundzwanzig Vorkommen insgesamt).
- Für beide ist das Thema Zeugnis von großer Bedeutung (siehe z. B. Johannes 15,27; Offenbarung 12,17).
- Jesus ist in beiden Büchern die Quelle „lebendigen Wassers" und die endgültige Antwort auf „Hunger" und „Durst" (Johannes 4,10; 6,35; Offenbarung 7,16 f.).
- In beiden Büchern wird die Verfolgung der Kirche vorausgesagt (Johannes 15,18 – 16,4; Offenbarung 3,10; 13,7), und in beiden wird ihr die endgültige Vereinigung mit Gott in dessen Gegenwart und Namen verheißen (Johannes 17,11.20-26; Offenbarung 22,3-5).
- In beiden Büchern spielt „der Tempel" eine wichtige Rolle, wobei nicht nur der irdische Tempel in Jerusalem, sondern auch seine himmlische Entsprechung gemeint sein kann.

Was können wir aus alledem folgern? Professor George Caird zieht folgendes Fazit: „Es ist zwar möglich, einen gemeinsamen Verfasser anzunehmen, die Wahrscheinlichkeit jedoch spricht – alles in allem genommen – dagegen." Wir müssen uns also in diesem Punkt mit Unkenntnis begnügen. Es kann sich zwar bei dem „Johannes", von dem in der Offenbarung die Rede ist, nur schwer um den Johannes des vierten Evangeliums handeln, doch muß zwischen beiden irgendeine Verbindung bestanden haben, die zu den gedanklichen und sprachlichen Gemeinsamkeiten führte.

Letztlich ist die genaue Identität des Verfassers unwichtig. Ausschlaggebend sind die geistigen Eigenschaften und Erfahrungen, die in das Buch eingeflossen sind. Auf drei von ihnen müssen wir etwas näher eingehen:

1. Johannes war mit den Schriften des Alten Testaments vertraut

Er zitiert zwar nie in aller Form aus dem Alten Testament, doch hat man in der Offenbarung mehr als vierhundert erkennbare Anspielungen auf alttestamentliche Texte, Persönlichkeiten und Ereignisse entdeckt. Der Verfasser spielt auf sämtliche Teile des Alten Testaments an, ist mit den Psalmen und prophetischen Büchern besonders vertraut und bezieht sich häufig auf Jesaja, Hesekiel, Daniel und Sacharja.

In vielen Fällen verwendet er, manchmal vielleicht unbewußt, alttestamentliche Wendungen; darüber hinaus jedoch schöpft er – und dies ist noch wichtiger – aus dem alttestamentlichen Fundus an großen Gedanken und Erfahrungen. So steht ihm der Auszug Israels aus Ägypten des öfteren vor Augen, ebenso die babylonische Gefangenschaft und die anschließende Heimkehr Israels. Der Bund zwischen Gott und seinem Volk ist für den Verfasser der Offenbarung ebenfalls ein sehr wichtiges Thema. Wir finden im ganzen Buch verstreut Bezugnahmen auf den Tempel mit seinen Geräten und seinem Gottesdienst. Und dem Verfasser hat sich der Glaube des Psalmisten tief eingeprägt, der auf eine heidnische Welt, die Gott nicht kannte, blicken und dennoch erklären konnte: „Der Herr ist König" (siehe z. B. Psalm 99,1).

Johannes gibt alttestamentliche Texte und Gedanken nicht einfach Wort für Wort wieder. Er führt sie vielmehr fort und schafft daraus etwas Neues. Dafür gibt es nur *eine* Erklärung:

2. Johannes war Empfänger einer prophetischen Offenbarung

Sie begann, als der Geist der Inspiration ihn „am Tag des Herrn" ergriff (1,10), also an einem Sonntag. Eine laute Stimme erteilte ihm den Befehl, das, was er sehen werde, in ein Buch zu schreiben und es an die sieben Gemeinden der Provinz Asien zu senden (1,11). Daraufhin wandte er sich um und sah inmitten von sieben goldenen Leuchtern „einen, der war einem Menschensohn gleich" (1,13). Mit der Verwendung des Ausdrucks „Menschensohn" macht Johannes zweierlei deutlich: Zum einen wußte er, daß es Jesus war, den er sah, und zum anderen wußte er, daß er ihn so sah, wie Daniel ihn einst in der Daniel 7,9-14 beschriebenen Vision gesehen hatte.

Bei der Schilderung dessen, den er sah (1,12-16), verwendet Johannes mehrere Ausdrücke, die verschiedenen Stellen des Alten Testaments entnommen sind:

- Seine Haare waren wie die Haare Gottes (Daniel 7,9).
- Seine Augen und sein Gürtel entsprachen denen des mächtigen Engels, der Daniel am Tigris erschienen war (Daniel 10,5 f.).
- Seine Stimme war wie die Stimme Gottes, die Hesekiel gehört hatte (Hesekiel 1,24).
- Sein Mund war wie der des großen „Gottesknechts", dessen Ankunft Jesaja offenbart wurde (Jesaja 49,2).
- Seine Gewänder waren wie die des Hohenpriesters (3. Mose 8,7), und er stand neben einem Leuchter, der so aussah wie der Leuchter in der Stiftshütte, wo der Hohepriester seinen Dienst versah (2. Mose 25,37).

Unter der Inspiration des Heiligen Geistes werden bei der Schilderung des auferstandenen Jesus alle diese Themen miteinander verwoben. Dabei greift Johannes alte Themen auf, um mit ihrer Hilfe etwas Neues zu sagen: Die unterschiedlichen Texte und Themen werden einander gewissermaßen zugeführt und laufen in Jesus Christus zusammen. Dieser Prozeß wiederholt sich im Verlauf der Offenbarung ständig, und so wird Jesus zum Schlüssel, der uns das Verständnis des gesamten Alten Testaments aufschließt.

Wir können uns das Alte Testament als Schwarzweißfilm vorstellen. Die Offenbarung hingegen ist ein Film über die Dreharbeiten, und zwar ein herrlicher Farbfilm. Wir werden hinter die Kulissen geführt, sehen, was sich wirklich abspielte, lernen den Regisseur kennen und erfahren, warum er den Film drehte und weshalb er jetzt entschlossen ist, als Fortsetzung einen zweiten Film folgen zu lassen, in dem sein Stellvertreter die Hauptrolle spielt.

Die Offenbarung führt uns jedoch nicht nur hinter die Kulissen des Alten Testaments. Sie führt uns darüber hinaus hinter die Kulissen dieser Welt. Der „Film über die Dreharbeiten" führt uns unmittelbar in das Büro des Regisseurs, sprich: bis vor den Thron Gottes, wo wir sehen, wie er in Zusammenarbeit mit seinem Stellvertreter die Regie über die Weltgeschichte führt. Es handelt sich bei der Offenbarung um eine „Apokalypse", was – wörtlich übersetzt – Enthüllung oder Entschleierung heißt. Wir bekommen etwas zu sehen, was normalerweise im Verborgenen bleibt.

Damit kommen wir zu einer dritten offenkundigen Eigenschaft des Johannes:

3. Johannes hatte den Haß dieser Welt auf die Kirche am eigenen Leib zu spüren bekommen

Er wurde um seines Zeugnisses willen nach Patmos verbannt. Zudem wußte er: Von den sieben Gemeinden, die anzuschreiben ihm befohlen wurde, hatten einige bereits Verfolgungen erlitten (2,3.13); das gleiche Schicksal sollte bald andere ereilen (2,10; 3,10).

Diese Verfolgungen sind wohl größtenteils auf die Weigerung der Christen zurückzuführen, sich an der Anbetung des römischen Kaisers zu beteiligen. Der Einfluß des Kaiserkults war ständig gewachsen. Julius Cäsar war im Jahre 29 v. Chr. posthum zum Gott erklärt worden, und es gab in Ephesus einen ihm geweihten Tempel. Zu Ehren des nächsten Kaisers, Augustus, wurden noch zu seinen Lebzeiten Tempel errichtet, ebenso zu Ehren seines Nachfolgers Tiberius. Im Verlauf des ersten Jahrhunderts gewann der Kaiserkult im ganzen Römerreich

Die Briefe an die sieben Gemeinden

Es handelt sich bei den sieben Briefen Offenbarung 2,1 – 3,22 um die erste von mehreren Siebenerreihen in diesem Buch. Die Briefe werden Johannes allesamt vom auferstandenen Christus diktiert. Sie alle fangen mit dem gleichlautenden Gebot an: „Dem Engel der Gemeinde in ... schreibe", und sie alle schließen mit der gleichlautenden Aufforderung: „Wer Ohren hat, der höre, was der Geist den Gemeinden sagt!" Diese Aufforderung erfolgt in allen sieben Briefen im Anschluß an eine besondere Verheißung für den, der „überwindet".

In mehreren Briefen wird auf die Geschichte, die Religion oder die geographische Lage der betreffenden Stadt angespielt. Diese Anspielungen werden von Dr. Colin Hemer in seinem Buch *The Letters to the Seven Churches of Asia* (Sheffield 1986) untersucht. Er nennt u. a. folgende Beispiele:

- **Pergamon,** „wo der Thron des Satans ist" (2,13), war das wichtigste Zentrum des Kaiserkults in dieser Region.
- Die Stadt **Sardes** hatte sich lange Zeit mit ihrer Uneinnehmbarkeit gebrüstet, denn sie war auf dem Gipfel eines steilen Hügels gebaut; dennoch wurde sie zweimal nachts von Feinden eingenommen, die unbemerkt die steilen Hänge hinaufgestiegen waren. Deshalb warnt Jesus die dortige Gemeinde: „Wenn du nicht wachen wirst, werde ich kommen wie ein Dieb, und du wirst nicht wissen, zu welcher Stunde ich über dich kommen werde" (3,3).
- **Laodizäa** war für sein lauwarmes, unappetitliches Leitungswasser bekannt, das die Stadt aus in einiger Entfernung gelegenen heißen Quellen bezog. Hier hält Jesus der Gemeinde vor: „Ich kenne deine Werke, daß du weder kalt noch warm bist. Ach, daß du kalt oder warm wärest! Weil du aber lau bist und weder warm noch kalt, werde ich dich ausspeien aus meinem Munde" (3,15 f.).
- In zwei der sieben Gemeinden war eine Gruppe aktiv, die sich als **Nikolaiten** bezeichneten (Ephesus: 2,6; Pergamon: 2,15). Anscheinend handelte es sich um eine örtlich begrenzte Bewegung, denn wir erfahren aus keiner anderen Quelle etwas über sie. Diesen Christen bereitete es, wie es scheint, keine Schwierigkeiten, sich am Kaiserkult und am heidnischen Götzendienst zu beteiligen.

Diese und andere Bezugnahmen auf lokale Begebenheiten unterstreichen, was 1,12 f. und 1,20 gesagt wurde: Jesus steht mitten unter den Leuchtern, welche „die sieben Gemeinden sind". Er kennt ihre Umstände und geistlichen Bedürfnisse, er ist ihnen bereits sehr nahe und vermag ihnen ohne weiteres Worte der Warnung und der Ermutigung zukommen zu lassen.

Jeder einzelne Brief schließt mit einem Hinweis auf das, was „der Geist den Gemeinden sagt" – so, als würde sich jede Gemeindebotschaft gleichzeitig auch an die anderen sechs Gemeinden richten. Das sollten wir wahrscheinlich noch weiter fassen. Nicht die übrigen sechs allein, sondern alle anderen christlichen Gemeinden werden hier angesprochen. Sieben ist die Zahl der Vollendung. Aller Wahrscheinlichkeit nach stehen hier die sieben Gemeinden der Provinz Asien stellvertretend für die weltweite Kirche. Deshalb darf sich jeder Leser mit der Aufforderung Jesu befassen und sich fragen, was der Heilige Geist – auf der Grundlage dieser vom auferstandenen Jesus an kleinasiatische Gemeinden des ersten Jahrhunderts gerichteten persönlichen Botschaften – seiner Gemeinde, seiner Kirche heute zu sagen hat.

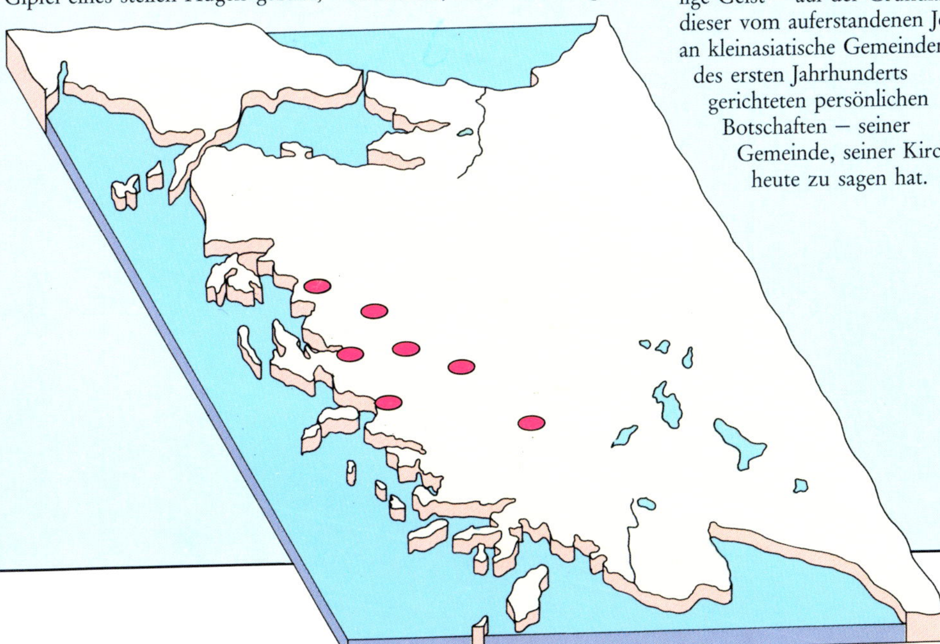

an Boden. Ausleger nehmen üblicherweise an, daß die Offenbarung während der Herrschaft Domitians (81 – 96 n. Chr.) entstand, der der Überlieferung zufolge seine Untertanen tatsächlich aufgefordert hat, ihn mit „Unser Herr und Gott" anzureden. Darauf spielen möglicherweise Offenbarung 11,17; 15,3; 16,7; 19,6 an: Es gibt nur *einen* „Herrn, unsern Gott", und der ist nicht der Kaiser von Rom!

Der Kaiserkult blühte in der Provinz Asien. Es gab in jeder der sieben Städte außer Thyatira mindestens einen dem gegenwärtigen Kaiser oder der Göttin „Roma" geweihten Tempel. Die Kommunalpolitik war aufs engste mit dem Kaiserkult verflochten. Es wurden jährliche Feste veranstaltet, die sich nicht nur durch götzendienerische Riten, sondern manchmal auch durch grobe Unmoral auszeichneten. Man erwartete, daß jeder einen Beitrag zu den Unkosten leistete und sich daran beteiligte. Während die Umzugswagen vorbeizogen, pflegten die Bewohner dieser Städte auf einem kleinen, vor ihrer Haustür aufgebauten Altar ein Opfer darzubringen. Zu dieser Zeit herrschte in Asien Friede und Wohlstand, was die Bevölkerung gegenüber der Regierung in Rom dankbar stimmte.

Die Christen nahmen von alledem Abstand, erweckten aber dadurch den Eindruck, undankbare Staatsfeinde zu sein. Die Nikolaiten gaben dem Druck, wie es scheint, nach und rieten zum Kompromiß (siehe Textkasten: „Die Briefe an die sieben Gemeinden"). Doch für viele Christen bedeutete das Bekenntnis: „Jesus ist Herr" (1. Korinther 12,3), daß sie keinen Weihrauch in das vor dem Standbild des Kaisers lodernde Feuer sprengen und nicht mehr sagen durften: „Der Kaiser ist Herr." Wurde Johannes deshalb nach Patmos verbannt?

Johannes kannte nicht nur die Situation, in der sich die Gemeinden befanden, sondern wußte auch über das Leben im allgemeinen Bescheid. Hinter der wohlhabenden Fassade der Provinz Asien versteckte sich ein weit häßlicheres Bild. Die Macht Roms basierte auf militärischer Macht, auf Krieg, wirtschaftlicher Ausbeutung und dem Sklavenhandel, auf der götzendienerischen Verehrung von Geld und Macht und, wie Johannes selbst erkannte, auf der schrecklichen Autorität des Drachen Satan und der scheußlichen „Tiere", auf die er seine Macht übertrug. Rom anzubeten hieße, den Drachen selbst anzubeten und sein „Zeichen" an der Stirn zu tragen (13,16 f.). Auch wenn Friede und Wohlstand die äußeren Merkmale des Römerreichs waren, handelte es sich bei diesem Reich in Wirklichkeit um eine „Hure", die auf dem Rücken des „Tieres" saß (17,3), „betrunken von dem Blut der Heiligen und von dem Blut der Zeugen Jesu" (17,6). Es lebte auf Kosten der beherrschten Staaten im Luxus und war dem Untergang geweiht (Kapitel 18).

Die „Siegel" des sechsten Kapitels führen uns die Wirklichkeit der römischen Herrschaft vor Augen. Hier sehen wir, wie die kaiserliche Macht (6,1 f.) auf Kriegen beruht (6,3 f.), wirtschaftliche Not verursacht (6,5 f.), den Tod nach sich zieht (6,7 f.) und die Knechte Gottes zum Martyrium zwingt (6,9 ff.). Johannes zieht den Schleier zurück vor all diesem Schrecklichen, das viele Christen bereits erlebt hatten, damit er den wunderbaren Sieg deutlich machen kann, den Gott durch Jesus errungen und den Jesus seinen Knechten verheißen hat. Er sieht, wie der auferstandene, siegreiche, herrliche, unbezwingbare Christus die Gemeinden sicher in seiner starken rechten Hand hält. Diese Schau braucht die verfolgte Gemeinde.

Die Offenbarung deuten

Wie haben wir dieses Buch zu verstehen? Zumal es seit seiner Entstehung ein Tummelplatz für alle möglichen Überzeugungen gewesen ist. Wie können wir gewiß sein, daß wir das Buch so lesen, wie Johannes es meinte?

Es gibt im wesentlichen vier Zugänge zur Interpretation der Offenbarung. Sämtliche Bemühungen um eine Deutung verwenden eines dieser Interpretationsschemen – oder versuchen, zwei oder mehr von ihnen miteinander zu ver-

Die „Siebenerreihen" der Offenbarung und die Struktur des Buches

Man hat über die Struktur der Offenbarung viele Theorien vorgelegt. Es scheint jedoch klar zu sein, daß Johannes seine Vision als eine Aufeinanderfolge von „Siebenerreihen" erlebt hat. Es sind im Grunde sechs derartige Reihen zu erkennen:

- Die sieben Gemeinden: 2,1 – 3,22
- Die sieben Siegel: 4,1 – 8,1
- Die sieben Posaunen: 8,2 – 11,19
- Die sieben Zeichen am Himmel: 12,1 – 15,8
- Die sieben Zornesschalen: 16,1 – 21
- Die sieben letzten Visionen: 17,1 – 22,21

Darüber hinaus wird eine siebente Siebenerreihe erwähnt, die sieben „Donner", die Johannes nicht aufschreiben durfte, sondern „versiegeln" mußte (10,4) – so, als müßten wir erinnert werden, daß auch dieses Buch nicht alles enthüllt.

Jede Siebenerreihe geht aus der vorigen Reihe hervor. Alle bilden ein zusammenhängendes Ganzes. So *ist* beispielsweise das siebte „Siegel" die darauffolgende Reihe der sieben Posaunen (8,1 f.), und das siebte „Zeichen am Himmel" *ist* die darauffolgende Reihe der sieben „Schalen" (15,1).

Die Siebenerreihe der „Zeichen am Himmel" bildet das Mittelstück des Buches. Jedes „Zeichen" wird durch den Ausdruck: „Dann sah ich" oder ähnlich eingeleitet, wobei nur das erste und das siebte tatsächlich als „Zeichen" bezeichnet werden (12,1; 13,1.11; 14,1.6.14; 15,1). Dieser Abschnitt gibt uns den Blick auf die Wirklichkeit des Bösen in seiner ganzen Grausamkeit frei, aber auch auf die Wirklichkeit des von Jesus errungenen und mit seinem Volk geteilten Sieges.

Die letzte der Siebenerreihen, die der sieben letzten Visionen, ist auf den ersten Blick nicht als Reihe erkennbar. Vielleicht wäre es besser, sie einfach als Ergänzung der Siebenerreihe der Zornesschalen aufzufassen – was der Einleitung der sieben Siegel durch die wunderbaren Himmelsvisionen in den Kapiteln 4 und 5 entsprechen würde.

Es ist jedoch möglich, die Kapitel 17 bis 22 als eine Reihe von sechs großen Visionen aufzufassen, von denen jede durch das Auftreten eines mächtigen himmlischen Wesens gekennzeichnet wird:

1. Ein Engel zeigt Johannes die Frau, die auf dem Tier sitzt (17,1-18).
2. Ein weiterer Engel kündigt den Untergang Babylons an (18,1 – 19,10).
3. Der Reiter auf dem weißen Pferd erscheint, um das Tier zu bezwingen (19,11-21).
4. Es erscheint ein Engel mit einem Schlüssel, um den Drachen einzusperren (20,1-10).
5. Johannes sieht Gott selbst auf einem Thron sitzen, bereit, das Jüngste Gericht abzuhalten (20,11-15).
6. Ein weiterer Engel tritt auf (21,9) und zeigt Johannes eine ganz andere Frau: die Braut des Lammes, das himmlische Jerusalem (21,1 – 22,17).

Ist diese Anlayse korrekt, dann fragt man sich, weshalb es in diesem letzten Abschnitt nicht zu einer siebten Erscheinung und Vision kommt. Die Antwort lautet möglicherweise: Diese ist im Kern vorhanden, hat aber noch nicht stattgefunden. Denn das Buch schließt mit der Verheißung: „Es spricht, der dies bezeugt: Ja, ich komme bald" sowie mit dem zustimmenden Gebet: „Amen, ja, komm, Herr Jesus!" (22,20).

Nach dieser Gliederung ist die Offenbarung um sieben „Siebenerreihen" herum aufgebaut, aber die letzte Siebenerreihe ist unvollständig, weil Jesus noch nicht wiedergekommen ist.

knüpfen. Wir wollen sie der Reihe nach schildern und beurteilen, vor allem im Licht der einleitenden Worte des Johannes aus dem ersten Kapitel.

Gleich im ersten Vers beschreibt Johannes sein Werk folgendermaßen: „Dies ist die Offenbarung Jesu Christi, die Gott ihm gegeben hat, seinen Knechten zu zeigen, was in Kürze geschehen soll" (1,1). Wir müssen uns jedoch fragen: „Welche Knechte sind gemeint?" und: „Welche Zukunft wird hier offenbart?"

- Vertreter der *zeitgeschichtlichen Auslegung* unterstreichen die Bedeutung der Offenbarung für ihre ersten Leser und stellen jede Deutung in Frage, bei der diese ersten Leser nicht eindeutig im Blickfeld bleiben. Sie sind die „Knechte", die erleben werden, „was in Kürze geschehen soll".
- Verfechter der *historischen Auslegung* hingegen sehen in der Offenbarung im Grunde einen im voraus abgefaßten Abriß der Menschheitsgeschichte. So vermochten einige Ausleger mit Hilfe dieses Interpretationsschemas den Papst mit dem „Tier" gleichzusetzen oder in den zehn Hörnern des Tieres einen Hinweis auf die Europäische Gemeinschaft zu sehen.
- Die Vertreter der *endgeschichtlichen Auslegung* fassen die Worte: „Was in Kürze geschehen soll" noch radikaler auf. Ihnen zufolge geht es in der Offenba-

Die Überreste des Tempels der Artemis in Sardes. Die Gemeinde von Sardes war eine von sieben, über die Johannes die Aufsicht führte.

rung ausschließlich um das Ende – um die letzten Ereignisse der Weltgeschichte einschließlich der Wiederkunft Jesu und des Jüngsten Gerichts.

- Davon unterscheidet sich ganz erheblich die *allgemein religiöse Auslegung*, die das Buch als eine Sammlung von zeitlos gültigen Sinnbildern und Gleichnissen auffaßt. Wichtig seien, so die Vertreter dieser Richtung, die allgemein gültigen Wahrheiten, die aus den kraftvollen Bildern der Offenbarung – beispielsweise dem „Lamm“ oder dem „himmlischen Jerusalem“ – abzuleiten seien.

Wie sollen wir diese gegensätzlichen Auslegungskonzepte beurteilen? Auf den ersten Blick scheinen sie miteinander unvereinbar zu sein, doch kann dieser Eindruck täuschen. Bevor wir zu einem abschließenden Urteil kommen, sollten wir zunächst auf Johannes selbst hören, der uns, was die Deutung seiner Schrift anbelangt, in seiner Einleitung einige hilfreiche Fingerzeige gegeben hat.

1. Johannes bestimmt, wer die Empfänger der Offenbarung sind

Gott hat sie „seinen Knechten“ gegeben durch die Vermittlung des Johannes und des Engels, der zu ihm geschickt wurde (1,1). Im nun folgenden Gruß werden diese „Knechte“ ausdrücklich genannt:

- „Johannes an die sieben Gemeinden in der Provinz Asien: Gnade sei mit euch und Friede von dem, der da ist und der da war und der da kommt, und von den sieben Geistern, die vor seinem Thron sind, und von Jesus Christus . . .“ (1,4 f.).

Das Buch stellt sich als konkrete Botschaft von allen drei Personen der heiligen Dreifaltigkeit an die sieben Gemeinden dar. Die Offenbarung hatte also einen echten geschichtlichen Kontext. Johannes führte offenbar in irgendeiner Form die Aufsicht über die Gemeinden in Ephesus und Smyrna, Pergamon und Thyatira, Sardes, Philadelphia und Laodizäa (1,11). Er zählt diese Namen sogar in der Reihenfolge auf, in der sie ein Bote auf der kreisförmigen Straße, die sie miteinander verband, erreichen würde. Und es werden, wie wir oben bereits feststellten (siehe den Textkasten zu den Briefen an die sieben Gemeinden, S. 145), die besonderen Nöte der einzelnen Gemeinden angesprochen.

Dieser klar umrissene geschichtliche Kontext hilft uns bei unserer Einschätzung der rivalisierenden Interpretationsschemen. Der *zeitgeschichtlichen Auslegung* müssen wir bescheinigen, eine wichtige Wahrheit erkannt zu haben; die *endgeschichtliche Auslegung* dagegen kann auf keinen Fall korrekt sein. Denn wenn die Offenbarung ausschließlich von dem der Wiederkunft des Herrn unmittelbar vorausgehenden Zeitabschnitt handelt, hat sie keinerlei konkrete Botschaft für die Gemeinden, für die sie Johannes geschrieben hat.

Wir haben jedoch bereits festgestellt, daß Johannes an eine breitere Leserschaft dachte. Daraus kann man nur den Schluß ziehen, daß die *zeitgeschichtliche Auslegung* nicht die einzig richtige sein kann. Die Offenbarung richtet sich zwar in erster Linie an die Mitglieder der sieben Gemeinden, doch ist ihre Botschaft für alle Christen überall von Belang. Um das zu verdeutlichen, wollen wir uns etwas näher mit einer der wichtigsten Visionen der Offenbarung befassen, der Vision vom Drachen und von den Tieren.

Zu den grauenvollsten Bildern der Offenbarung gehört das der Frau, die auf dem siebenköpfigen Tier sitzt (17,1-6). Im weiteren Verlauf der Vision wird die Frau eindeutig mit Rom gleichgesetzt. Die sieben Köpfe des Tieres „sind sieben Berge, auf denen die Frau sitzt“ (17,9). Es war allgemein bekannt, daß Rom auf sieben Hügeln gebaut war. Die Frau wird zwar „das große Babylon“ genannt (17,5), doch werden bei den ersten Lesern keinerlei Zweifel über ihre wahre Identität aufgekommen sein. Deshalb ergab die ganze Vision für sie einen einleuchtenden Sinn. Als sie die Worte des Johannes lasen, standen ihnen der Luxus, der Handel und der Götzendienst Roms sowie die für die römische Wirtschaft unverzichtbare Ausbeutung vor Augen, und sie erkannten: Hier geht es um den Untergang Roms.

Wenn es sich bei der Frau um Rom handelt, wer oder was ist das Tier, auf dem Rom sitzt? Dieses siebenköpfige Tier hatte bereits 13,1-10 seinen ersten Auftritt. Johannes sah dort, wie es aus dem Meer stieg, dem Ort des Chaos und der Heimat sämtlicher gottfeindlichen Kräfte (13,1). Daniel sah in einer Vision vier Tiere aus dem Meer steigen (Daniel 7,1-7), und am Ende zeigte sich, daß sie künftige Königreiche darstellten (Daniel 7,17). Das eine Tier, das Johannes sieht, vereint in sich die besonderen Merkmale der vier Tiere, die Daniel sah. Diese sahen der Reihe nach aus wie ein Löwe, ein Bär, ein Panther und ein riesiger Dinosaurier mit zehn Hörnern (Daniel 7,4-7). Das von Johannes gesehene Tier weist dieselben Merkmale in umgekehrter Reihenfolge auf: Es hat zehn Hörner und „war gleich einem Panther und seine Füße wie Bärenfüße und sein Rachen wie ein Löwenrachen“ (13,2).

Wie sollen wir das deuten? Wenn wir das Tier einfach mit dem Reich gleichsetzen, auf dem Rom „sitzt“, werden wir weder dem Bildreichtum des Johannes noch den Hintergrundinformationen aus dem Buch Daniel gerecht. Es bietet sich jedoch eine bessere Interpretation schlüssig an, eine Interpretation, daß die Offenbarung eine Botschaft für alle Christen zu allen Zeiten und an allen Orten hat. Das Tier ist nicht das Sinnbild eines einzigen Reiches, sondern aller Manifestationen weltlich-politischer Macht, die sich Gott und seinem Volk entgegenstellen. Natürlich verfolgen nicht alle weltlichen Mächte die Kirche. Aber viele tun es – wahrscheinlich sogar die meisten, wenn man die gesamte Menschheitsgeschichte berücksichtigt. Woher kommt das? Die Antwort ist eindeutig: „Der Drache gab [dem Tier] seine Kraft und seinen Thron und große Macht“ (13,2). Letzten Endes hat die kaiserliche Macht ihren Ursprung in Satan, denn sie übt die Weltregierung aus, ohne nach dem Schöpfer zu fragen, und verlangt von den Menschen unbedingte Loyalität.

In einer dazu passenden Vision sieht Johannes ein zweites Tier, das diesmal „aus der Erde aufsteigt“ (13,11-18). Das besondere Merkmal des ersten Tieres war, daß es „Krieg führte“ (Luther: „kämpfte“; 13,4) und daß „ihm Macht gegeben wurde über alle Stämme und Völker und Sprachen und Nationen“ (13,7). Das besondere Merkmal des zweiten Tieres ist, daß es die Menschen zwingt, dem ersten Tier die Treue zu halten – „es macht, daß die Erde und die darauf wohnen, das erste Tier anbeten“ (13,12). Dies erreicht das zweite Tier dadurch, daß es Wunder vollbringt, die die Bewohner der Erde täuschen (13,14), so daß sie das erste Tier sogar freiwillig anbeten.

Die ersten Leser der Offenbarung waren von Menschen umgeben, die sich freiwillig am Kaiserkult beteiligten. Sie taten es, weil sie von der römischen Ideologie von der Pax Romana überzeugt waren, ihren Wohlstand den Römern zu verdanken meinten und die von Johannes erkannte Wirklichkeit der römischen Herrschaft ignorierten. Steht das erste Tier für alle Manifestationen dieser unterdrückenden politischen Macht, dann könnte mit dem zweiten Tier die vielen Ideologien gemeint sein, mit deren Hilfe das Reich seine Macht aufrechterhält und die Untertanen zur Treue zwingt. Der Kaiserkult wurde von einer mächtigen Priesterschaft getragen und gefördert, die besonders in Kleinasien großen Einfluß ausübte und eine leidenschaftliche Propaganda betrieb. Könnte etwa *sie* das zweite Tier sein?

Wenn die Tiere in Kapitel 19 endgültig von Jesus überwunden werden, wird das zweite Tier vielsagend als „der falsche Prophet“ bezeichnet (19,20). Es verführt die Menschen zu der Überzeugung, weltlich-politische Macht sei die Quelle des Heils.

Johannes schreibt deshalb mit dem Blick auf die gesamte Welt. Er formuliert seine Botschaft so, daß die Christen sie auf ihre je eigene Situation anwenden können – auch wenn diese eine ganz andere ist als die der ersten Leser. Zu „seinen

Der Drache, die Tiere und ihr Zeichen

Es ist vielen Auslegern aufgefallen, daß der Drache und die beiden Tiere in gräßlicher, verzerrter Weise der heiligen Dreifaltigkeit – Vater, Sohn und Heiligem Geist – entsprechen.

- Gott ist der Schöpfer; ihm stehen Scharen von Engeln zu Diensten. Satan hingegen ist der „Verderber" (9,11); unter seinem Befehl stehen Scharen von Dämonen.
- Jesus Christus erkauft Gott mit seinem Blut ein Volk aus allen Nationen (5,9); das erste Tier hingegen bekriegt das Gottesvolk (13,7).
- Jesus Christus ist das Lamm, das „wie geschlachtet" aussieht (5,6), der Eine, der „tot war, und siehe, [. . .] lebendig von Ewigkeit zu Ewigkeit" (1,18). Das erste Tier parodiert Tod und Auferstehung Jesu, indem es eine „tödliche Wunde" empfängt, die geheilt wird (13,3.12).
- Es ist die besondere Aufgabe des Heiligen Geistes, zur Bestätigung des Evangeliums „Zeichen und Wunder" zu vollbringen (siehe z. B. Römer 15,18 f.) und Jesus zu bezeugen (siehe z. B. Apostelgeschichte 5,32). Das zweite Tier parodiert diese Rolle, indem es durch die Zeichen, die es vollbringt, die Völker dazu verführt, das erste Tier anzubeten (19,20), und indem es in dessen Auftrag als „falscher Prophet" auftritt (19,20; 20,10).

Das Böse tarnt sich immer als das Gute, und das Schlimmste sieht wie das Beste aus.

Wahrscheinlich sollten wir „das Zeichen des Tieres" (13,16 f.; 19,20; 20,4) im Licht dieser Parodie deuten. Die Christen empfangen ein „Zeichen" von Gott oder werden „versiegelt". Das zeigt an, daß sie ihm gehören und vor Schaden bewahrt werden (7,3). So lesen wir 14,1: „Und ich sah, und siehe, das Lamm stand auf dem Berg Zion und mit ihm Hundertvierundvierzigtausend, die hatten seinen Namen und den Namen seines Vaters geschrieben auf ihrer Stirn." Mit diesem Bild wird die beidseitige Verpflichtung zum Ausdruck gebracht, die jede Form christlicher Jüngerschaft nach sich zieht: Gott schenkt sich uns in Christus, und wir bejahen sein Eigentumsrecht an unserem Leben.

Doch auch das Tier bringt ein Zeichen an den Menschen an: „Und es macht, daß sie allesamt, die Kleinen und Großen, die Reichen und Armen, die Freien und Sklaven, sich ein Zeichen machen an ihre rechte Hand oder an ihre Stirn, und daß niemand kaufen oder verkaufen kann, wenn er nicht das Zeichen hat, nämlich den Namen des Tieres oder die Zahl seines Namens" (Offenbarung 13,16 f.).

Im ersten Jahrhundert werden viele Christen die Verbindung zwischen dem Handel und den Mächten des Bösen unmittelbar zu spüren bekommen haben, denn wer ein Handwerk oder Gewerbe ausübte, mußte in vielen Fällen Mitglied einer Zunft werden, die ihrerseits auf die Anbetung eines „Schutzgottes" eingeschworen war.

Heute herrscht ein globales Wirtschaftssystem, das die reichen Staaten auf Kosten der armen ernährt. Dessen „Götter" mögen weniger offenkundig sein, doch sind sie nicht weniger real: Technik, Geschwindigkeit, Sex und Mode, Selbstbestimmung. Auch heute müssen wir uns überlegen, wie wir „kaufen und verkaufen" können, ohne dadurch das Zeichen des Tieres anzunehmen – und wie wir dem Herrn, dessen Namen wir tragen, ein echtes Zeugnis sein können.

Knechten" (1,1) zählen auch wir, wenn wir die Worte dieser Weissagung „hören" (1,3) und sie auf die Welt, wie wir sie heute vorfinden, anzuwenden versuchen.

Während also die *zeitgeschichtliche Auslegung* nicht von der Hand zu weisen ist, dürfen wir die *allgemein religiöse Auslegung* nicht außer acht lassen. Mit Hilfe der „Offenbarung" des Johannes werden die Christen in jedem Zeitalter in die Lage versetzt, ihre Welt mit neuen Augen zu betrachten.

2. Johannes umreißt den Charakter der Offenbarung

Johannes bezeichnet sein Buch als „die Offenbarung Jesu Christi". Wir müssen uns vergegenwärtigen, daß damit nicht nur auf die Quelle der Botschaft, sondern auch auf ihren Inhalt hingewiesen wird. Vertreter der *historisierenden Auslegung*, die im Buch der Offenbarung eine verschlüsselte Weltgeschichte finden, übersehen meist diesen wichtigen Grundsatz. Aber der schwerwiegendste Einwand gegen dieses Interpretationsschema ist – abgesehen von den vielfältigen Auslegungen, die es hervorgebracht hat –, daß es sowohl die Not der Kirche als auch den Herrn der Kirche aus den Augen verliert. Eine verfolgte Kirche braucht keine detaillierte, mühsam zu entschlüsselnde Voraussage künftiger Ereignisse, sondern eine Schau Jesu Christi, die den matt und müde Gewordenen neuen Mut macht.

Johannes geht es um praktische und nicht um rein theoretische Anliegen. Er ist nicht bloß Visionär; er ist auch Pastor. Es geht ihm nicht darum, unsere Neugierde über die Zukunft zu befriedigen, sondern uns in der Gegenwart zur Treue anzuhalten. Es stimmt, daß ihm gesagt wird, „was in Kürze geschehen soll" (1,1), aber die Zukunft, die er voraussieht, ist aufs engste mit Jesus Christus verknüpft, der jetzt schon als „Herr über die Könige der Erde" (1,5) regiert und bald wiederkommen wird (1,7). Auf ihn lenkt Johannes unsere Aufmerksamkeit, nicht bloß auf die Zukunft. Er wird uns in verschiedenen Eigenschaften gezeigt:

- Zunächst sehen wir, wie er zwischen den Leuchtern wacht und dabei die Gemeinden untersucht und ermutigt (1,12 – 2,1).
- Als nächstes wird er als das Lamm gesehen, das sich nahe beim Thron des Vaters aufhält und als einziges befähigt ist, die Siegel des Schicksalsbuches aufzubrechen (Kapitel 5 – 7).
- Dann wird er als der Christus Gottes offenbart, der Anteil hat am Sieg und an der Herrschaft Gottes über alle Mächte des Widerstands (11,15; 12,10).
- Darauf folgt noch einmal ein Szenenwechsel: Jetzt ist er das Kind, das die mit der Sonne bekleidete Frau gebiert, die der Drache zu fressen versucht (12,1-6).
- Er tritt wiederum als „das Lamm" auf, diesmal jedoch in seiner Eigenschaft als der Anführer einer singenden Heerschar von Erlösten (14,1-5).
- Als nächstes tritt er als „der Menschensohn" auf, der von Gott bevollmächtigt ist, die Welt endgültig zu richten (14,14-16).
- Damit stimmt überein, daß er als Krieger dargestellt wird, der auf einem weißen Pferd vor den himmlischen Heerscharen herreitet, um Gericht zu üben und Krieg gegen seine Feinde zu führen (19,11-16).
- Als letztes sehen wir ihn als den Bräutigam, für den seine Braut, die Kirche, geschmückt und vollendet aus dem Himmel herabkommt (21,1-9).

Johannes sah diese Visionen nacheinander. Damit ist jedoch nicht gesagt, daß die in ihnen dargestellten irdischen Ereignisse sich in genau der gleichen Reihenfolge einstellen werden. Jede Vision übermittelt vielmehr eine besondere Wahrheit über Jesus, die Christen in jeder Epoche aufgreifen und auf sich selbst anwenden können. Jesus hat nicht zuerst Gemeinschaft mit den irdischen Gemeinden gehabt (vgl. 2,1), um sich danach als Lamm in den Himmel zurückzuziehen (5,6). Beide Visionen gelten vielmehr für alle Zeiten und dienen der Ermutigung aller Christen.

Allerdings spielt die geschichtliche Reihenfolge an bestimmten Stellen doch eine gewisse Rolle. Mehrere „Siebenerreihen" schließen mit einer Vision vom Jüngsten Gericht oder vom endgültigen Heil. Dies trifft zu auf das sechste Siegel (6,12-17), die siebte Posaune (11,15-18), das sechste Zeichen am Himmel (14,14-20), die siebte Zornesschale (16,17-21) und natürlich auf die abschließende Vision vom neuen Jerusalem (21,1 – 22,6). Doch ist in keinem dieser Fälle bei den vorausgehenden Ereignissen eine logische, zum Endgericht führende Reihenfolge zu erkennen. Jede der „Siebenerreihen" ist vielmehr einer Reihe von Fotografien vergleichbar, die jeweils dieselbe Landschaft aus verschiedenem Blickwinkel zeigen und uns so Einblick in einen jeweils anderen Aspekt der Welt, ihres Herrn und ihrer Zukunft vermitteln. Dieser Interpretationsansatz wurde vor über fünfzig Jahren von dem amerikanischen Theologen William Hendriksen in die Diskussion eingebracht, der diese Theorie als „progressiven Parallelismus" bezeichnete. Hendriksen zufolge behandelt jeder Abschnitt des Buches die gesamte Menschheitsgeschichte, wobei das Ende allmählich immer mehr ins Blickfeld rückt, bis in den Kapiteln 20 bis 22 mit den abschließenden Visionen von Gericht und Heil der große Höhepunkt erreicht wird.

Ein Teilabschnitt des Aquädukts, der das antike Laodizäa mit Wasser versorgte. Das Wasser in dieser Gegend ist reich an Mineralien; das Innere des Wasserrohrs ist von Kalkablagerungen überzogen.

3. Johannes weist auf die Methode der Offenbarung hin

Im ersten Vers der Offenbarung gibt uns Johannes einen weiteren wichtigen Hinweis auf das Wesen seines Buches. Das Wort, das Luther mit „kundgetan" wiedergibt, könnte man wortwörtlich mit „bezeichnet" übersetzen, denn es handelt sich um das vom griechischen Substantiv „Zeichen" abgeleitete Verb. Mit diesem Substantiv werden im Johannesevangelium die Wunder Jesu mit Vorliebe versehen, denn dort wird vorausgesetzt, daß sie über eine innere, geistliche Bedeutung verfügen, auf die das äußerlich wahrnehmbare Ereignis als „Zeichen" hinweist.

Ebenso verwendet die Offenbarung viele „Zeichen" oder Sinnbilder, die über sich selbst hinaus- und auf eine tiefere Bedeutung hinweisen, die wir, die Leser, erkennen müssen. In letzter Zeit haben einige Ausleger herausgestellt, daß bestimmte Wahrheiten nur mit Hilfe von Sinnbildern und Metaphern verständlich gemacht werden können. Sinnbilder vermögen Gedanken und Vorstellungen Ausdruck zu verleihen, die unser Auffassungsvermögen zu sprengen drohen.

Die Bildersprache der Visionen ist recht vielfältig. Die verschiedenen Bilder sind der Natur (so z. B. Pferd, Lamm, Löwe, Heuschrecke, Skorpion, Adler, Baum, Ernte, Meer, Flüsse, Erde, Himmel), dem menschlichen Leben (Beispiele: Kaufen und Verkaufen, Krieg, Götzendienst, Geburt eines Kindes, Prostitution, Landwirtschaft, Medizin, Regierung, Gebäude) sowie dem Alten Testament (Babylon, Jerusalem, Isebel, Ägypten, Sodom, der Tempel mit seinem Gerät, das Manna, der Baum und das Buch, das Wasser des Lebens, Jesus als Lamm, als Löwe und als Wurzel Davids) entnommen. Bei unserer Deutung dieser Bildersprache sollten wir uns von folgenden drei Prinzipien leiten lassen:

A. Viele Bilder werden verwendet, um die dramatische Wirkung zu erhöhen. Darum geht es nicht an, jeder Einzelheit eine eigenständige Bedeutung zuzuschreiben. So wird man beispielsweise in den einzelnen Edelsteinen, mit denen die Mauern des himmlischen Jerusalem geschmückt sind (21,19), schwerlich eine je eigene Symbolik finden können. Das trifft auch auf die kostbaren Steine zu, mit denen sich die große Hure schmückt (17,4; 18,16)!

B. Die Bildersprache hat symbolischen, aber nicht unbedingt graphischen Charakter; wir sollen sie wohl deuten, aber sie uns nicht unbedingt in Gedanken aus-

malen. So sollen wir uns keine Wesen „voller Augen vorn und hinten" vorstellen (4,6), sondern uns der unablässigen Wachsamkeit dieser Wesen bewußt sein. Ebensowenig sollen wir uns ein Tier vorstellen, das zehn Hörner, sieben Köpfe, aber nur ein Maul hat (13,1 f.); diese Beschreibung dient vielmehr dazu, uns die schreckliche Macht des Tieres und seine furchtbare Gotteslästerung zu veranschaulichen (13,5). Manchmal wirken die Bilder der Offenbarung gerade deshalb so beeindruckend, weil sie vollkommen unmöglich, buchstäblich aufgefaßt, werden können – wie im Falle der großen, vor dem Thron Gottes versammelten Menschenmenge, die „ihre Gewänder im Blut des Lammes gewaschen und weiß gemacht" haben (7,14 nach der New International Version).

C. *Auch wenn einige Einzelheiten, für sich allein genommen, keine „Bedeutung" haben, sollte im Grunde alles in diesem Buch als Sinnbild und nicht buchstäblich aufgefaßt werden.* Einige Aussagen sind zwar offensichtlich buchstäblich gemeint, so beispielsweise die Hinweise auf die Nikolaiten (2,6.15) und auf die bevorstehende Verhaftung einiger Christen aus Smyrna (2,10). Liegt jedoch kein buchstäblicher Bezug auf der Hand, so ist nach einer symbolischen Bedeutung zu suchen – auch wenn es sich dem Wortsinn nach offenbar um eine Anspielung auf das Leben in Kleinasien handelt. So gab es beispielsweise in Laodizäa ein Pharmaunternehmen, das eine berühmte Augensalbe herstellte. Wenn aber Jesus den Laodizäern rät: „Kauft von mir [...] Augensalbe, deine Augen zu salben, damit du sehen mögest" (3,18), dient die Salbe als Symbol für etwas anderes. In gleicher Weise sind die sieben Gemeinden sowohl buchstäblich als auch sinnbildlich aufzufassen: Es handelt sich um echte Gemeinden, die aber zugleich die weltweite Kirche Jesu Christi darstellen.

Wofür die Gemeinden stehen, wird durch die Zahl „sieben" angedeutet. Daß die Zahlen regelmäßig einen Symbolgehalt haben, ist eines der hervorstechendsten Merkmale der apokalyptischen Bildersprache (siehe Textkasten S. 155).

Wir sehen also: Alle vier Interpretationsansätze sind beachtenswert. Die Vertreter der *allgemein religiösen Auslegung* haben recht, darauf zu bestehen, daß die Bildersprache der Offenbarung großartige Wahrheiten über Gott, Jesus, die Kirche, die Welt und die Mächte des Bösen lehrt – Wahrheiten, die die Kirche sich zu allen Zeiten und an jedem Ort aneignen muß, wenn sie überleben will. Die Vertreter der *zeitgeschichtlichen Auslegung* haben recht, wenn sie die Bedeutung dieser Wahrheiten für die ersten Leser und den „Sitz im Leben" der Offenbarung im ersten Jahrhundert hervorheben. Die Verfechter der *historischen Auslegung* haben recht, daß die Offenbarung für die gesamte Menschheitsgeschichte und nicht nur für das erste Jahrhundert bedeutsam ist. Und die Vertreter der *endgeschichtlichen Auslegung* unterstreichen zu Recht, daß es in der Offenbarung um die letztliche Bestimmung der Welt wie der Kirche geht.

Eine pastorale Analyse

Was hat dieses Buch der Kirche Jesu Christi zu sagen? Wir können seine Botschaft wie folgt zusammenfassen:

- – **Kapitel 1 – 3: Das Leben der Kirche in Christus.** Über diesen Abschnitt ragt die im ersten Kapitel geschilderte Vision des auferstandenen Herrn empor. Seine Kirche mag zwar schwach, leidend, sogar selbstgefällig sein, doch ruht sie in seiner Hand, und er kümmert sich um ihre Bedürfnisse.

- Kapitel 4 – 7: Die Geborgenheit der Kirche. Die Kapitel 4 und 5 geschilderten Visionen stellen Gott aus alttestamentlichem (Kapitel 4) wie aus neutestamentlichem Blickwinkel (Kapitel 5) dar. Trotz aller Leiden, die zum Wesen des

Die Zahlen der Offenbarung

Überall in der Offenbarung werden Zahlen mit symbolischer Bedeutung verwendet. Das gilt insbesondere für die Vier, die Sieben, die Zehn und die Zwölf wie auch für das Vielfache dieser Zahlen.

• Da es *vier* Himmelsrichtungen und „vier Winde der Erde" gibt (7,1), scheint die Zahl vier für das geschaffene Universum zu stehen. So versinnbildlichen die „vier lebendigen Wesen", die um Gottes Thron anbeten (4,6-9), die Gesamtheit geschaffenen Lebens in seiner Abhängigkeit vom Schöpfer.

• Die Zahl *sieben* weist auf Vollständigkeit und Vollkommenheit hin. Deshalb verdeutlichen die sieben kleinasiatischen Gemeinden, obwohl sie eine geschichtliche Größe sind, auch die weltweite Gemeinde Jesu Christi. Dieser symbolische Wert untermauert die Ansicht, daß jede der einzelnen „Siebenerreihen" der Offenbarung ein vollständiges, aus einem bestimmten Blickwinkel betrachtetes Bild der Welt oder der Weltgeschichte bietet. Hier wird uns möglicherweise auch der Schlüssel zur Deutung der „Zahl des Tieres" (13,18) geliefert: Die Zahl 666 läßt sich als Hinweis auf absolute Unvollkommenheit auffassen.

• Die *Zwölf* ist die Zahl des Gottesvolkes, denn es gibt im Alten Testament zwölf Stämme und im Neuen zwölf Apostel. Darum müssen die vierundzwanzig Ältesten, die um den Thron sitzen, für die anbetende Gemeinde beider Testamente stehen. Diese Zahlensymbolik wird noch einmal 21,12-14 bei der Schilderung des neuen Jerusalem deutlich.

• Die Zahl *zehn* scheint auf die Allwissenheit und den gnädigen Ratschluß Gottes hinzuweisen. Daß die Christen in Smyrna „zehn Tage" verfolgt werden sollen, deutet darauf hin, daß Gott die Dauer dieser Verfolgung im voraus bestimmt hat (2,10). Ebenso wird durch die zehn Hörner und zehn Kronen des Tieres (13,1; vgl. 17,12) unterstrichen, daß die Herrschaft Gottes sich letzten Endes auch auf die Mächte des Bösen erstreckt.

Der gleiche Gedanke ergibt sich, wenn eine andere Zahl mit der Zehn malgenommen wird. Die Hundertvierundvierzigtausend (7,4; 14,1) entsprechen 12 mal 12 mal 1000 und stehen eindeutig für das gesamte erlöste Gottesvolk aus beiden Testamenten, dessen genauer Umfang nur Gott bekannt ist. In gleicher Weise sollen die „tausend Jahre" (20,2-4.7) sicher symbolisch gedeutet werden als Hinweis auf einen langen, nicht näher bestimmten Zeitraum, dessen Dauer von Gott selbst festgelegt wird.

• Eine weitere wichtige Zahl ist die *Dreieinhalb*, ein symbolischer Wert, den Johannes aus Daniel übernommen hat (Daniel 7,25; 9,27; 12,7). Gemeint ist ein Zeitraum, dessen Dauer mit „dreieinhalb Tagen" (11,9), „einer Zeit und zwei Zeiten und einer halben Zeit" (12,14), „zweiundvierzig Monaten" (11,2; 13,5) sowie „tausendzweihundertundsechzig Tagen" (11,3; 12,6) angegeben wird. Geht man davon aus, daß ein Monat aus dreißig Tagen besteht, dann handelt es sich hier jedesmal um den gleichen Zeitraum. Allem Anschein nach ist das Zeitalter des neuen Bundes gemeint – der gesamte zwischen dem ersten und dem zweiten Kommen Christi verstreichende Zeitraum, in dessen Verlauf die Kirche ihr Zeugnis ablegt und verfolgt wird, aber trotz größter Widerstände von Gott genährt und erhalten wird.

Lebens in dieser Welt gehören (Kapitel 6), bleibt die Kirche geborgen, denn sie ist mit dem Eigentumssiegel Gottes „versiegelt" worden, und er regiert absolut vom Thron des Universums her.

• **Kapitel 8 – 11: Das Christuszeugnis der Kirche.** Die Posaunen kündigen einer Welt voller Sünde und Götzendienst Warnungen Gottes an (9,20 f.), während die Kirche ihr Zeugnis ablegt. Zunächst ist Johannes selbst ihr Stellvertreter, denn er erhält eine Prophetie für die Welt (10,9-11); dann sind es die beiden Zeugen, die trotz furchtbaren Widerstands ein treues Zeugnis ablegen (Kapitel 11).

• **Kapitel 12 – 14: Der Konflikt, in den die Kirche um Christi willen verwikkelt ist.** Was steckt hinter dem Widerstand der Welt gegen die Kirche? Hier wird der Vorhang zurückgezogen, und wir sehen die drei wahren Feinde, die bemüht waren, Christus selbst zu vernichten, und die jetzt versuchen, sein Volk zu zerstören (12,17). Obwohl diesen Feinden „Macht gegeben" wird, „zu kämpfen mit den Heiligen und sie zu überwinden" (13,7), bleibt die Kirche, aus anderem Blickwinkel betrachtet, geborgen, denn sie wird wie Elia in der Wüste ernährt (12,14) und ist mit dem Lamm auf dem Berg Zion versammelt (14,1-5).

• **Kapitel 15 – 20: Die Rechtfertigung der Kirche.** Auf die Vision von den Feinden der Kirche folgt die Vision ihrer Vernichtung. Die Siegel (Kapitel 6 – 7) lassen uns wissen, was Gott in seiner Welt *zuläßt.* Die Posaunen (Kapitel 8 – 11) lassen uns wissen, wie Gott seine Welt *warnt.* Jetzt machen die Zornesschalen (Kapitel 16) deutlich, wie Gott seine Welt *richtet.* Darauf folgt eine bildhafte Beschreibung vom Untergang Roms (Kapitel 18) und vom Sturz der drei Feinde, die bereits Kapitel 12 und 13 – jedoch in umgekehrter Reihenfolge – aufgetreten waren.

• **Kapitel 21 – 22: Die Vereinigung der Kirche mit Christus.** Nachdem er Zeuge des letzten Gerichts über die Welt geworden ist (Kapitel 15 -20), sieht Johannes jetzt die endgültige Bestimmung der Gemeinde Jesu. Sie wird mit Christus vereinigt im Rahmen einer „neuen Schöpfung", aus der Tod und Leiden verbannt sein werden und in der der Gesamtplan Gottes für die Welt zum perfekten Abschluß gelangen wird.

Die Botschaft der Offenbarung ist in der Tat äußerst kraftvoll. Hier dreht sich alles um die Vision des Christus, der erst am Leiden und am Tod seines Volkes, dann aber an der Herrschaft Gottes Anteil hat. Dieses Buch weist über das Chaos und das Trauma der Menschheitsgeschichte wie unseres eigenen Lebens hinaus und macht deutlich, daß wir nur im Plan Gottes für uns wie für die Welt Geborgenheit finden können. Es nimmt das Böse zwar ernst, rechnet aber noch ernsthafter mit Gott. Es erschreckt mit seiner ungeschminkten Darstellung des Todes und des Bösen, erhebt uns aber dann zum Himmel, indem es uns wunderbare Worte des Lobes in den Mund legt. Während wir mit den himmlischen Heerscharen singen, erkennen wir, daß die Mächte des Bösen besiegt und wir selbst erlöst sind: „Das Heil gehört unserem Gott, der auf dem Thron sitzt, und dem Lamm!" (7,10 nach der New International Version).

Vertiefende Lektüre in Auswahl:

William Hendriksen, *Das Jenseits: Grundriß der biblischen Lehre von den letzten Dingen,* Marburg 1992.
Eduard Lohse, *Die Offenbarung des Johannes,* Göttingen, 7. Auflage 1988.
Adolf Pohl, *Die Offenbarung des Johannes* (2 Bde.), Wuppertal 1994.
Adolf Schlatter, *Die Offenbarung des Johannes,* Stuttgart 1965.

Register

Altes Testament
erfüllt in Jesus 39-40, 132
Hinweise bei Johannes 78
im Hebräerbrief 109
in den Petrusbriefen 135-136
in der Offenbarung 143-144
Apostel
Siehe unter Jünger
Apostelgeschichte 59, 61-67
Armut 55
Auferstehung der Toten 105

Erbauung 100-102
Evangelien
ihr Verhältnis zueinander 13, 29-31, 69-70
Siehe auch unter ihren jeweiligen Bezeichnungen

Frauen 50-52

Gebet 56-67
Gericht 105
Glaube 73-77, 117
Gnade
Siehe Vergebung
Gnosis 81

Hebräerbrief 107-118
Autor 108
Themen 108-118
Heiligung 96-100
Heilungen 51-52
Hoffnung 137-138

Jesaja
in den Briefen des Petrus 136
Jesus
als König Israels 35-36, 45
als Menschensohn 44-45
als Sohn Davids 37
als Sohn Gottes 42-44
als verheißener Messias 26-27, 36-37, 39
sein Tod 14, 25-27, 44, 112-116, 135-136
seine Wiederkunft 104-105
Johannes
Autor der Evangelien und Briefe 68-72
Autor der Offenbarung 142-143
Johannes der Täufer 33
Johannes-Evangelium 68-80
Aufbau 70, 78-80
Stil 70
Verhältnis zu den Synoptikern 69-70
Jünger
ihre Furcht 16-17
Siehe auch unter ihren Namen
Jüngerschaft 12, 27-28

Königreich Gottes/des Himmels 24-25, 40-42

Lateinische Wörter
im Markus-Evangelium 14
Lukas 46-48
Lukas-Evangelium 46-47
Aufbau 59-61
Stil 47-48
Themen 49-67

Markus 12-24
verläßt Paulus 16
sein Elternhaus 14
Markus-Evangelium 12-28
Aufbau 22
Botschaft 23-24
Petrus im Markus-Evangelium 19-20
Stil 21
Themen 12-13
Matthäus 29-38
und Johannes der Täufer 33
seine Bekehrung 32-34
Matthäus-Evangelium 29-45
Aufbau 37
Stil 38
Themen 39-45
Zitate aus dem Alten Testament 36-37
Melchisedek 111-112
Menschensohn 44-45
Messias 26-27, 36-37, 39

Offenbarung des Johannes 141-156
Aufbau 154-155
Auslegung 146-154
Verfasser 142-143

Paulus 86-106
  Missionsreisen 63-67
  seine Bekehrung 87-91
  und Lukas 48-49
Paulusbriefe 91-106
Petrus 128, 130-134
  und Markus 19-20
  sein Name 131
Petrusbriefe 128-140
  der Autor 128-129
  Themen 134-140
Pharisäer 35, 38

Rechtfertigung 92-96

Sieben – Zahl der Offenbarung 147, 154
Sieben Sendschreiben 145-146
Silas 129
Sohn Davids 37
Sohn Gottes 42-44

Taufe 95
Tempel 115

Vergebung 34-35
Verherrlichung 102-105

Zahlensymbolik 147, 154
Zöllner 31-32, 53-54
Zweite Wiederkunft Christi 104-105

Bildnachweis

Mit Ausnahme der Bilder auf den Seiten
1, 43, 55, 56, 61, 73, 77, 90 und 139,
die mit freundlicher Erlaubnis von Zev Radovan
abgedruckt werden,
entstammen alle verwendeten Fotos
der von Three's Company eingerichteten
Tiger Colour Library.

Die Zeichnungen auf den Seiten 115 und 117
wurden von James Macdonald angefertigt.